数学同步练习（基础模块·下册）

主　编　张建忠　敖桂玲　陈燕红
副主编　王叶山　范素平　陈　磊　周培红　窦玉兰
　　　　张艳霞　郭庆玲

北京理工大学出版社
BEIJING INSTITUTE OF TECHNOLOGY PRESS

版权专有　侵权必究

图书在版编目(CIP)数据

数学同步练习：基础模块．下册 / 张建忠，敖桂玲，陈燕红主编．-- 北京：北京理工大学出版社，2023.2
　ISBN 978-7-5763-2151-7

　Ⅰ．①数… Ⅱ．①张… ②敖… ③陈… Ⅲ．①数学课-中等专业学校-习题集 Ⅳ．①G634.605

中国国家版本馆 CIP 数据核字(2023)第 030855 号

出版发行 / 北京理工大学出版社有限责任公司
社　　址 / 北京市海淀区中关村南大街 5 号
邮　　编 / 100081
电　　话 / (010)68914775(总编室)
　　　　　(010)82562903(教材售后服务热线)
　　　　　(010)68944723(其他图书服务热线)
网　　址 / http://www.bitpress.com.cn
经　　销 / 全国各地新华书店
印　　刷 / 涿州汇美亿浓印刷有限公司
开　　本 / 787 毫米×1092 毫米　1/16
印　　张 / 17　　　　　　　　　　　　　　　　责任编辑 / 孟祥雪
字　　数 / 350 千字　　　　　　　　　　　　　　文案编辑 / 孟祥雪
版　　次 / 2023 年 2 月第 1 版　2023 年 2 月第 1 次印刷　责任校对 / 周瑞红
定　　价 / 49.00 元　　　　　　　　　　　　　　责任印制 / 边心超

图书出现印装质量问题，请拨打售后服务热线，本社负责调换

前　言

本书是为了帮助学生轻松高效地学好"十四五"职业教育国家规划教材《数学基础模块（下册）》（高教版）而开发的学习指导用书．全书紧扣最新教材和最新教学大纲，突出了职教高考特色，全面、详细地梳理了教材中的知识要点，突出重点，直击盲点．本书课堂基础训练习题严抓基础，可操作性强，题型新颖，注重原创；课堂拓展训练习题注重拔高，有重点突破性，紧扣高考题型；答案解析讲解精当、注重启发．本书力求方法的讲解与技能的训练、能力的提升逐步到位．它既是一本学生的学习指导书，又是一本教师的教学参考书，还可作为学生参加普通高等学校职教高考、对口升学、单招考试的复习用书．

本书按照"十四五"职业教育国家规划教材《数学基础模块（下册）》（高教版）的章节顺序编写，每节均由以下几个部分构成：

第一部分，学习目标导航，全面呈现了本节教材的主要学习内容和认知要求，让学生明白本节的学习要求以及努力学习的方向和应达到的程度，便于学生做学习过程中的自我评价．

第二部分，知识要点预习，养成学生提前预习的好习惯，对本节的知识做到提前了解，提升学生的学习效率和学习质量．

第三部分，知识要点梳理，对本节知识做了系统的归纳和总结，对教材中的重点、难点和疑点做了恰当的解析，使之各个被击破，以扫清学生学习中的障碍，进而提高学习效率．

第四部分，课堂训练，分为课堂基础训练和课堂拓展训练．根据教材内容、学习目标和学生的认知水平，结合课本相关例题分类剖析了本节教学内容所涵盖的重点题型，帮助学生启发思维，打开解题思路，增加解题方法，培养科学的思维方法和推理能力以及运用所学知识解决问题的能力，让学生在练中学，在练中悟，在练中举一反三，进而掌握重点，突破难点，触类旁通，积累解题经验，提高解题能力．

本书每个单元配有单元检测试卷（A、B）卷，方便师生使用．本书所有练习题均配有详细解析，便于学生自学，以引领学生形成良好的学习习惯．全书注重知识的迁移和能力的培养，坚持"低起点、高品位"的统一，是学生学好数学不可或缺的一本参考书．本书在编写过程中，得到了广大同人和编者所在单位的支持，在此表示感谢！虽然抱着严谨务实的态度，力求完美，但因时间仓促且水平有限，本书难免存在不足和疏漏之处，敬请各位读者批评指正．

编　者

目 录

第 5 章 指数函数与对数函数 ……………………………………………………………… (1)
  5.1 实数指数幂 ……………………………………………………………………………… (1)
    5.1.1 有理数指数幂 ……………………………………………………………………… (2)
    5.1.2 实数指数幂 ………………………………………………………………………… (4)
  5.2 指数函数 ………………………………………………………………………………… (7)
  5.3 对数 ……………………………………………………………………………………… (11)
    5.3.1 对数的概念 ………………………………………………………………………… (11)
    5.3.2 积、商、幂的对数 ………………………………………………………………… (15)
  5.4 对数函数 ………………………………………………………………………………… (19)
  5.5 指数函数与对数函数的应用 …………………………………………………………… (24)
  第 5 章指数函数与对数函数单元测试卷 A ………………………………………………… (26)
  第 5 章指数函数与对数函数单元测试卷 B ………………………………………………… (29)

第 6 章 直线与圆的方程 …………………………………………………………………… (33)
  6.1 两点间的距离公式和线段的中点坐标公式 …………………………………………… (33)
    6.1.1 数轴上的距离公式与中点公式 …………………………………………………… (34)
    6.1.2 平面直角坐标系中的距离公式与中点公式 ……………………………………… (35)
  6.2 直线的方程 ……………………………………………………………………………… (39)
    6.2.1 直线的倾斜角和斜率 ……………………………………………………………… (39)
    6.2.2 直线的点斜式、斜截式方程 ……………………………………………………… (43)
    6.2.3 直线的一般式方程 ………………………………………………………………… (47)
  6.3 两条直线的位置关系 …………………………………………………………………… (51)
    6.3.1 两条直线平行 ……………………………………………………………………… (51)
    6.3.2 两条直线相交 ……………………………………………………………………… (54)
    6.3.3 点到直线的距离 …………………………………………………………………… (58)
  6.4 圆 ………………………………………………………………………………………… (62)
    6.4.1 圆的标准方程 ……………………………………………………………………… (62)
    6.4.2 圆的一般方程 ……………………………………………………………………… (66)
  6.5 直线与圆的位置关系 …………………………………………………………………… (68)
  6.6 直线与圆的方程应用举例 ……………………………………………………………… (73)

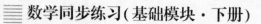

第6章 直线与圆的方程测试卷 A ·· (76)
第6章 直线与圆的方程测试卷 B ·· (80)

第7章 简单几何体 ··· (84)
7.1 多面体 ··· (84)
7.1.1 棱柱 ··· (85)
7.1.2 直观图的画法 ···································· (88)
7.1.3 棱锥 ··· (90)
7.2 旋转体 ··· (94)
7.2.1 圆柱 ··· (94)
7.2.2 圆锥 ··· (97)
7.2.3 球 ··· (99)
7.3 简单几何体的三视图 ··································· (102)
第7章单元测试 A 卷 ······································· (106)
第7章单元测试 B 卷 ······································· (110)

第8章 概率与初步统计 ·· (114)
8.1 随机事件 ··· (114)
8.1.1 随机事件的概念 ···································· (115)
8.1.2 频率与概率 ······································· (118)
8.2 古典概型 ··· (122)
8.3 概率的简单性质 ··· (126)
8.4 抽样方法 ··· (129)
8.5 统计图表 ··· (136)
8.6 样本的均值和标准差 ····································· (144)
第8章概率与统计初步测试卷 A ···························· (150)
第8章概率与统计初步测试卷 B ···························· (156)

第 5 章

指数函数与对数函数

知识导图

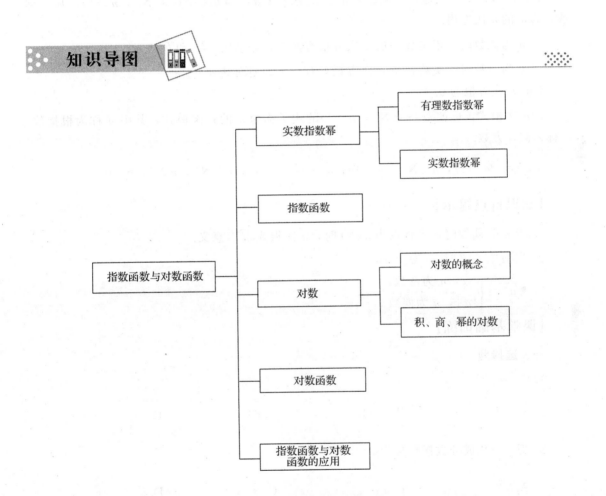

5.1 实数指数幂

【学习目标导航】

1. 理解 n 次方根的意义，会进行简单的求 n 次方根的运算；
2. 理解分数指数幂的概念，会进行根式和分数指数幂的互化；
3. 了解实数指数幂的运算法则，会利用幂的运算法则进行幂的运算.

5.1.1 有理数指数幂

【知识要点预习】

1. $a^0 = $ _____ $(a \neq 0)$.

2. $a^{-n} = $ _____ $(a \in \mathbf{N}^*, a \neq 0)$.

【知识要点梳理】

1. n 次方根：一般地，如果数 b 的 n 次方等于 a，即 $b^n = a$ ($n \in \mathbf{N}^*$, $n > 1$)，那么称数 b 为 a 的 n 次方根．

当 n 为偶数时，正实数 a 的 n 次方根有两个，分别用 $-\sqrt[n]{a}$ 和 $\sqrt[n]{a}$ 表示；

当 n 为奇数时，实数 a 的 n 次方根只有一个，用 $\sqrt[n]{a}$ 表示；

0 的 n 次方根为 0．

2. n 次根式：形如 $\sqrt[n]{a}$ ($n \in \mathbf{N}^*$, $n > 1$) 的式子称为 a 的 n 次根式，其中 n 称为根指数，a 称为被开方数．

3. $a^{\frac{m}{n}} = \sqrt[n]{a^m}$ ($m, n \in \mathbf{N}^*$, $n > 1$)；$a^{-\frac{m}{n}} = \dfrac{1}{\sqrt[n]{a^m}}$ ($m, n \in \mathbf{N}^*$, $n > 1$, $a \neq 0$).

【知识盲点提示】

1. 当 n 为偶数时，当且仅当 $a \geq 0$ 时，n 次根式 $\sqrt[n]{a}$ 有意义．

2. 当 $\sqrt[n]{a}$ 有意义时，$(\sqrt[n]{a})^n = a$．

3. $\sqrt[n]{a^n} = \begin{cases} a, & n \text{ 为奇数}, \\ |a|, & n \text{ 为偶数}. \end{cases}$

【课堂基础训练】

一、选择题

1. $4^{-3} = $ (　　).

  A. -12 B. -64 C. 64 D. $\dfrac{1}{64}$

2. 把 $\dfrac{1}{\sqrt[5]{a^3}}$ 化成分数指数幂为 (　　).

  A. $a^{\frac{3}{5}}$ B. $a^{\frac{5}{3}}$ C. $a^{-\frac{3}{5}}$ D. $a^{-\frac{5}{3}}$

3. 若 $a > 0$，则 $a^{\frac{1}{2}}$ 为 (　　).

  A. $\dfrac{1}{\sqrt{a}}$ B. $\sqrt{a}$ C. $-a^2$ D. 无意义

二、填空题

4. 三次根式 $\sqrt[3]{3}$ 写成指数的形式为 _____ ．

5. 函数 $y = (2x - 1)^{-\frac{1}{2}}$ 的定义域为 _____ ．

6. $\sqrt[4]{a^4} = $ _____ .

三、解答题

7. 将下列各根式写成分数指数幂的形式：

(1) $(\sqrt[5]{a^3})^2$ ； (2) $\dfrac{-3}{\sqrt{a}}$.

8. 将下列各分数指数幂写成根式的形式：

(1) $a^{\frac{2}{3}}$ ； (2) $a^{-\frac{2}{5}}$.

【课堂拓展训练】

一、选择题

1. 81 的 4 次方根是 (　　).

  A. 3   B. -3 C. ± 3 D. 不存在

2. 下列函数中，定义域为 $(-\infty, 0) \cup (0, +\infty)$ 的是 (　　).

  A. $y = x^2$ B. $y = x^{\frac{1}{2}}$ C. $y = x^{-2}$ D. $y = x^{-\frac{1}{2}}$

3. 已知 $a \in \mathbf{R}$ ，下列各式中恒成立的是 (　　).

  A. $a^0 = 1$ B. $\sqrt{a^2} = a$ C. $\sqrt[3]{a^3} = a$ D. $a^{-n} = a^{\frac{1}{n}}$

二、填空题

4. $(-125)^{\frac{1}{3}} = $ _____ .

5. $(3 - 2x)^{-\frac{3}{4}}$ 中的 x 的取值范围是 _____ .

6. $27^{-\frac{1}{3}} = $ _____ .

三、解答题

7. 已知 $\left(\dfrac{2}{3}\right)^y = \left(\dfrac{3}{2}\right)^{x^2 - 1}$ ，求 y 的最大值.

5.1.2 实数指数幂

【知识要点预习】

设 $\alpha, \beta \in \mathbf{R}$, $a>0$ 且 $b>0$, 则

$a^{\alpha} \cdot a^{\beta} =$ _____ ;

$(a^{\alpha})^{\beta} =$ _____ ;

$(ab)^{\alpha} =$ _____ .

【知识要点梳理】

设 $\alpha, \beta \in \mathbf{R}$, $a>0$ 且 $b>0$, 则

$a^{\alpha} \cdot a^{\beta} = a^{\alpha+\beta}$;

$(a^{\alpha})^{\beta} = a^{\alpha\beta}$;

$(ab)^{\alpha} = a^{\alpha} \cdot b^{\alpha}$.

【知识盲点提示】

1. 注意法则的灵活运用;

2. 作为结果,一般不能同时含有根号和分数指数幂.

【课堂基础训练】

一、选择题

1. 下列计算中正确的是(   ).

   A. $(x+y)^{-1} = x^{-1} + y^{-1}$　　B. $(xy)^{-1} = x^{-1}y^{-1}$

   C. $2^{x+y} = 2^x + 2^y$　　D. $(a^3)^2 = a^5$

2. 如果 $a \neq 0$,那么 $a^{\frac{2}{3}} \cdot a^{-\frac{2}{3}} = ($ $)$.

   A. 0　　B. 1　　C. $a^{\frac{4}{3}}$　　D. $a^{-\frac{4}{3}}$

3. 下列函数中,定义域为 $[0, +\infty)$ 的是(   ).

   A. $y = x^3$　　B. $y = x^2$　　C. $y = x^{\frac{1}{2}}$　　D. $y = x^{-2}$

4. 下列计算中正确的是(   ).

   A. $x^{\frac{3}{4}} \cdot x^{\frac{4}{3}} = x$　　B. $(x^{\frac{3}{4}})^{\frac{4}{3}} = x$　　C. $x^{-2} \div x^2 = 1$　　D. $x^{\frac{3}{4}} \div x^{\frac{3}{4}} = x$

5. $(0.01)^{-\frac{3}{2}} = ($ $)$.

   A. 10　　B. 100　　C. 1 000　　D. $-1 000$

6. $a^{\frac{1}{3}} \cdot a^2 \cdot \sqrt[3]{a}$ 的化简结果是(   ).

   A. a^2　　B. a^3　　C. $a^{\frac{5}{3}}$　　D. $a^{\frac{8}{3}}$

7. 已知 $a>0$ 且 $a \neq 1$,下列式子中错误的是(   ).

   A. $\sqrt[3]{a^2} = a^{\frac{3}{2}}$　　B. $a^{-\frac{3}{5}} = \dfrac{1}{\sqrt[5]{a^3}}$

   C. $a^{x-y} = \dfrac{1}{a^{y-x}}$　　D. $a^{-1} = \dfrac{1}{a}$

第5章 指数函数与对数函数

8. 满足 $\left(\dfrac{9}{16}\right)^x = \left(\dfrac{3}{4}\right)^3$ 的 x 的值是(　　).

   A. 3　　　　B. -3　　　　C. $-\dfrac{3}{2}$　　　　D. $\dfrac{3}{2}$

9. 计算 $\left(\dfrac{7}{3}\right)^5 \times \left(\dfrac{8}{21}\right)^0 \div \left(\dfrac{7}{9}\right)^4 = ($　　$)$.

   A. 63　　　　B. 189　　　　C. 21　　　　D. 27

10. 计算 $81^{\frac{3}{4}} \times 3^{-3} + 0.25^{-\frac{1}{2}} \times 0.001\,2^0 = ($　　$)$.

    A. 3　　　　B. -3　　　　C. -1　　　　D. 1

二、填空题

11. 设 $a > 0$，$\dfrac{\sqrt{a}\sqrt[4]{a^3}}{\sqrt[3]{a}\sqrt[6]{a^5}\sqrt[12]{a}} = $ ＿＿＿＿＿＿＿.

12. $a^{\frac{1}{3}} \cdot a^{\frac{5}{6}} \div a^{-\frac{1}{2}} = $ ＿＿＿＿＿＿＿.

13. $\left(\dfrac{1}{32}\right)^{-\frac{1}{5}} = $ ＿＿＿＿＿＿＿.

14. $27^{\frac{2}{3}} + (-0.1)^0 + \left(\dfrac{1}{4}\right)^{-2} = $ ＿＿＿＿＿＿＿.

15. 化简 $2\sqrt{2} \cdot \sqrt[4]{2} \cdot \sqrt[8]{4} = $ ＿＿＿＿＿＿＿.

16. $(0.25)^{-0.5} + \left(\dfrac{1}{27}\right)^{-\frac{1}{3}} - 625^{0.25} = $ ＿＿＿＿＿＿＿.

三、解答题

17. 设 $x > 0$，且 $x^{\frac{1}{2}} + x^{-\frac{1}{2}} = 3$，求：

    (1) $x + x^{-1}$；(2) $x^2 + x^{-2}$.

18. 已知 $3^a = 2$，$3^b = 5$，求 3^{3a+2b}.

19. 解方程 $2^{2x} - 2 \cdot 2^x - 8 = 0$.

20. 若 $(x-5)^0 + (x-4)^{\frac{1}{2}}$ 有意义，求 x 的取值范围.

【课堂拓展训练】

一、选择题

1. $81^{-\frac{1}{4}} = ($).

   A. -3 B. 3 C. $\frac{1}{3}$ D. $-\frac{1}{3}$

2. 设 $2^{x-1} = a$，$2^{y+2} = b$，则 $2^{x+y} = ($).

   A. $\frac{1}{2}ab$ B. $2ab$ C. ab D. $a+b$

3. $32^{\frac{2}{5}} + \left(\frac{\sqrt{2}}{2}\right)^{-4} \times 4^{-\frac{1}{2}} - 0.2^{-1} = ($).

   A. 1 B. 2 C. 3 D. $\frac{1}{3}$

4. $(a^{\frac{1}{2}} + b^{\frac{1}{2}})(a^{\frac{1}{2}} - b^{\frac{1}{2}}) = ($).

   A. $a+b$ B. $a-b$ C. $a^2 - b^2$ D. $a^2 + b^2$

5. 计算 $\sqrt[3]{9} \cdot \sqrt[9]{27} \cdot \sqrt{3} = ($).

   A. $3^{\frac{1}{9}}$ B. $3^{\frac{3}{2}}$ C. $3^{\frac{1}{2}}$ D. 3

6. $\left(\frac{1}{4}\right)^{-\frac{1}{2}} - 625^{0.25} = ($).

   A. 1 B. 8 C. -3 D. $-\frac{11}{2}$

二、填空题

7. $\left(\frac{4}{9}\right)^{\frac{1}{2}} + (\sqrt{3} + \sqrt{2})^0 + 0.125^{-\frac{1}{3}} = $ _____.

8. 设 $a>0$，$b>0$，$(a^{\frac{2}{3}} b^{\frac{1}{2}})^{-6} = $ _____.

9. $\left(\frac{8}{27}\right)^{-\frac{1}{3}} - (\sqrt{2} - 1)^0 + 2^{-1} = $ _____.

三、解答题

10. 解方程 $3^{2x} - 5 \cdot 3^x - 36 = 0$.

5.2 指数函数

【学习目标导航】

1. 理解指数函数的概念，掌握指数函数的图像和性质．
2. 能利用所知求一些复合函数的值域、判断奇偶性．
3. 会比较两个幂值的大小，会利用指数函数的单调性解一些指数不等式．

【知识要点预习】

1. 指数函数：一般地，形如 _____ 的函数称为指数函数，其中 a 为常数（$a>0$，且 $a\neq 1$），_____ 为自变量．

2. 指数函数的图像和性质：

(1) 函数的定义域是 _____，值域是 _____．

(2) 当 $x=0$ 时，函数值是 _____．

(3) 当 $a>1$ 时，函数在 **R** 内是 _____ 函数；当 $0<a<1$ 时，函数在 **R** 内是 _____ 函数．

【知识要点梳理】

1. 指数函数：一般地，形如 $y=a^x$ 的函数称为指数函数，其中 a 为常数（$a>0$，且 $a\neq 1$），x 为自变量．定义域为 $(-\infty,+\infty)$，值域为 $(0,+\infty)$．

2. 指数函数的图像和性质：

指数函数	$a>1$	$0<a<1$
图像		

续表

指数函数	$a>1$	$0<a<1$
性质	定义域_____；值域_____	
	过定点_____	
	当 $x>1$ 时，_____； 当 $0<x<1$ 时，_____	当 $x>1$ 时，_____； 当 $0<x<1$ 时，_____
	单调性：_____	单调性：_____
	奇偶性_____	

说明：函数 $y=a^x$ 与 $y=\left(\dfrac{1}{a}\right)^x$ 的图像关于 y 轴对称.

【知识盲点提示】

利用指数函数的单调性，可以比较两个幂值的大小，还可以解一些简单的指数不等式和指数方程.

【课堂基础训练】

一、选择题

1. 下列函数中是指数函数的是（　　）.

　　A. $y=x$　　　　　B. $y=\dfrac{2}{x^2}$　　　　　C. $y=\pi^x$　　　　　D. $y=x^a$

2. 若指数函数的图像经过点 $\left(\dfrac{3}{2},\ 27\right)$，则其解析式为（　　）.

　　A. $y=3^x$　　　　B. $y=\left(\dfrac{1}{3}\right)^x$　　　C. $y=9^x$　　　　D. $y=\left(\dfrac{1}{9}\right)^x$

3. 所有指数函数的图像恒过点（　　）.

　　A. （0，1）　　　B. （1，0）　　　C. （0，0）　　　D. （1，1）

4. 指数函数 $y=a^x$ 是减函数，则（　　）.

　　A. $a<1$　　　　B. $a>0$　　　　C. $a>1$　　　　D. $0<a<1$

5. 指数函数 $y=\left(\dfrac{3}{2}\right)^x$，判定当 $x\in(0,1)$ 时，y 的范围为（　　）.

　　A. $\left(0,\ \dfrac{3}{2}\right)$　　B. $\left(1,\ \dfrac{3}{2}\right)$　　C. （0，1）　　D. （1，$+\infty$）

6. 在同一直角坐标系中，函数 $y=x+a$ 与函数 $y=a^x$ 的图像可能是（　　）.

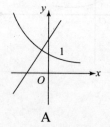 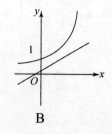 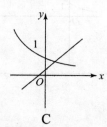 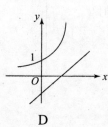

　　A　　　　　　　　　B　　　　　　　　　C　　　　　　　　　D

7. 函数 $y=3^x$ 与函数 $y=\left(\dfrac{1}{3}\right)^x$ 的图像关于(　　)对称.

　　A. x 轴　　　　B. y 轴　　　　C. 原点　　　　D. 直线 $y=x$

8. 函数 $y=3^{-x}$ 在 **R** 上是(　　)函数.

　　A. 增　　　　　B. 减　　　　　C. 不增不减　　D. 不确定

9. 函数 $y=\sqrt{16-2^x}$ 的定义域为(　　).

　　A. $(-\infty,-4]$　　B. $[-4,+\infty)$　　C. $(-\infty,4]$　　D. $[4,+\infty)$

10. 若函数 $y=a^x$ 在区间 $[0,1]$ 上的最大值与最小值的和为 6，则 $a=(\quad)$.

　　A. 5　　　　　　B. 6　　　　　　C. 7　　　　　　D. 1

二、填空题

11. 设 $5^{3x-1}<1$，则 x 的取值范围为_____.

12. 若函数 $y=a^x$ 在 **R** 内是增函数，则 a 的取值范围是_____.

13. 若 $0.2^x>1$，则 x 的取值范围是_____.

14. 已知函数 $y=f(x)$ 的图像与函数 $y=2^x$ 的图像关于 y 轴对称，则 $f(x)=$ _____.

15. 比大小：$\pi^{-0.2}$ _____ $\pi^{-0.3}$.

16. 已知 $\left(\dfrac{1}{3}\right)^{-m}<\left(\dfrac{1}{3}\right)^{-n}$，则 m 与 n 的大小关系是_____.

三、解答题

17. 求下列函数的定义域：

　　(1) $y=\dfrac{1}{5^x-1}$；　(2) $y=\sqrt{27-3^x}$.

18. 已知指数函数 $f(x)$ 过点 $\left(1,\dfrac{1}{2}\right)$，求 $f(2)$ 的值.

19. 已知 $\left(\dfrac{1}{2}\right)^{x^2-2x-15}>2^{-x-13}$，求适合此条件的实数 x 的全体.

20. 判断函数 $f(x)=2^x-2^{-x}$ 的奇偶性.

【课堂拓展训练】

一、选择题

1. 下列函数在区间 **R** 上为增函数的是（　　）．

   A. $f(x)=\left(\dfrac{1}{2}\right)^x$　　B. $f(x)=0.2^{-3x}$　　C. $f(x)=x^2$　　D. $f(x)=\dfrac{1}{x}$

2. 若指数函数的图像经过点 $\left(1,\dfrac{1}{2}\right)$，则其解析式为（　　）．

   A. $y=2^{\frac{x}{2}}$　　B. $y=2^{-x}$　　C. $y=2^x$　　D. $y=2^{2x}$

3. 函数 $y=0.25^x$ 的图像经过点（　　）．

   A. (0, 1)　　B. (1, 0)　　C. (1, 1)　　D. (0.25, 1)

4. 函数 $y=2^x-3$ 的图像必不经过第（　　）象限．

   A. 一　　B. 二　　C. 三　　D. 四

5. 下列函数中为指数函数的是（　　）．

   A. $y=(-1.3)^x$　　B. $y=\left(\dfrac{2}{3}\right)^x$　　C. $y=x^{\frac{1}{3}}$　　D. $y=2x^2$

6. 指数函数 $y=(a-1)^x$ 在 $(-\infty,+\infty)$ 内是增函数，则 a 的取值范围是（　　）．

   A. $a>1$　　B. $a>0$　　C. $a>2$　　D. $0<a<1$

7. 若 $\left(\dfrac{1}{5}\right)^x=125^{x^2}$，则 x 的取值为（　　）．

   A. -1　　B. $-\dfrac{1}{3}$　　C. $\dfrac{1}{3}$　　D. 1

8. 函数 $y=2^{\frac{1}{x}}$ 的值域是（　　）．

   A. $(-\infty,0)\cup(0,+\infty)$　　　　B. $(0,+\infty)$
   C. $(0,1)\cup(1,+\infty)$　　　　　　D. $(-\infty,1)\cup(1,+\infty)$

9. 函数 $y=2^{|x|}$ 的图像（　　）．

   A. 关于 x 轴对称　　　　B. 关于 y 轴对称
   C. 关于原点对称　　　　D. 不具有对称性

10. 函数 $y=2^x+3$ 的值域是（　　）．

    A. $(0,+\infty)$　　B. $(2,+\infty)$　　C. $(3,+\infty)$　　D. $(-\infty,+\infty)$

二、填空题

11. 若 $5^x<1$，则 x 的取值范围是_____．

12. 函数 $y=2^x$ 的定义域为_____.

13. 函数 $y=2^{\frac{x}{3}}$ 在 $(-\infty, +\infty)$ 内为_____函数(填增或减).

14. 设 $0.3^{2x} > 0.3^{3x-1}$，则 x 的取值范围为_____.

15. 比大小：$2^{0.2}$ _____ 0.2^2.

16. 函数 $y=a^x+5 (a>0$，且 $a\neq 1)$ 的图像总过点_____.

三、解答题

17. 求下列函数的定义域：

(1) $y=\dfrac{3}{2^x-1}$； (2) $y=\sqrt{9-\left(\dfrac{1}{3}\right)^x}$.

18. 指数函数 $f(x)=a^x$ 图像过点 $(3, 8)$，则 $f(4)=$ _____.

19. 解不等式：$\left(\dfrac{1}{3}\right)^{x-3} < 3^{x^2+x}$.

20. 解方程：$2^{x-3}=\left(\dfrac{1}{2}\right)^{x^2+1}$.

5.3 对数

【学习目标导航】

1. 理解对数的定义，能进行指数式和对数式的互化.
2. 知道对数的基本性质，常用对数，自然对数.
3. 理解积、商、幂的对数，会用对数运算法则进行对数的化简和求值.

5.3.1 对数的概念

【知识要点预习】

1. 当 $a>0$ 且 $a\neq 1$，$N>0$，指数式与对数式的关系为_____.

2. $\log_a 1 =$ _____ , $\log_a a =$ _____ .

【知识要点梳理】

1. 对数的概念：设 $a > 0$，且 $a \neq 1$ 若 $a^b = N$，则称 b 为以 a 为底 N 的对数，记作 $b = \log_a N$，其中，N 叫作真数.

2. 形如 $a^b = N$ 的式子叫作指数式，形如 $\log_a N = b$ 的式子叫对数式. 当 $a > 0$ 且 $a \neq 1$，$N > 0$ 时，指数式与对数式的关系为 $a^b = N \Leftrightarrow \log_a N = b$.

3. 对数的性质.

(1)零和负数没有对数.

(2)1 的对数为 0，即 $\log_a 1 = 0 (a > 0$ 且 $a \neq 1)$.

(3)底的对数为 1，即 $\log_a a = 1 (a > 0$ 且 $a \neq 1)$.

注意：0 和负数没有对数.

补充：对数恒等式：(1) $a^{\log_a N} = N$；(2) $\log_a a^b = b$.

4. 常用对数：$\log_{10} N$ 称为常用对数，简记为 $\lg N$.

自然对数：$\log_e N (e = 2.71828\cdots)$ 称为自然对数，简记为 $\ln N$.

【知识盲点提示】

1. 零和负数没有对数，真数必须大于零. 注意底数 a 的要求：$a > 0$ 且 $a \neq 1$.

2. 进行指数式与对数式互相转换时，关键是注意对应位置的关系，底不变，幂对应真数，指数对应对数.

【课堂基础训练】

一、选择题

1. 将 $2^x = 5$ 化成对数式可表示为（　　）.

　　A. $\log_5 2 = x$　　　　B. $\log_5 x = 2$　　　　C. $\log_2 x = 5$　　　　D. $\log_2 5 = x$

2. 将 $4^{-3} = \dfrac{1}{64}$ 写成对数式为（　　）.

　　A. $\log_4 (-3) = \dfrac{1}{64}$　　　　　　　　B. $\log_4 \dfrac{1}{64} = -3$

　　C. $\log_{-3} 4 = \dfrac{1}{64}$　　　　　　　　D. $\log_{-3} \dfrac{1}{64} = 4$

3. 若 $\log_3 x = 2$，则 x 的值为（　　）.

　　A. 9　　　　　　B. 8　　　　　　C. 2　　　　　　D. 3

4. 求值 $3^{\log_3 \sqrt{5}} = ($ 　　$)$.

　　A. 3　　　　　　B. 0　　　　　　C. 1　　　　　　D. $\sqrt{5}$

5. 求值 $10^{\lg 0.01} = ($ 　　$)$.

　　A. 0.01　　　　B. -2　　　　C. 1　　　　　　D. 0

6. 若 $\log_{0.1} 10 = x$，则 x 的值为（　　）.

　　A. 1　　　　　　B. 0.1　　　　　C. -1　　　　　D. 10

7. 若 $\log_3 3^x = 5$，则 x 的值为（　　）.
   A. 5　　　B. 3　　　C. 0　　　D. 1

8. 求值 $e^{\ln 2} + \lg 1 - \ln e = ($ 　　$)$.
   A. 10　　　B. -2　　　C. 3　　　D. 1

9. 下列结论中错误的是（　　）.
   A. $\log_2 \dfrac{1}{64} = -6$　　　　　B. $\log_3 9 = 2$
   C. $2^{\log_2 \frac{1}{2}} = -1$　　　　　D. $2^{\log_2 3} = 3$

10. 求值 $\log_2 16 - 16^{\frac{1}{2}} = ($ 　　$)$.
    A. 0　　　B. 4　　　C. -4　　　D. 以上答案都不对

二、填空题

11. 将 $\log_5 \dfrac{1}{125} = -3$ 化为指数式为＿＿＿＿．

12. $\log_7 7 =$ ＿＿＿＿；$\log_7 1 =$ ＿＿＿＿；$\lg 10 =$ ＿＿＿＿；$\ln e =$ ＿＿＿＿．

13. $\log_2 16 =$ ＿＿＿＿；$\lg 100 =$ ＿＿＿＿．

14. $2^{1+\log_2 5} =$ ＿＿＿＿．

15. $\log_3 3 + 2^{\log_2 1} + (\sqrt{2}-1)^0 =$ ＿＿＿＿．

16. $\log_{15} 1 + 2\sqrt{(-4)^2} - 10^{\lg 3} =$ ＿＿＿＿．

三、解答题

17. 把下列指数式化为对数式：
    (1) $3^x = 5$；(2) $27^{\frac{1}{3}} = 3$；(3) $10^x = 8$；(4) $a^{\frac{3}{2}} = b\,(a > 0$ 且 $a \neq 1)$.

18. 把下列对数式化为指数式：
    (1) $\log_3 81 = 4$；(2) $\log_2 \dfrac{1}{32} = -5$；(3) $\lg 100 = 2$；(4) $\log_9 3 = \dfrac{1}{2}$.

19. 已知 $\log_4(x-3)=4^{\log_4 2}$，求 x 的值．

20. 求值：$\log_5 5+\sqrt[3]{(-2)^3}-27^{-\frac{1}{3}}+e^{\ln 3}$．

【课堂拓展训练】

一、选择题

1. 下列各指数式中可以化成对数式的是(　　)．

   (1) $(-2)^3=-8$；(2) $\left(\dfrac{1}{3}\right)^{-2}=9$；(3) $1^0=1$；(4) $6^a=13$．

   A. (1)(2)　　　　　B. (1)(2)(3)　　　　　C. (2)(4)　　　　　D. (1)(2)(4)

2. 在对数式 $\log_{(a+1)}(2-a)$ 中，a 的取值范围是(　　)．

   A. (0，2)　　　　　　　　　　　　　　　B. (-1，2)

   C. (2，+∞)　　　　　　　　　　　　　　D. (-1，0)∪(0，2)

3. 若 $\log_2(\log_3 x)=0$，则 $2^{-x}=$(　　)．

   A. 8　　　　　B. $\dfrac{1}{8}$　　　　　C. $\sqrt[3]{2}$　　　　　D. $\dfrac{1}{\sqrt[3]{2}}$

二、填空题

4. 已知 $\log_a \dfrac{1}{27}=3$，则 $a=$ _____．

5. 设 $\lg(3x+1)=1$，则 $x=$ _____．

6. (1) $\log_{20} 1+\lg 1\,000-2\log_3 3+e^{\ln 2}=$ _____．

   (2) $3^{\log_3 \sqrt{2}}=$ _____．

三、解答题

7. 已知 $a^m=4$，$\log_a 5=n$，求 a^{m+n} 的值．

5.3.2 积、商、幂的对数

【知识要点预习】

1. 设 $a>0$，且 $a\neq 1$，$M>0$，$N>0$，则有

$\log_a(MN)=$ _____；

$\log_a\left(\dfrac{M}{N}\right)=$ _____；

$\log_a M^n=$ _____．

2. 换底公式：$\log_a N=$ _____．

【知识要点梳理】

1. 设 $a>0$，且 $a\neq 1$，$M>0$，$N>0$，则有

$\log_a(MN)=\log_a M+\log_a N$；

$\log_a\left(\dfrac{M}{N}\right)=\log_a M-\log_a N$；

$\log_a M^n=n\log_a M$．

特别地，（1）$\lg(MN)=\lg M+\lg N$；

$\lg\left(\dfrac{M}{N}\right)=\lg M-\lg N$；

$\lg M^n=n\lg M$．

(2) $\log_a M+\log_a N=\log_a(MN)$；

$\log_a M-\log_a N=\log_a\left(\dfrac{M}{N}\right)$；

$n\log_a M=\log_a M^n$．

2. 换底公式：$\log_a N=\dfrac{\log_b N}{\log_b a}=\dfrac{\lg N}{\lg a}$ ($a>0$，且 $a\neq 1$，$b>0$，且 $b\neq 0$)．

3. 换底公式的几个常用推论：

(1) $\log_a b\cdot\log_b a=1$；(2) $\log_a b\cdot\log_b c=\log_a c$；

(3) $\log_a\sqrt{b}=\dfrac{1}{2}\log_a b$；(4) $\log_{a^m} b^n=\dfrac{n}{m}\log_a b$．

注意：运用公式进行化简和求值时，要注意对数的真数的范围是否发生改变．

注意公式的逆用．

【知识盲点提示】

注重逆向思维，提高思维的灵活性，如对数运算法则的逆向应用．

【课堂基础训练】

一、选择题

1. 设 $a>0$ 且 $a\neq 1$，M、$N\in\mathbf{R}^+$，下列各式中正确的是（　　）．

A. $\log_a(M+N)=\log_a M+\log_a N$ 　　B. $\log_a 2M=2\log_a M$

C. $\log_a \sqrt{M} = \frac{1}{2}\log_a M$ D. $\log_a \frac{M}{N} = \frac{\log_a M}{\log_a N}$

2. $\log_2 16$ 的值为(　　).

A. 16　　　B. 32　　　C. 5　　　D. 4

3. $\log_2 9 - \log_2 3 = (\ \ )$.

A. $\log_2 3$　　　B. $\log_2 6$　　　C. $\log_2 27$　　　D. 3

4. 若 $\log_x \frac{1}{8} = 3$，则 x 的值为(　　).

A. 2　　　B. $\frac{1}{2}$　　　C. 4　　　D. $\frac{1}{4}$

5. $\lg 5 + \lg 2$ 的值为(　　).

A. $\lg 7$　　　B. 2　　　C. 1　　　D. 5

6. $\lg a = 5$，$\lg b = 3$，则 ab 的值为(　　).

A. 10　　　B. 100　　　C. $\frac{1}{10}$　　　D. 10^8

7. $\log_2 9 \cdot \log_3 8 = (\ \ )$.

A. 6　　　B. 12　　　C. $\frac{9}{8}$　　　D. 3

8. 若 $\log_2 3 = a$，则 $\log_2 6$ 的值为(　　).

A. a　　　B. $a+1$　　　C. $a-1$　　　D. $2a$

9. $\lg 50 + \lg 2 - \lg 0.01$ 的值为(　　).

A. 10 000　　　B. 4　　　C. 0　　　D. 5

10. $\lg 2 = a$，则 $\log_2 25$ 的值为(　　).

A. $\frac{1-a}{a}$　　　B. $\frac{a}{1-a}$　　　C. $\frac{2(1-a)}{a}$　　　D. $\frac{2a}{1-a}$

二、填空题

11. 已知 $\lg x = 3$，则 $x = $ _____ ；

12. $\log_2 32 - \log_2 4 = $ _____ ；

13. $\lg 4 + 2\lg 5 = $ _____ ；

14. $\lg 20 + \lg 50 = $ _____ ；

15. $\ln \sqrt{e} = $ _____ ；

16. $\log_2 (\log_3 81) = $ _____ .

三、解答题

17. 用 $\lg x$，$\lg y$，$\lg z$ 表示下列各式：

(1) $\lg \dfrac{x^3 y^{\frac{1}{3}}}{z^2}$；　(2) $\lg(\sqrt[5]{x^2} \cdot \sqrt{y} \cdot z^{-2})$.

18. 已知 $\log_6 2 = 0.3689$,求 $\log_6 3$ 的值.

19. 求值:
    (1) $10^{2-\lg 5}$; (2) $\log_7 \sqrt[3]{49}$.

20. 已知 $\lg 2 = a$,$\lg 3 = b$,用 a 和 b 表示下列各式:
    (1) $\lg 24$; (2) $\lg 72$.

【课堂拓展训练】

一、选择题

1. 下列各式中正确的是( ).
   A. $\lg 10 = 0$
   B. $\ln(\ln e) = 1$
   C. $\lg(-3)^2 = 2\lg(-3)$
   D. $\ln e^2 = 2\ln e = 2$

2. 已知 $\lg \dfrac{3}{2}$ 和 $\lg \dfrac{2}{3}$ 两个实数,它们正确的关系是( ).
   A. 互为倒数
   B. 互为相反数
   C. 商是 $\lg \dfrac{4}{9}$
   D. 积是 0

3. 以下各式中正确的是( ).
   A. $\log_2 3 \cdot \log_{27} 8 = 1$
   B. $\dfrac{\log_2 4}{\log_2 8} = -1$
   C. $\lg 4 \cdot \lg 8 = 2\lg 6$
   D. $\left(\log_5 \dfrac{1}{25}\right)^3 = -6$

4. 下列结论中错误的是( ).
   A. $\log_2 \dfrac{1}{64} = -6$
   B. $\log_3 9 = 2$
   C. $2^{\log_2 \frac{1}{2}} = -1$
   D. $2^{\log_2 3} = 3$

5. 若 $\lg 2 = a$,$\lg 3 = b$,则 $\log_5 6 = ($).
   A. $\dfrac{a+b}{1-a}$
   B. $a - b$
   C. $\dfrac{a+b}{1+a}$
   D. $\dfrac{a-b}{1+a}$

6. $\log_3 4 \cdot \log_4 8 \cdot \log_8 m = \log_4 16$，则 m 的值是（　　）．

  A. $\dfrac{9}{2}$ B. 9   C. 18   D. 27

7. 如果 $\lg 25 = 2x$，那么下列式子中正确的是（　　）．

  A. $x + \lg 5 = 0$ B. $10^x = 5$

  C. $10^x = 0.2$ D. $10^x = 12.5$

8. 已知 $\ln x = 2 - \ln 3$，则 $x =$（　　）．

  A. -6 B. $\dfrac{2}{3}$ C. $3e^2$ D. $\dfrac{e^2}{3}$

9. 已知 $a = \log_3 2$，那么 $\log_3 8 - 2\log_3 6$ 用 a 表示是（　　）．

  A. $5a - 2$ B. $a - 2$ C. $3a - (1+a)^2$ D. $3a - a^2 - 1$

10. 已知 $f(x) = \begin{cases} \log_2 x, & x \in (0, +\infty) \\ x^2 + 9, & x \in (-\infty, 0) \end{cases}$，则 $f[f(-\sqrt{7})] =$（　　）．

  A. 16   B. 8   C. 4   D. 2

二、填空题

11. $\log_5 0.1 + \log_5 2 = $ _____．

12. $\log_5 [\log_3 (\log_2 x)] = 0$，则 $x = $ _____．

13. $\log_5 8 \cdot \log_2 9 \cdot \log_3 25 = $ _____．

14. $\ln x = 1 + \ln 3$，则 $x = $ _____．

15. $2^{3 + \log_2 3} = $ _____．

16. 若 $\lg a = 7.463$，$\lg b = 5.463$，则 $\dfrac{a}{b} = $ _____．

三、解答题

17. 已知 $\lg a$，$\lg b$ 是方程 $x^2 - 4x + 1 = 0$ 的两个实根，求 ab 的值．

18. 解方程 $\lg^2 x - 3\lg x + 2 = 0$．

19. 求值 $\log_5 3 \cdot \log_3 25 + (-2\,023)^{\lg 1} - 0.25^{-\frac{1}{2}}$.

20. 若 $\log_8 27 = a$，求 $\log_6 16$ 的值.

5.4 对数函数

【学习目标导航】

1. 理解对数函数的概念，掌握对数函数的图像和性质.
2. 能利用所知求一些复合函数的定义域、判断奇偶性.
3. 会比较两个对数值的大小，会利用对数函数的单调性解一些对数不等式.

【知识要点预习】

1. 对数函数：一般地，形如_____的函数叫以 a 为底的对数函数，其中 a 为常数 $(a>0$，且 $a\neq 1)$，_____为自变量.

2. 对数函数的图像和性质：

(1) 函数的定义域是_____，值域是_____.

(2) 当 $x=1$ 时，函数值是_____.

(3) 当 $a>1$ 时，函数在 $(0,+\infty)$ 内是_____函数；当 $0<a<1$ 时，函数在 $(0,+\infty)$ 内是_____函数.

【知识要点梳理】

1. 对数函数：一般地，形如 $y=\log_a x$ 的函数叫以 a 为底的对数函数，其中 a 为常数 $(a>0$，且 $a\neq 1)$，x 为自变量. 定义域为 $(0,+\infty)$，值域为 $(-\infty,+\infty)$.

2. 对数函数的图像和性质.

项目	$a>1$	$0<a<1$
图像	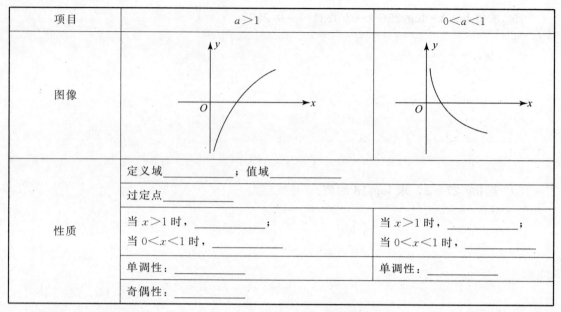	
性质	定义域_____；值域_____ 过定点_____ 当 $x>1$ 时，_____； 当 $0<x<1$ 时，_____ 单调性：_____ 奇偶性：_____	当 $x>1$ 时，_____； 当 $0<x<1$ 时，_____ 单调性：_____

说明：(1)指数函数 $y=a^x(a>0$，且 $a\neq1)$ 与对数函数 $y=\log_a x(a>0$，且 $a\neq1)$ 的图像关于直线 $y=x$ 对称.

(2)函数 $y=\log_a x$ 与 $y=\log_{\frac{1}{a}} x$ 的图像关于 x 轴对称.

注意：学习对数函数应采用类比的学习方法，与指数函数的研究方法一致，结论的相似性，更要注意到它们各方面的不同点.

【知识盲点提示】

利用对数函数的单调性，可以比较两个对数值的大小，还可以解一些简单的对数不等式和对数方程.

【课堂基础训练】

一、选择题

1. 下列函数中不是对数函数的是(　　).

　　A. $y=\log_3 x$　　　　B. $y=\log_{\sqrt{2}} x$　　　　C. $y=\log_{-5} x$　　　　D. $y=\log_5 x$

2. 若函数 $y=\log_a x$ 的图像过点 $\left(\dfrac{1}{8}, 3\right)$，则 a 的值为(　　).

　　A. $\dfrac{1}{2}$　　　　B. $-\dfrac{1}{2}$　　　　C. 2　　　　D. -2

3. 对数函数 $y=\log_a x$ 的图像恒过点(　　).

　　A. (0, 1)　　　　B. (1, 0)　　　　C. (0, 0)　　　　D. (1, 1)

4. 对数函数 $y=\log_{0.2} x$(　　).

　　A. 在 $(-\infty, +\infty)$ 内是增函数　　　　B. 在 $(-\infty, +\infty)$ 内是减函数
　　C. 在 $(0, +\infty)$ 内是增函数　　　　D. 在 $(0, +\infty)$ 内是减函数

5. 设函数 $f(x)=\log_a x(a>0, a\neq1)$，且 $f(4)=2$，则 $f(8)=($ 　　).

A. 2　　　　B. $\dfrac{1}{2}$　　　　C. $\dfrac{1}{3}$　　　　D. 3

6. 函数 $y=x-a$ 与函数 $y=\log_a x$ 在同一坐标系下的图像是(　　).

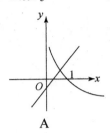 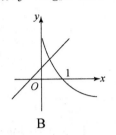 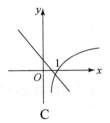 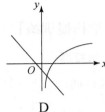

　　A　　　　　　　　B　　　　　　　　C　　　　　　　　D

7. 函数 $y=\log_5 x$ 与函数 $y=\log_{\frac{1}{5}} x$ 的图像关于(　　)对称.

　　A. x 轴　　　　B. y 轴　　　　C. 原点　　　　D. 直线 $y=x$

8. "$x=y$" 是 "$\lg x=\lg y$" 的(　　).

　　A. 充分不必要条件　　　　B. 必要不充分条件

　　C. 充要条件　　　　　　　D. 既不充分也不必要条件

9. 若 $\log_{\frac{1}{3}} a>1$, 则 a 的取值范围是(　　).

　　A. $\left(-\infty,\dfrac{1}{3}\right)$　　B. $\left(0,\dfrac{1}{3}\right)$　　C. $\left(\dfrac{1}{3},+\infty\right)$　　D. $\left(\dfrac{1}{3},1\right)$

10. 下列各式中正确的是(　　).

　　A. $\log_{0.5} 5>\log_{0.5} 3$　　B. $\log_{27} 8<\log_3 2$　　C. $\log_3 2<1$　　D. $\log_{0.5} 5>0$

二、填空题

11. 设函数 $f(x)=2\lg x-3$, 则 $f(100)=$ ＿＿＿＿.

12. 若函数 $y=\log_a x$ 在 $(0,+\infty)$ 内是增函数, 则 a 的取值范围是＿＿＿＿.

13. 若 $\log_2 x>1$, 则 x 的取值范围是＿＿＿＿.

14. 函数 $y=\lg(x^2-x-2)$ 的定义域为＿＿＿＿.

15. 函数 $y=\log_2(3^x-1)$ 的定义域为＿＿＿＿.

16. 函数 $y=\sqrt{\log_{0.5}(6-x)}$ 的定义域为＿＿＿＿.

三、解答题

17. 求函数 $y=\log_{(2x-1)}(3-x)$ 的定义域.

18. 已知对数函数 $y=f(x)$ 满足 $f(\sqrt{3}+1)+f(\sqrt{3}-1)=\dfrac{1}{2}$, 求 $f(16)$ 的值.

19. 解方程 $\log_{(x-1)}(x^2+x-6)=2$.

20. 解不等式 $\log_{\frac{1}{2}}(4x-3) > 1$ $(a>0$, 且 $a \neq 1)$.

【课堂拓展训练】

一、选择题

1. 在区间 $(0, +\infty)$ 内为增函数的是( ).

   A. $f(x) = \left(\dfrac{1}{2}\right)^x$ 　　　　　　B. $f(x) = \log_{0.3} x$

   C. $f(x) = \lg x$ 　　　　　　　　D. $f(x) = -x$

2. 下列各式中正确的是( ).

   A. $\log_{0.3}\dfrac{1}{3} < \log_{0.3}\dfrac{1}{2}$ 　　　B. $\log_9 4 < \log_3 2$

   C. $\left(\dfrac{4}{5}\right)^{0.8} > \left(\dfrac{4}{5}\right)^{-0.7}$ 　　　D. $\log_2 3 < 1$

3. 函数 $y = \sqrt{\log_2(1-x)}$ 的定义域是( ).

   A. $(-\infty, 0]$ 　　B. $(-\infty, 1)$ 　　C. $(0, 1)$ 　　D. $[0, 1)$

4. 函数 $y = \log_a x (a>0, a \neq 1)$ 在定义域内是单调递减的, 则 a 满足的条件是( ).

   A. $a > 0$ 　　B. $0 < a < 1$ 　　C. $a > 1$ 　　D. $a < 1$

5. 若 $0 < a < 1$, 则 $y = a^x$ 则与 $y = -\log_a x$ 在同一坐标系中的图像大致为( ).

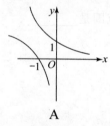 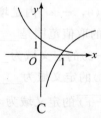 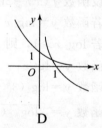

　　A　　　　　　　B　　　　　　　C　　　　　　　D

6. 与函数 $y = \lg x$ 图像完全相同的是( ).

   A. $y = \lg \dfrac{1}{x}$ 　　B. $y = -\lg \dfrac{1}{x}$ 　　C. $y = 2\lg x$ 　　D. $y = \lg x^2$

7. 函数 $f(x) = \log_5(x^2+1)$ 的单调增区间是( ).

   A. $(-\infty, 0)$ 　　　　　　　　B. $(0, +\infty)$

   C. $(-\infty, +\infty)$ 　　　　　　D. $(-\infty, 0) \cup (0, +\infty)$

8. 下列关系中正确的是( ).

   A. $2^{-\frac{1}{3}} < \left(\dfrac{1}{2}\right)^0 < \log_2 3$ 　　　B. $\left(\dfrac{1}{2}\right)^0 < 2^{-\frac{1}{3}} < \log_2 3$

   C. $2^{-\frac{1}{3}} < \log_2 3 < \left(\dfrac{1}{2}\right)^0$ 　　　D. $\log_2 3 < 2^{-\frac{1}{3}} < \left(\dfrac{1}{2}\right)^0$

9. 若 $\log_a \frac{2}{3} < 1(a>0$ 且 $a \neq 1)$，则 a 的取值范围是（ ）．

   A. $a>1$　　　　　　　　　　B. $0<a<\frac{2}{3}$

   C. $0<a<1$　　　　　　　　　D. $a>1$ 或 $0<a<\frac{2}{3}$

10. 若函数 $y=\log_{2a-1}x$ 在 $(0,+\infty)$ 内为减函数，且函数 $y=(3a)^x$ 为增函数，则 a 的取值范围是（ ）．

    A. $\left(0,\frac{1}{3}\right)$　　B. $(0,1)$　　C. $(1,+\infty)$　　D. $\left(\frac{1}{2},1\right)$

二、填空题

11. 若 $\log_5\left(\frac{1}{2}\right)^x > \log_5\frac{\sqrt{2}}{2}$，则 x 的取值范围是_____．

12. 计算：$|\log_3 5-2|+\log_9 25+\left(\frac{1}{5}\right)^{-\frac{1}{2}}=$ _____．

13. 函数 $y=\log_2(x-x^2)+(2x-1)^{\frac{1}{2}}$ 的定义域为_____．

14. 设 $a=\left(\frac{1}{3}\right)^{-\frac{5}{4}}$，$b=\left(\frac{5}{4}\right)^{-\frac{1}{3}}$，$c=\log_{\frac{1}{3}}\frac{5}{4}$，则 a，b，c 按由小到大的顺序为_____．

15. 函数 $y=\sqrt{\log_3(2-x)}$ 的定义域为_____．

16. 函数 $f(x)=\log_2 x+3(x \geqslant 1)$ 的值域是_____．

三、解答题

17. 若函数 $y=\lg\left[x^2+(a-1)x+\frac{9}{4}\right]$ 的定义域为 **R**，求实数 a 的取值范围．

18. 求下列函数的定义域：

    (1) $y=\log_{0.5}(x^2-5x+6)$；

    (2) $y=\sqrt{\lg x-1}$；

    (3) $y=\dfrac{1}{\log_2(2-x)}$．

19. 解方程 $\log_2(x+1)+\log_2(x-2)=2$.

20. 若 $\log_2(4x-1)>\log_2(2x+3)$，求 x 的取值范围.

5.5 指数函数与对数函数的应用

【学习目标导航】

了解指数函数、对数函数在生产、生活中的应用.

【知识要点梳理】

指数函数、对数函数在自然科学和经济生活中有着广泛的应用，生产、生活中许多问题都需要利用指数函数和对数函数的知识解决．如复利、折旧、人口增长问题等.

【课堂基础训练】

一、选择题

1. 某市 2022 年的地税收入为 2 500 万元，如果年自然增长率为 2.5%，则 x 年后该市的地税收入是(　　).

   A. $y=2\,500\times 0.025^x$　　　　　　　　B. $y=2\,500\times 1.025^x$

   C. $y=2\,500\times 0.75^x$　　　　　　　　D. $y=2\,500\times 1.25^x$

2. 某种细菌在培养过程中，每 20 min 分裂一次，经过(　　)h 后，这种细菌可以由一个繁殖成 512 个.

   A. 9　　　　　　B. 10　　　　　　C. 8　　　　　　D. 3

3. 从 2022 年起，某城市力争在 20 年内使全市工业生产总值翻两番，如果每年增长率是 9%，则达到翻两番的目标最少需要(　　)年.

   A. $\log_{1.09}2$　　　B. $\log_2 1.09$　　　C. $\log_{1.09}4$　　　D. $\log_4 1.09$

二、填空题

4. 按复利计算利息是一种储蓄方式，本金为 a 元，每年利率为 p，存期为 x 年，则本利和 y 与存期 x 的函数关系式为_____.

5. 一种放射性物质经过衰变，一年后残留量为原来的 85%，设每年的衰变速度不变，则 200 克这种物质 10 年后还剩_____克.

三、解答题

6. 假设 2021 年某市国民生产总值为 a 亿元,如果每年比上一年平均增长 8%,则 5 年后该市国民生产总值是 2021 年的多少倍.(精确到 0.01)

【课堂拓展训练】

一、选择题

1. 某钢铁厂的年产量由 2010 年的 40 万吨,增长到 2020 年的 80 万吨,按此增长率计算,预计该钢铁厂 2030 年的年产量为(　　)万吨.
   A. 100　　　　B. 120　　　　C. 160　　　　D. 180

2. 一辆价值 30 万元的汽车,按每年 25% 的折旧率折旧,设 x 年后汽车价值 y 万元,则汽车价值 y 与使用年限 x 的函数关系式为(　　).
   A. $y=30\times 0.25^x$　　　　B. $y=30\times(1-0.25)^x$
   C. $y=30\times 1.25^x$　　　　D. $y=20\times 1.3^x$

3. 非洲某国家公园内有角马 100 万只,这个公园内角马的数量 y(只)与时间 x(年)的关系为 $y=100\log_2(x+1)$,则第 7 年它们发展为(　　)万只.
   A. 300　　　　B. 400　　　　C. 600　　　　D. 700

二、填空题

4. 企业 2022 年的产值是 5 000 万元,计划以后平均每年比上一年增长 30%,这个企业将在_____年产值达到 10 000 万元.

5. 一批设备价值 300 万元,由于使用磨损,每年比上一年价值降低 8%,则 10 年后,这批设备的价值为_____.

三、解答题

6. 由于电子技术的飞速发展,计算机的成本不断降低,若每隔 5 年计算机的价格降低 $\dfrac{1}{3}$,问:现在价格为 8 100 元的计算机经过 15 年后价格应降为多少?

第5章 指数函数与对数函数单元测试卷 A

一、选择题(本题共 15 小题,每题 3 分,共 45 分)

1. $\log_2 32 = (\quad)$.
   A. 32　　　　B. 16　　　　C. 5　　　　D. 8

2. 将 $4^x = 16$ 化成对数式为( ).
   A. $\log_{16} 4 = x$　　　　B. $\log_4 x = 16$
   C. $\log_{16} 4 = x$　　　　D. $\log_4 16 = x$

3. 若 $\dfrac{1}{8} < \left(\dfrac{1}{2}\right)^x < 16$,则 x 的取值范围是( ).
   A. $-3 < x < 4$　　　　B. $-4 < x < 3$
   C. $-2 < x < 3$　　　　D. $x < -4$ 或 $x > 3$

4. 函数 $f(x) = \sqrt{3^x - 1}$ 的定义域为( ).
   A. $(0, +\infty)$　B. $[0, +\infty)$　C. $[1, +\infty)$　D. $(1, +\infty)$

5. 如果 $\lg[\lg(\lg x)] = 0$,则 $x^{-\frac{1}{5}} = (\quad)$.
   A. 100　　　B. 10　　　C. 0.1　　　D. 0.01

6. 下列函数中定义域为 $(-\infty, 0) \cup (0, +\infty)$ 的是( ).
   A. $y = x^{\frac{1}{2}}$　B. $y = x^2$　C. $y = x^{-2}$　D. $y = x^{-\frac{1}{2}}$

7. 下列函数在其定义域内,既是减函数又是奇函数的是( ).
   A. $y = \left(\dfrac{1}{2}\right)^x$　B. $y = 2^{\log_2 x}$　C. $y = 2^x$　D. $y = \log_2 2^{-x}$

8. 下面关于 $\lg m$ 和 $\lg \dfrac{1}{m}$ 的说法中正确的是( ).
   A. 它们的和为 0　　　　B. 它们的积为 1
   C. 它们的积为 0　　　　D. 它们的商为 $\lg m^2$

9. 函数 $y = 3^x$ 与函数 $y = \log_3 x$ 的图像关于( )对称.
   A. y 轴　　B. x 轴　　C. 直线 $y = x$　　D. $y = -x$

10. 下列不等式中正确的是( ).
    A. $\pi^{-1} > e^{-1}$　　　　B. $0.3^{0.8} > 0.3^{0.7}$
    C. $\log_3 4 > \log_4 3$　　　　D. $a^3 < a^2 (a > 0, a \neq 1)$

11. 不等式 $\log_{0.6}(3 - 2x) \geqslant 0$ 的解集为( ).
    A. $(1, +\infty)$　B. $\left[1, \dfrac{3}{2}\right)$　C. $\left(-\infty, \dfrac{3}{2}\right)$　D. $\left(1, \dfrac{3}{2}\right]$

12. 函数 $y = 3 + 0.2^x$ 的值域是( ).
    A. $(3, +\infty)$　B. $[3, +\infty)$　C. $(2, +\infty)$　D. $(-\infty, +\infty)$

第5章 指数函数与对数函数

13. 设函数 $f(x)=3^{|x|}$，$x\in\mathbf{R}$，那么 $f(x)$ 是（　　）.
    A. 偶函数且在 $(-\infty,0)$ 内是增函数　　B. 偶函数且在 $(-\infty,0)$ 内是减函数
    C. 奇函数且在 $(-\infty,0)$ 内是增函数　　D. 奇函数且在 $(-\infty,0)$ 内是减函数

14. 若 $\log_3 x<1$，则 x 的取值范围是（　　）.
    A. $0<x<1$　　B. $x>3$　　C. $x<3$　　D. $0<x<3$

15. 函数 $y=\left(\dfrac{1}{2}\right)^{x^2+2x-1}$ 的单调减区间是（　　）.
    A. $\left(\dfrac{3}{2},+\infty\right)$　　B. $(-2,+\infty)$　　C. $(-\infty,-1)$　　D. $(-1,+\infty)$

二、填空题（本题共15小题，每题2分，共30分）

16. $f(x)=\begin{cases}2^x,&x\leqslant 0\\ \log_{\frac{1}{2}}x,&x>0\end{cases}$，则 $f[f(-3)]=$ _____．

17. 计算 $(\sqrt{2}-1)^0+\sqrt[3]{4^3}-\left(\dfrac{27}{8}\right)^{\frac{1}{3}}=$ _____．

18. 已知 $2^x+2^{-x}=5$，则 $4^x+4^{-x}=$ _____．

19. 若 $3^x=2$，$3^y=5$，则 3^{2x+y} 的值为 _____．

20. 函数 $y=(1-2x)^{-\frac{3}{2}}$ 的定义域是 _____．

21. 设函数 $f(x)=a^{2x-1}+5$．若 $f(2)=13$，则 $f(-1)=$ _____．

22. 不等式 $3^{x^2+1}>\left(\dfrac{1}{9}\right)^x$，则 x 的取值范围是 _____．

23. 设函数 $f(x)=(a+4)^x$ 在 $\mathbf{R}$ 上单调递增，则实数 a 的取值范围是 _____．

24. 若 $\pi^y=\left(\dfrac{1}{\pi}\right)^{-x^2-3}$，则 y 的最小值为 _____．

25. 已知 $(y-1)^2+|x-2y|=0$，则 $\lg y^x=$ _____．

26. 已知方程 $\log_2(x+1)=\log_2(x^2-2x-9)$，则 x 的值为 _____．

27. 函数 $f(x)=\sqrt{3^x-1}+\log_3(4-x^2)$ 的定义域为 _____．

28. 不等式 $\log_2(x^2+6)>\log_2(5x)$ 的解集为 _____．

29. 函数 $y=\log_{\frac{1}{2}}(x+2)$ 图像不经过第 _____ 象限．

30. 若 $\ln 2=m$，$\ln 3=n$，试用 m，n 表示 $\ln 12=$ _____．

三、解答题（本题共7个小题，共45分）

31. （5分）化简 $(\sqrt{a-1})^2+\sqrt{(1-a)^2}+\sqrt[3]{(1-a)^3}$．

32.(6分)已知 $2^{2x+1}=\left(\dfrac{1}{8}\right)^{-1}$,求 $(x-2)^{2022+1}$ 的值.

33.(6分)求值:$\lg 500+\lg \dfrac{8}{5}-\dfrac{1}{2}\lg 64+50(\lg 2+\lg 5)^3$.

34.(7分)求函数 $y=(2^x-1)^0+\sqrt{8-2^x}$ 的定义域.

35.(6分)解方程 $\log_3(x^2+4)=\log_3(2x+7)$.

36.(8分)解不等式 $a^{4x}>a^{x+6}$.

37.(7分)已知 $\lg(x^2-5x+4)<1$,求 x 的取值范围.

第5章 指数函数与对数函数单元测试卷B

一、选择题(本题共15小题,每题3分,共45分)

1. 满足 $\left(\dfrac{9}{16}\right)^x = \left(\dfrac{3}{4}\right)^3$ 的 x 的值是( ).

   A. 3　　　　　B. -3　　　　　C. $-\dfrac{3}{2}$　　　　　D. $\dfrac{3}{2}$

2. $2^{1+\log_2 5}$ 的值为( ).

   A. -7　　　　　B. $2\sqrt{5}$　　　　　C. 10　　　　　D. 7

3. 如果 $0<x<1$,那么 2^x,$\left(\dfrac{1}{2}\right)^x$,$\log_2 x$ 的大小顺序是( ).

   A. $\left(\dfrac{1}{2}\right)^x > \log_2 x > 2^x$　　　　　B. $\left(\dfrac{1}{2}\right)^x > 2^x > \log_2 x$

   C. $\log_2 x > \left(\dfrac{1}{2}\right)^x > 2^x$　　　　　D. $2^x > \left(\dfrac{1}{2}\right)^x > \log_2 x$

4. 若 $\log_a 5 > \log_a 6$,则 a 的取值范围是( ).

   A. $(0, 1)$　　　B. $(1, +\infty)$　　　C. $(0, +\infty)$　　　D. $(-\infty, 0)$

5. 如果 $\log_7[\log_3(\log_2 x)]=0$,则 $x^{-\frac{1}{2}}$ 的值是( ).

   A. $\dfrac{1}{3}$　　　B. $2\sqrt{2}$　　　C. $\dfrac{\sqrt{2}}{4}$　　　D. $\dfrac{\sqrt{3}}{6}$

6. 已知函数 $y=a^x$ 在 $(-\infty, +\infty)$ 内是单调递减函数,且 a 是方程 $2x^2-7x+3=0$ 的解,则 a 为( ).

   A. $\dfrac{1}{3}$　　　　　B. 2　　　　　C. $\dfrac{1}{2}$　　　　　D. 3

7. 下列命题中是真命题的是( ).

   ①函数 $y=2^x$ 与 $y=2^{-x}$ 的图像关于 y 轴对称;

   ②函数函数 $y=\log_2 x$ 与函数 $y=\log_{\frac{1}{2}} x$ 的图像关于 x 轴对称;

   ③函数 $y=2^x$ 与 $y=\log_2 x$ 的图像关于直线 $y=x$ 对称.

   A. ①③　　　B. ②③　　　C. ①②　　　D. ①②③

8. 设 $\log_3 5=a$,则 $\log_5 27$ 等于( ).

   A. $\dfrac{a}{3}$　　　　　B. $3a$　　　　　C. $\dfrac{3}{a}$　　　　　D. $-3a$

9. 下列各组函数中,表示同一函数的是( ).

   A. $y=\sqrt{x^2}$ 和 $y=(\sqrt{x})^2$　　　　　B. $y=x$ 和 $|y|=|x|$

   C. $y=\log_a x^2$ 和 $y=2\log_a x$　　　　　D. $y=x$ 和 $y=\log_a a^x$

10. 函数 $y=\sqrt{16-2^x}$ 的定义域为(　　).
   A. $(-\infty,-4]$　　B. $[-4,+\infty)$　　C. $(-\infty,4]$　　D. $[4,+\infty)$

11. 函数 $y=\log(2x-1)\sqrt{3x-2}$ 的定义域是(　　).
   A. $\left(\dfrac{2}{3},1\right)\cup(1,+\infty)$　　B. $\left(\dfrac{1}{2},1\right)\cup(1,+\infty)$
   C. $\left(\dfrac{2}{3},+\infty\right)$　　D. $\left(\dfrac{1}{2},+\infty\right)$

12. 值域是 $(0,+\infty)$ 的函数是(　　).
   A. $y=5^{\frac{1}{2-x}}$　　B. $y=\sqrt{1-2x}$
   C. $y=\sqrt{\left(\dfrac{1}{2}\right)^x-1}$　　D. $y=\left(\dfrac{1}{3}\right)^{1-x}$

13. 化简 $\sqrt{1-2\lg a+10^2\lg(\lg a)}$ 为(　　).
   A. $1-\lg a$　　B. $|\lg a-1|$　　C. $|1+\lg a|$　　D. $\lg a-1$

14. 若 $\log_a\dfrac{1}{2}>1$,则 a 的取值范围是(　　).
   A. $0<a<\dfrac{1}{2}$ 或 $a>1$　　B. $a>\dfrac{1}{2}$
   C. $\dfrac{1}{2}<a<1$　　D. $0<a<\dfrac{1}{2}$

15. 函数 $y=\log_{\frac{1}{2}}(x^2-3x+2)$ 的单调增区间是(　　).
   A. $\left(\dfrac{3}{2},+\infty\right)$　　B. $(2,+\infty)$
   C. $(-\infty,1)$　　D. $\left(-\infty,\dfrac{3}{2}\right)$

二、填空题(本题共 15 小题,每题 2 分,共 30 分)

16. 若 $\log_2[\log_2(\log_2 x)]=1$,则 $x=$ _____.

17. 计算 $10^{1+\lg 2}+(x-1)^0-8^{\frac{1}{3}}-\ln e+0.5^{-2}=$ _____.

18. $\log_2 6 \cdot \log_6 8=$ _____.

19. 已知指数函数过点 $\left(2,\dfrac{1}{9}\right)$,则该指数函数的解析式为 _____.

20. 函数 $y=\dfrac{1}{\log_2(2-x)}$ 的定义域是 _____.

21. 函数 $f(x)=a^x(a>1)$ 在 $x\in[1,2]$ 时的最大值比最小值大 $\dfrac{a}{2}$,则 a 的值为 _____.

22. 若 $\left(\dfrac{1}{3}\right)^{x^2-x}=9^{-x}$,则 x 的值为 _____.

23. 设 $a=2^{0.3}$,$b=0.3^2$,$c=\log_{0.3}2$,a、b、c 从大到小的顺序为 _____.

24. 若 $\log_a 2 = m$，$\log_a 3 = n$，则 $a^{2m+n} =$ _____．

25. 若 $1 + \log_{0.5} x > 0$，则 x 的取值范围是 _____．

26. 解方程 $5^{2x} - 6 \cdot 5^x + 5 = 0$，则 x 的值为 _____．

27. 已知 $f(x)$ 是定义域在 **R** 上的奇函数，当 $x < 0$ 时，有 $f(x) = 2^x$，则 $f(1) =$ _____．

28. 函数 $f(x) = 2^{x^2 - 2x + 1}$ 的递减区间为 _____．

29. 函数 $y = \log_a(x - 1) + 2$ 过定点 _____．

30. 若 $18^a = 9$，$18^b = 5$，则 $\log_{36} 45 =$ _____．

三、解答题（本题共 7 个小题，共 45 分）

31. （5 分）化简 $\dfrac{\sqrt{a} \cdot \sqrt[4]{a^3}}{\sqrt[3]{a} \cdot \sqrt[6]{a^5} \cdot \sqrt[12]{a}}$ $(a > 0)$．

32. （6 分）求值 $(0.25)^{-0.5} + \left(\dfrac{1}{27}\right)^{-\frac{1}{3}} - 625^{0.25} + \log_2 8 - 2\log_{0.5} 1$．

33. （6 分）已知奇函数 $f(x) = \dfrac{1}{2^x + 1} + a$，求 $f(1)$ 的值．

34. （7 分）已知 $\left(\dfrac{1}{2}\right)^{x^2 - 2x - 15} > 2^{-x - 13}$，求适合此条件的 x 的取值范围．

35. (7分)解不等式 $\log_{\frac{1}{2}}(x^2+2x+3) < \log_{\frac{1}{2}}(3x+5)$.

36. (8分)解下列方程：
(1) $9^x - 2 \cdot 3^{x+1} - 27 = 0$；(2) $\lg(x^2-2x-3) - \lg(x+1) = 1$.

37. (6分)已知 a，b，c 是三角形 ABC 的三边长，且关于 x 的一元二次方程 $x^2 - 2x + \lg(c^2-b^2) - 2\lg a + 1 = 0$ 有两个相等的实数根，试判断三角形 ABC 的形状.

第 6 章

直线与圆的方程

知识导图

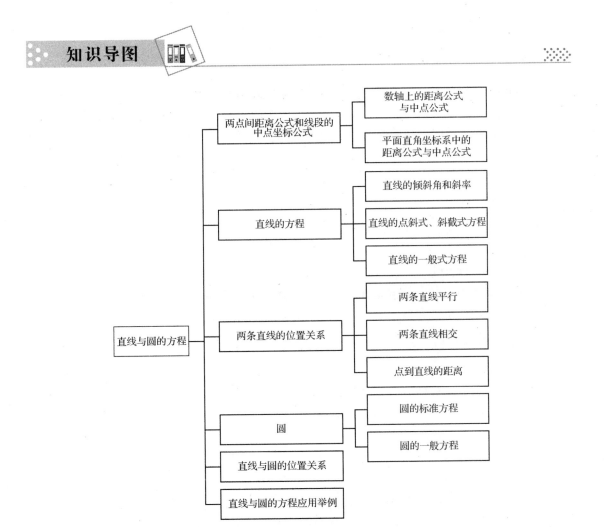

6.1 两点间的距离公式和线段的中点坐标公式

【学习目标导航】

1. 了解两点间的距离公式和中点公式的推导过程.

2. 掌握数轴上的距离公式和中点公式以及平面直角坐标系中的距离公式和中点公式，并能应用公式解决有关问题．

3. 培养解决问题的能力和计算能力．

6.1.1　数轴上的距离公式与中点公式

【知识要点预习】

1. 在数轴上，已知点 $A(x_1)$，点 $B(x_2)$，则 $|AB|=$ ＿＿＿＿＿．

2. 在数轴上，已知点 $A(x_1)$，点 $B(x_2)$，则中点为 ＿＿＿＿＿．

【知识要点梳理】

一、两点间的距离公式

一般地，在数轴上，已知点 $A(x_1)$，点 $B(x_2)$，则 $|AB|=|x_2-x_1|$．

①注意数轴上点的表示方法．

②要注意的是，两点间的距离公式与两点的先后顺序无关，也就是说公式也可转化为 $|AB|=|x_1-x_2|$．

③点已知时，求距离也可不加绝对值符号，用大数减去小数．

二、中点公式

一般地，在数轴上，点 $A(x_1)$，点 $B(x_2)$ 的中点 x 满足关系式 $x=\dfrac{x_1+x_2}{2}$．

【知识盲点提示】

1. 求距离和中点时，分清是数轴上的两点还是坐标系中的两点．

2. 可以利用两个数在数轴上的位置比较它们的大小，右边的数比左边的大．

【课堂基础训练】

一、选择题

1. 下列各项表示数轴上的点是（　　）．

　　A. 3　　　　B. {3}　　　　C. $A(1,3)$　　　　D. $A(3)$

2. 下列说法中正确的是（　　）．

　　A. 点 $A(-1,-2)$ 表示的是数轴上的一点

　　B. 数轴只能表示正数点

　　C. 可以利用两个数在数轴上的位置比较它们的大小

　　D. 数轴上，$A(-2)$ 和 $B(2)$ 没有中点

3. 已知 $A(3)$，$B(-6)$ 是数轴上的两点，则其中点 P 为（　　）．

　　A. $P(-3)$　　　B. $P(3)$　　　C. $P(-6)$　　　D. $P\left(-\dfrac{3}{2}\right)$

二、填空题

4. 数轴上的两点 A，B 分别表示实数 m，n，则 $|AB|=$ ＿＿＿＿＿．

5. 在数轴上，把 $A(-2)$ 移动 2 个单位长度后所得到的对应点表示的数为_____．

三、解答题

6. 如果数轴上的点 A 到原点的距离是 3，点 B 到原点的距离是 5，求 A，B 两点之间的距离．

【课堂拓展训练】

一、选择题

1. 已知点 $A(0)$，$B(-5)$ 是数轴上的两点，则 $|AB|=($ ）．
   A. 0   B. 5   C. 2.5   D. -2.5

2. 已知数轴上的两点 $A(4)$，$B(m)$，$|AB|=2$，则 m 的值为（ ）．
   A. 6   B. 2   C. 6 或 2   D. 不能确定

3. 已知 $A(-6)$，$B(-3)$，$C(0)$ 是数轴上的三个点，则下列说法中正确的是（ ）．
   A. A，B 的中点是 $M(-3)$ B. B 是点 A 和 C 的中点
   C. $|AC|=-6$ D. $|AB|=-3$

二、填空题

4. 数轴上的两点 $A(2)$，$B(m)$，其中点为 $M(5)$，则 $|AB|=$_____．

5. 有 3 个互不相等的有理数 a，b，c，它们在数轴上对应的点是 A，B，C．如果 AB 中点表示的数是 10，BC 中点表示的数是 8，AC 中点表示的数是 -2．那么 $a+b+c=$_____．

三、解答题

6. 已知 $A(a)$，$B(b)$，$|a+2|+|b-6|=0$，点 P 为数轴上一动点，其对应的数为 x．
   (1) 求 a，b 的值；(2) 写出与 A，B 两点距离相等的点 P 对应的数．

6.1.2 平面直角坐标系中的距离公式与中点公式

【知识要点预习】

1. 设点 $A(x_1, y_1)$，点 $B(x_2, y_2)$，则 $|AB|=$_____．

2. 设点 $A(x_1, y_1)$，点 $B(x_2, y_2)$，则中点坐标为_____．

【知识要点梳理】

1. 设点 $A(x_1, y_1)$，点 $B(x_2, y_2)$，则 A，B 两点间的距离为
$$|AB| = \sqrt{(x_2-x_1)^2 + (y_2-y_1)^2}$$

特别地，若 A，B 两点均在 x 轴上，则 $|AB| = |x_2 - x_1|$；若 A，B 两点均在 y 轴上，则 $|AB| = |y_2 - y_1|$.

要注意的是，两点间的距离与两点的先后顺序无关，也就是说公式也可转化为 $|AB| = \sqrt{(x_1-x_2)^2 + (y_1-y_2)^2}$，利用此公式可以将有关几何问题转化为代数问题进行研究.

2. 中点公式.

若点 $A(x_1, y_1)$，点 $B(x_2, y_2)$ 是平面上两点，点 $P(x, y)$ 是线段 AB 的中点，则有 $\begin{cases} x = \dfrac{x_1 + x_2}{2} \\ y = \dfrac{y_1 + y_2}{2} \end{cases}$.

【知识盲点提示】

1. 两点间的距离与两点的先后顺序无关.
2. 点关于点对称考查中点坐标公式.

【课堂基础训练】

一、选择题

1. 点 $P(-5, 0)$ 到原点的距离等于(　　).
   A. -5　　　　B. 0　　　　C. 5　　　　D. 无法确定

2. 点 $P(x, y)$ 关于坐标原点的对称点是(　　).
   A. (x, y)　　B. $(-x, y)$　　C. $(x, -y)$　　D. $(-x, -y)$

3. 已知两点 $A(-3, 4)$，$B(2, 3)$，则线段 AB 的中点是(　　).
   A. $(-1, 7)$　　B. $\left(-\dfrac{1}{2}, \dfrac{7}{2}\right)$　　C. $\left(\dfrac{1}{2}, -\dfrac{7}{2}\right)$　　D. $(5, -1)$

4. 已知两点 $A(-2, 5)$，$B(2, 3)$，则 $|AB| = ($　　$)$.
   A. $2\sqrt{5}$　　B. 8　　C. 20　　D. 64

5. 点 $M(3, 4)$ 关于 x 轴对称点的坐标为(　　).
   A. $(-3, 4)$　　B. $(3, -4)$　　C. $(3, 4)$　　D. $(-3, -4)$

6. 已知 $A(a, 3)$，$B(0, 5)$，$|AB| = 2\sqrt{2}$，则 $a = ($　　$)$.
   A. 2　　B. -2　　C. ± 2　　D. ± 4

7. 已知圆的直径上两端点 $A(-3, 4)$，$B(1, -3)$，则圆心坐标为(　　).
   A. $\left(-1, -\dfrac{1}{2}\right)$　　B. $\left(1, \dfrac{1}{2}\right)$　　C. $\left(-1, \dfrac{1}{2}\right)$　　D. $\left(1, -\dfrac{1}{2}\right)$

8. 已知点 $A(-3, 5)$，$B(6, 7)$，点 C 在 AB 的延长线上，且 $|AB| = |BC|$，则点

C 的坐标为( ).

A. (15, 9)　　　B. (−15, 9)　　　C. (−12, 3)　　　D. (12, 3)

9. 已知 x 轴上一点 M，点 $N(2, 5\sqrt{3})$，且 $|MN|=10$，则点 M 的坐标为( ).

A. (7, 0)　　　　　　　　　　B. (−3, 0)

C. (5, 0) 或 (−3, 0)　　　　　D. (7, 0) 或 (−3, 0)

10. 点 $M(2, -3)$ 关于原点的对称点为 M'，则 $|MM'|=$( ).

A. $\sqrt{13}$　　　B. $2\sqrt{13}$　　　C. $\sqrt{15}$　　　D. $2\sqrt{15}$

二、填空题

11. 在平面直角坐标系中有两点 $A(3, 4)$，$B(3, 2)$，则 $|AB|=$ _____.

12. 连接两点 $A(3, -4)$，$B(2, -5)$ 的线段的中点的坐标是 _____.

13. 已知点 $A(a, -5)$ 和点 $B(2, 3)$，且 $|AB|=10$，则 $a=$ _____.

14. 已知点 $A(-3, 1)$ 和点 $P(2, 5)$，则点 A 关于点 P 的对称点 B 的坐标为 _____.

15. 已知点 $P(10, 6)$，$Q(a, b)$，线段 PQ 的中点在 x 轴上，则 b 的值为 _____.

16. 已知点 $A(m, -1)$，$B(5, m)$，且 $|AB|=2\sqrt{5}$，则 $m=$ _____.

三、解答题

17. 已知两点 $P(2, -1)$，$Q(a, 4)$，并且 $|PQ|=\sqrt{41}$，求 a 的值.

18. 已知点 $P(-4, 3)$，$Q(2, -5)$，将线段 PQ 四等分，试求分点的坐标.

19. 已知平行四边形 $ABCD$ 的三个顶点 $A(1, 0)$，$B(2, -5)$，$C(5, 2)$，求顶点 D 的坐标.

20. 已知 $A(1, 1)$，$B(-7, -6)$ 和 $C(m, n)$，点 C 是 AB 的中点，求 $m+n$ 的值.

【课堂拓展训练】

一、填空题

1. 已知点 $A(-3,2)$ 和点 $M(-1,1)$，则点 A 关于点 M 的对称点的坐标是_____．

2. 已知 $A(1,-1)$，$B(a,3)$，$C(4,5)$ 且 $|AB|=|BC|$，则 $a=$_____．

3. 已知平面上三点 $A(1,-2)$，$B(3,0)$，$C(4,3)$，则点 B 关于 AC 中点的对称点的坐标为_____．

4. 在 $\triangle ABC$ 中，已知 $A(-1,2)$，$B(1,-4)$，$C(3,3)$，则 AB 边上的中线长度为_____．

5. 点 $M(8,6)$ 关于 x 轴的对称点为 M'，则 $|MM'|=$_____．

6. 点 $M(3,\lambda)$ 关于点 $N(\mu,4)$ 的对称点为 $M'(5,7)$，则 $\lambda=$_____，$\mu=$_____．

二、解答题

7. 已知 $\triangle ABC$ 的三个顶点的坐标分别是 $A(-1,3)$，$B(1,-1)$，$C(3,0)$，试确定 $\triangle ABC$ 的形状．

8. 在 y 轴上求一点 P，使得点 P 到点 $A(-4,3)$ 的距离为 10．

9. 若 $A(2,0)$，点 B 在直线 $y=x$ 上运动，且 $|AB|=\sqrt{10}$，试求点 B 的坐标．

10. 在 $\triangle ABC$ 中，三边 AB，BC，CA 的中点坐标分别为 $D(-1,1)$，$E(4,-1)$，$F(-2,5)$，求 $\triangle ABC$ 的三顶点的坐标．

6.2 直线的方程

【学习目标导航】

1. 理解直线的倾斜角的概念，了解直线的倾斜角的取值范围.
2. 理解直线的斜率的概念，掌握直线的倾角、斜率的计算方法，培养学生的数学思维能力和计算技能.
3. 掌握直线的点斜式和斜截式方程，能根据已知条件比较熟练地求出直线的点斜式和斜截式方程.
4. 掌握直线方程的一般式，理解二元一次方程与直线的对应关系.

6.2.1 直线的倾斜角和斜率

【知识要点预习】

1. 直线倾斜角的取值范围是_____.
2. 当 $\alpha \neq 90°$ 时，$k =$ _____ $=$ _____ ($x_1 \neq x_2$)；当 $\alpha = 90°$ 时，$x_1 = x_2$，k 的值_____，此时直线 l 与 x 轴垂直.

【知识要点梳理】

一、直线的倾斜角

一般地，在平面直角坐标系内，当直线 l 与 x 轴相交时直线 l 向上的方向与 x 轴正方向所成的最小正角 α 称为直线 l 的倾斜角.

理解直线的倾斜角要注意以下几点：

(1)当直线 l 与 x 轴平行或重合时，我们规定倾角 $\alpha = 0°$，这样，对任意的直线，均有 $0° \leq \alpha < 180°$.

(2)在平面直角坐标系内，任何一条直线都有相应的倾斜角.

二、直线的斜率

1. 斜率的定义：当 $\alpha \neq 90°$ 时，直线 l 的倾斜角 α 的正切值叫作直线 l 的斜率，用小写字母 k 表示，$k = \tan \alpha$ ($\alpha \neq 90°$).

理解直线的斜率要注意以下几点：

(1)当倾斜角 α 不是 $90°$ 时，直线 l 存在斜率，且 $k = \tan \alpha$.

(2)当倾斜角 $\alpha = 90°$ 时，直线没有斜率.

(3)每一条直线都有倾斜角，并非每一条直线都有斜率，每一条倾斜角不是 $90°$ 的直线，都有一个确定的斜率.

(4)倾斜角与斜率有如下关系：

① 当 $\alpha = 0°$ 时，$k = 0$；

② 当 $0° < \alpha < 90°$ 时，$k > 0$；

③当 $\alpha = 90°$ 时，k 不存在；

④当 $90° < \alpha < 180°$ 时，$k < 0$。

2. 直线的斜率的计算公式（包含两种形式）．

①直线的倾斜角为 α，则

当 $\alpha \neq 90°$ 时，$k = \tan \alpha$；当 $\alpha = 90°$ 时，不能用此公式计算，此时直线的斜率不存在，直线 l 与 x 轴垂直．

②设点 $P_1(x_1, y_1)$，$P_2(x_2, y_2)$ 为直线 l 上的任意两点，则直线 l 的斜率为 $k = \dfrac{y_2 - y_1}{x_2 - x_1}(x_1 \neq x_2)$．当 $x_1 = x_2$ 时不能用此公式计算，此时直线的斜率不存在．

说明：①要注意倾斜角的取值范围是 $[0°, 180°)$ 而非 $[0°, 180°]$．

②直线的斜率和倾斜角都反映了直线相对于 x 轴的倾斜程度，而并不是任何一条直线都有斜率．

③应能利用所知条件选择适当的方法确定直线的斜率，反之也可根据直线的斜率确定直线的倾斜角．

【知识盲点提示】

1. 若直线 l 与 x 轴平行或重合，则规定倾斜角 $\alpha = 0°$，而不是 $180°$。

2. 可以利用两个点坐标求斜率，前提是 $x_1 \neq x_2$．

3. 计算直线的斜率时，将哪个点看作 P_1，哪个点看作 P_2 并不影响计算结果．

【课堂基础训练】

一、选择题

1. 一条直线的斜率是 1，则该直线的倾斜角是（　　）．
   A. $30°$　　　　B. $45°$　　　　C. $120°$　　　　D. $135°$

2. 一条直线的倾斜角是 $60°$，则该直线的斜率是（　　）．
   A. $-\sqrt{3}$　　　　B. 1　　　　C. $\sqrt{3}$　　　　D. -1

3. 直线 l 经过点 $(-2, 4)$ 和点 $(4, 4)$，则直线的斜率是（　　）．
   A. 不存在　　　　B. 2　　　　C. 0　　　　D. 1

4. 直线 l 经过点 $(6, 1)$ 和点 $(3, 7)$，则直线的斜率是（　　）．
   A. -2　　　　B. -3　　　　C. 3　　　　D. 2

5. 直线 l 经过点 $(-3, 1)$ 和点 $(-3, 4)$，则直线的斜率是（　　）．
   A. 不存在　　　　B. 2　　　　C. 3　　　　D. 4

6. 过点 $M(-2, m)$，$N(m, 4)$ 的直线斜率等于 1，则 m 的值为（　　）．
   A. 1　　　　B. 4　　　　C. 1 或 3　　　　D. 1 或 4

7. 以下两点确定的直线的斜率不存在的是（　　）．
   A. $(4, 1)$ 与 $(-4, -1)$　　　　B. $(0, 1)$ 与 $(1, 0)$
   C. $(1, 4)$ 与 $(-1, 4)$　　　　D. $(-4, 1)$ 与 $(-4, -1)$

8. 直线 l 倾斜角是斜率为 $\dfrac{\sqrt{3}}{3}$ 的直线的倾斜角的 2 倍，则 l 的斜率为（　　）．

A. 1　　　　　B. $\sqrt{3}$　　　　　C. $\dfrac{2\sqrt{3}}{3}$　　　　　D. $-\sqrt{3}$

9. 下列说法中正确的是(　　).

　　A. 任一条直线都有倾斜角，也有斜率

　　B. 直线的倾斜角越大，斜率也越大

　　C. 平行于 x 轴的直线倾斜角是 0° 或 180°

　　D. 两条直线的斜率相等，它们的倾斜角也相等

10. 已知直线 l 经过第二、四象限，则直线 l 的倾斜角取值范围是(　　).

　　A. 0°≤α<90°　　　　　　　　B. 90°≤α<180°

　　C. 90°<α<180°　　　　　　　D. 0°<α<180°

二、填空题

11. 已知直线的倾斜角是 30°，则直线的斜率为_____.

12. 倾斜角为 120° 的直线斜率为_____.

13. 斜率为 -1 的直线，倾斜角为_____.

14. 若直线斜率为 1，则它的倾斜角为_____.

15. 直线平行于 x 轴，倾斜角为_____；斜率为_____.

16. 直线垂直于 x 轴，倾斜角为_____；斜率为_____.

三、解答题

17. 直线过一、二、四象限，判断倾斜角大小和斜率的符号.

18. 若点 $A(1,2)$，$B(-2,3)$，$C(4,m)$ 在同一条直线上，求 m 的值.

19. 已知直线经过两点 $A(1,\sqrt{3})$，$B(a,0)$ 且直线的倾斜角为 $\dfrac{\pi}{6}$，求 a.

20. 直线 l_1 的倾斜角为 30°，直线 $l_2 \perp l_1$，求两直线 l_1 和 l_2 的斜率.

【课堂拓展训练】

一、填空题

1. 经过点 $A(2,m)$，$B(1,-1)$ 的直线的斜率等于 $\sqrt{3}$，则 $m=$ _____．

2. 直线 l 过坐标原点，它的倾斜角为 α，如果将直线绕坐标原点逆时针方向转 $45°$，得到的直线倾斜角为 _____．

3. 已知直线 l 经过第二、四象限，则直线 l 的倾斜角取值范围是 _____．

4. 已知等边三角形 ABC，若直线 AB 平行于 y 轴，则 $\angle C$ 的平分线所在的直线的斜率为 _____．

5. 已知直线 l 向上的方向与 y 轴正方向成 $30°$ 角，则 l 的倾斜角为 _____，斜率为 _____．

6. 直线经过原点和点 $(-3,3)$，它的倾斜角为 _____．

二、解答题

7. 设点 $P(-2,1)$，点 Q 在 y 轴上，若直线 PQ 的倾斜角为 $135°$，求点 Q 的坐标．

8. 已知坐标平面内，$\triangle ABC$ 的三个顶点的坐标分别为 $A(-1,1)$，$B(1,1)$，$C(1,-1)$，求直线 AB，BC，AC 的斜率并判断它们的倾斜角是什么样的角．

9. 已知 $\triangle ABC$ 的顶点 $A(1,5)$，$B(2,-3)$，$C(-5,m)$，BC 边的中点为 D，且直线 AD 的倾斜角为 $\dfrac{\pi}{4}$，求实数 m 的值和线段 AD 的长 $|AD|$．

10. 已知直线 l 经过点 $P(-1,-1)$，且与 x 轴和 y 轴分别交于 A、B 两点，若点 P 恰好为线段 AB 的中点，求直线 l 的斜率和倾斜角．

6.2.2 直线的点斜式、斜截式方程

【知识要点预习】

1. 直线的点斜式方程：_____，其中 k 为直线的斜率，$P_0(x_0,y_0)$ 为直线上一点的坐标.

2. 直线的斜截式方程：_____，其中 k 为斜率，b 为直线的纵截距.

【知识要点梳理】

一、直线的点斜式方程

1. 直线的点斜式方程的定义.

方程 $y-y_0=k(x-x_0)$ 由直线上一点和这条直线的斜率 k 确定，我们把这个方程叫作直线的点斜式方程，简称点斜式.

2. 理解点斜式方程要注意以下几点：

(1) 点斜式方程只有在直线的斜率存在（即倾斜角 $\alpha \neq 90°$）时才能使用，因此点斜式方程不能表示斜率不存在的直线方程.

(2) 要注意到 $k=\dfrac{y-y_0}{x-x_0}$ 与 $y-y_0=k(x-x_0)$ 是不同的，前者表示的直线上没有 $P_0(x_0,y_0)$ 这个点，后者才是一条完整直线.

(3) 如果直线 l 经过点 $P_0(x_0,y_0)$ 垂直于 y 轴，倾斜角为 $0°$，斜率 $k=\tan 0°=0$，由点斜式得到方程 $y=y_0$.

(4) 当直线经过点 $P_0(x_0,y_0)$ 且斜率不存在时，直线的倾斜角为 $90°$，此时直线与 x 轴垂直，直线上所有的点横坐标都是 x_0，因此其方程为 $x=x_0$.

二、直线的斜截式方程

1. 直线的斜截式方程的定义.

设直线在 y 轴上的截距是 b，即直线经过点 $B(0,b)$，且斜率为 k，则这条直线的方程为 $y=kx+b$，这个方程叫作直线的斜截式方程，其中 k 为直线的斜率，b 为直线在 y 轴的截距，简称纵截距.

2. 理解直线的斜截式方程要注意以下几点：

(1) 斜截式方程只有在直线的斜率存在时（即倾斜角 $\alpha \neq 90°$）才能使用，即斜截式方程不能表示斜率不存在也就是与 x 轴垂直的直线方程.

(2) 直线的斜截式方程是由点斜式方程推导出来的，所以斜截式是点斜式的特例，其特殊之处在于直线经过的点为 $(0,b)$，为直线与 y 轴的交点，因此斜截式方程可变形为点斜式方程.

(3) 直线与 y 轴交点 $(0,b)$ 的纵坐标 b 叫作直线的纵截距，直线与 x 轴交点 $(a,0)$ 的横坐标 a 叫作直线的横截距. 纵截距和横截距统称截距，截距可以是正数，可以是负数，也可以是零.

当直线与 y 轴平行时，直线没有纵截距；当直线与 x 轴平行时，直线没有横截距.

直线横纵截距相等分 $a=b=0$ 和 $a=b\neq 0$ 两种情形.

【知识盲点提示】

1. 已知直线过两个点 P_1，P_2，点斜式求方程时用哪个点都行，结果一样.

2. 斜截式的截距只能是纵截距，若已知是横截距，用点斜式求方程.

3. 当直线没斜率时，即直线与 x 轴垂直，垂足为点 $(x_1, 0)$ 时，直线既不能用点斜式，也不能用斜截式，这时直线方程为 $x=x_1$.

【课堂基础训练】

一、选择题

1. 直线 l 经过点 $A(2,3)$，斜率为 2，那么该直线方程是（　　）.
   A. $2x-y-1=0$　　　　　　　　B. $2x+y-5=0$
   C. $x+2y-5=0$　　　　　　　　D. $x+4y-5=0$

2. 直线 l 经过点 $A(1,5)$ 且与 x 轴平行，那么该直线方程是（　　）.
   A. $x=5$　　　B. $y=5$　　　C. $x=1$　　　D. $y=1$

3. 过点 $A(0,3)$ 和 $B(2,1)$ 的直线方程是（　　）.
   A. $x+y-1=0$　　　　　　　　B. $x-y-3=0$
   C. $x+y-3=0$　　　　　　　　D. $2x-y-1=0$

4. 直线 l 斜率为 2，在 y 轴上的截距是 3，那么该直线方程是（　　）.
   A. $2x-y+3=0$　　　　　　　　B. $2x-y-3=0$
   C. $2x-y-5=0$　　　　　　　　D. $2x-y-1=0$

5. 已知直线经过点 $(0,2)$，且倾斜角为 $45°$，那么该直线方程是（　　）.
   A. $x-y-1=0$　　　　　　　　B. $x-y-2=0$
   C. $2x-y-1=0$　　　　　　　　D. $x-y+2=0$

6. 直线 $3y=-2x+1$ 的纵截距是（　　）.
   A. $\dfrac{1}{2}$　　　B. $-\dfrac{1}{3}$　　　C. $\dfrac{1}{3}$　　　D. $-\dfrac{1}{2}$

7. 若一条直线的斜率不存在，则它的倾斜角为（　　）.
   A. 0　　　B. $\dfrac{\pi}{4}$　　　C. $\dfrac{\pi}{2}$　　　D. π

8. 若 $k>0$，$b<0$，则直线 $y=kx+b$ 必不通过（　　）.
   A. 第一象限　　　B. 第二象限　　　C. 第三象限　　　D. 第四象限

9. 下列直线中，经过点 $A(-1,2)$ 的是（　　）.
   A. $y=2x-1$　　　　　　　　B. $y=-\dfrac{1}{3}x+\dfrac{7}{3}$
   C. $y-3=\dfrac{1}{2}(x-1)$　　　　　　　　D. $y-2=\dfrac{1}{5}(x-1)$

10. 倾斜角为 $\dfrac{\pi}{3}$，且在 x 轴上截距为 3 的直线的方程是（　　）.

A. $y=\sqrt{3}x-3\sqrt{3}$　　　　　　B. $y=\sqrt{3}x+3\sqrt{3}$

C. $y=\sqrt{3}x-3$　　　　　　　　D. $y=\sqrt{3}x+3$

二、填空题

11. 经过点 $A(0,5)$ 且与 x 轴垂直的直线方程是_____．

12. 若直线 $y=-\dfrac{1}{2}x+m$ 不经过第三象限，则 m 的取值范围是_____．

13. 直线 l 的斜截式方程是 $y=3x-\dfrac{1}{2}$，则直线 l 的斜率为_____，在 y 轴上的截距为_____．

14. 若直线的点斜式方程为 $y+4=x-3$，则这条直线的斜率为_____，倾斜角为_____．

15. 若直线的点斜式方程为 $y-2=\sqrt{3}(x+1)$，则这条直线的斜率为_____，倾斜角为_____．

16. y 轴所在的直线方程是_____，x 轴所在的直线方程是_____．

三、解答题

17. 已知直线 l 经过点 $A(-3,-2)$，且直线的倾斜角 $\alpha=\dfrac{3}{4}\pi$，求直线 l 的方程．

18. 已知直线 l 经过点 $A(-4,3)$，且在 y 轴上的截距为 2，求直线 l 的方程．

19. 已知 $\triangle ABC$ 三个顶点的坐标 $A(3,0)$，$B(3,4)$，$C(0,5)$，求 AB 边上中线所在直线的方程．

20. 已知点 $P(3,2)$，$Q(-1,4)$，如果直线 l 的斜率为 $-\sqrt{3}$，且过线段 PQ 的中点，求直线 l 的方程.

【课堂拓展训练】

一、填空题

1. 直线 $\sqrt{3}x+y-1=0$ 的倾斜角为_____.

2. 直线过点 $P(2,3)$，且在 x 轴、y 轴上的截距相等，则直线的方程为_____.

3. 直线过点 $A(3,-3)$ 且倾斜角为 $30°$，则该直线的方程为_____.

4. 倾斜角为 $\dfrac{5\pi}{6}$，且在 y 轴上的截距是 -4 的直线方程为_____.

5. 直线在 x 轴、y 轴的截距分别为 2 和 -1，则该直线的方程为_____.

6. 过点 $A(-1,2)$ 且平行于 x 轴的直线方程为_____，平行于 y 轴的直线方程为_____.

二、解答题

7. 已知直线 l 经过原点，且倾斜角的正弦值为 $\dfrac{\sqrt{2}}{2}$，求直线 l 的方程.

8. 求过定点 $A(2,1)$ 且在 x 轴上的截距等于在 y 轴上的截距的 2 倍的直线的方程.

9. 直线 l 经过点 $P(-4,2)$，且倾斜角的余弦值为 $-\dfrac{3}{5}$，求直线 l 方程.

10. 已知直线 l 经过点 $(1, 0)$，且与直线 $y = \sqrt{3}(x-1)$ 的夹角为 $30°$，求直线 l 的方程.

6.2.3 直线的一般式方程

【知识要点预习】

直线的一般式方程为_____（A、B 不同时_____）.

【知识要点梳理】

一、直线的一般式方程

1. 直线的一般式方程的定义.

关于 x、y 的一元二次方程 $Ax + By + C = 0$（A、B 不同时为 0）叫作直线方程的一般式方程，简称一般式.

2. 理解直线的一般式方程要注意以下几点.

(1) 任何一条直线都可以用直线方程的一般式来表示.

(2) 求直线方程时，如果没有特殊要求，最终结果通常都要化为一般式表示.

(3) 直线方程的点斜式和斜截式都可以化为一般式，一般式通常也可以化为点斜式和斜截式（无斜率的直线除外）.

(4) 一般式方程 $Ax + By + C = 0$ 要求 A、B 不同时为 0.

若 $B \neq 0$，一般式方程可以变形为 $y = -\dfrac{A}{B}x - \dfrac{C}{B}$，即直线的斜率 $k = -\dfrac{A}{B}$，在 y 轴上的截距为 $-\dfrac{C}{B}$；特别地，当 $A = 0$ 时，斜率 $k = 0$，直线 $By + C = 0 \left(或 y = -\dfrac{C}{B}\right)$ 表示平行于 x 轴的直线（$C = 0$ 时，即为 x 轴）.

若 $B = 0$，斜率不存在，直线 $Ax + C = 0 \left(或 x = -\dfrac{C}{A}\right)$ 表示平行于 y 轴的直线（$C = 0$ 时，即为 y 轴）.

二、直线的一般式方程与一元二次方程的关系

平面上的每条直线，其方程是二元一次方程 $Ax + By + C = 0$（其中 A、B 不同时为 0）；任意一个一元二次方程 $Ax + By + C = 0$（其中 A、B 不同时为 0）都表示平面上的一条直线.

当 $A = 0$ 且 $B \neq 0$，$C \neq 0$ 时，方程 $Ax + By + C = 0$ 表示的直线平行于 x 轴；

当 $B = 0$ 且 $A \neq 0$，$C \neq 0$ 时，方程 $Ax + By + C = 0$ 表示的直线平行于 y 轴；

当 $A=0$ 且 $B\neq0$，$C=0$ 时，方程 $Ax+By+C=0$ 表示的直线与 x 轴重合；

当 $B=0$ 且 $A\neq0$，$C=0$ 时，方程 $Ax+By+C=0$ 表示的直线平行于 x 轴；

当 $A\neq0$ 且 $B\neq0$ 时，方程 $Ax+By+C=0$ 表示的直线与 x 轴、y 轴都相交.

【知识盲点提示】

1. 求直线方程时，应根据所给条件选择适当方程形式来求解.

2. 无论采用哪种方程形式求出的直线方程，结果都要化成直线方程的一般式（A，B，C 没有公约数，且尽量不留分数形式，同时 A 通常为正数）.

【课堂基础训练】

一、选择题

1. 直线的斜截式方程 $y=4x+5$ 化为一般式方程是（ ）.
   A. $4x-y+5=0$ B. $4x+y-5=0$
   C. $4x+y+5=0$ D. $4x-y-5=0$

2. 直线的点斜式方程 $y+1=-3(x-2)$ 化为一般式方程是（ ）.
   A. $3x+y-5=0$ B. $3x-y-5=0$
   C. $3x+y+5=0$ D. $x+3y-5=0$

3. 直线 $\sqrt{3}x-y+5=0$ 的倾斜角是（ ）.
   A. $30°$ B. $60°$ C. $120°$ D. $150°$

4. 直线 $2x-y+3=0$ 的斜率和在 y 轴上的截距分别是（ ）.
   A. -2，3 B. -2，-3 C. 2，3 D. 2，-3

5. 下列直线中通过点 $M(1,3)$ 的是（ ）.
   A. $x-2y+1=0$ B. $2x-y-1=0$ C. $2x-y+1=0$ D. $3x+y-1=0$

6. 垂直于 x 轴，且过点 $(1,3)$ 的直线的方程为（ ）.
   A. $x=1$ B. $y=3$ C. $y=3x$ D. $x=3y$

7. 直线方程为 $Ax+By+C=0$，当 $A>0$，$B>0$，$C>0$ 时，此直线必经过（ ）.
   A. 第一、二、三象限   B. 第二、三、四象限
   C. 第一、三、四象限   D. 第一、二、四象限

8. 直线 $y-3=0$ 的斜率和在 y 轴上的截距分别是（ ）.
   A. 0，3 B. 3，0 C. 1，1 D. 3，3

9. 直线 l 的斜率为正，在 y 轴上的截距为负，则直线 l 经过的象限是（ ）.
   A. 一、二、三   B. 一、二、四
   C. 一、三、四   D. 二、三、四

10. 直线 l 经过一、二、三象限，则其斜率和 y 轴上的截距的符号为（ ）.
    A. 正，负   B. 负，正   C. 正，正   D. 负，负

二、填空题

11. 将直线的一般式方程 $4x+2y+5=0$ 化为斜截式方程得_____.

12. 直线 $x-2y+6=0$ 与两坐标轴所围成的三角形面积是_____.

13. 若点(2，-3)在直线 $mx-y+5=0$ 上，则 $m=$ _____.

14. 将方程 $y-2=\dfrac{1}{2}(x+1)$ 化成一般式 _____.

15. 直线 $y=3x-5$ 在 x 轴上的截距为 _____.

16. 直线 $3x-2y-6=0$ 在 y 轴上的截距是 _____.

三、解答题

17. 求直线 l_1：$y=-x-2$ 与 l_2：$y=x+2$ 的斜率和在 y 轴上的截距，并在同一坐标系中画出直线.

18. 直线 $Ax+By-1=0$ 经过一、二、四象限，试判断 A，B 的符号.

19. 直线 l：$(a+1)x+y+2=0$ 不经过第二象限，求实数 a 的取值范围.

20. 已知△ABC 的三个顶点的坐标为 $A(-5,6)$，$B(-1,-4)$，$C(3,2)$，求△ABC 三边所在的直线的方程.

【课堂拓展训练】

一、填空题

1. 若直线 $(m-2)x-y+m-3=0$ 的斜率等于 2，则 $m=$ _____．

2. 已知直线 l 的倾斜角为 $\dfrac{\pi}{6}$，在 x 轴上的截距为 1，直线方程为 _____．

3. 将 $y-4=\dfrac{1}{3}(x-6)$ 化为直线的一般式方程得 _____．

4. 直线过 $A(-1,3)$，$B(4,-2)$ 两点，此直线的倾斜角为 _____，直线方程为 _____．

5. 直线的方程为 $2x+3y-5=0$，在 x 轴的截距为 _____，在 y 轴上的截距为 _____，直线的斜率为 _____．

6. 直线 l 在 x 轴上的截距为 -2，在 y 轴上的截距为 3，直线的方程为 _____，斜率为 _____．

二、解答题

7. 直线方程为 $kx-y+b=0$，并过点 $P_1(4,5)$，$P_2(3,-1)$，求 k，b 的值．

8. 已知直线与 x 轴交点到原点距离为 3，斜率为 -2，求直线的方程．

9. 直线的斜率为 2，且过两条直线 $x-3y+4=0$ 及 $x-y-4=0$ 的交点，求这条直线的方程．

10. 已知 $\triangle ABC$ 的顶点 $A(2,2)$，$B(6,-2)$，$C(0,-1)$，求各边中线所在的直线的方程．

6.3 两条直线的位置关系

【学习目标导航】

1. 掌握两条直线平行和垂直的条件，会用直线的斜率来判断两条直线是否平行或垂直.
2. 会求经过已知点且与已知直线平行或者垂直的直线的方程.
3. 会求两条相交直线的交点.
4. 掌握点到直线的距离公式以及两条平行线间的距离公式，会运用公式求解有关距离的简单问题.

6.3.1 两条直线平行

【知识要点预习】

1. 平面内两条直线的位置关系有_____、_____、_____三种.
2. 在平面直角坐标系中，当两条直线斜率 k_1 与 k_2 都存在，并有_____时，两条直线平行；当两条直线的斜率都不存在时，两条直线的位置关系是_____.

【知识要点梳理】

两条直线的位置关系：

当直线 L_1，L_2 的斜率都存在时，设 L_1：$y=k_1x+b_1$，L_2：$y=k_2x+b_2$，则有

两条直线方程的系数关系	$k_1 \neq k_2$	$k_1=k_2$	
		$b_1 \neq b_2$	$b_1=b_2$
两条直线的位置关系	相交	平行	重合

特别地，判断两条直线平行的步骤是求出两条直线的斜率并判断：

1. 若斜率都不存在，则两条直线平行；若只有一个存在，则两条直线相交.
2. 若斜率都存在，则需将直线都转化成斜截式：

若斜率不相等，则两条直线相交；

若斜率相等且截距不相等，则两条直线平行；

若斜率相等且截距也相等，则两条直线重合.

【知识盲点提示】

1. 判断两条直线平行时，若斜率相等，必须计算纵截距，只有截距不相等才平行，否则两条直线是重合关系.
2. 求过已知点且与已知直线 $Ax+By+C=0$ 平行的直线 L 可设为 $Ax+By+m=0$.

【课堂基础训练】

一、选择题

1. 若直线 $y=kx+3$ 与直线 $y=-3x+4$ 平行,则 k 的值为(   ).
   A. 3   B. -3 C. 4   D. -4

2. 若直线 L 与直线 $y=-x+1$ 平行,则直线 L 的倾斜角 α 是(   ).
   A. 0   B. $\dfrac{\pi}{4}$ C. $\dfrac{3\pi}{4}$ D. $\dfrac{\pi}{3}$

3. 直线 $3x+4y-5=0$ 与 $6x+8y-7=0$ 的位置关系是(   ).
   A. 相交   B. 平行   C. 重合   D. 平行或重合

4. 两条直线 $3x+y+a=0$ 与 $x+3y-1=0$ 的位置关系是(   ).
   A. 相交   B. 平行   C. 重合   D. 平行或重合

5. 两条直线 $x=1$ 与 $x=-2$ 的位置关系是(   ).
   A. 相交   B. 平行   C. 重合   D. 平行或重合

6. 过点 $P(-1,3)$ 且与直线 $y=4x+3$ 平行的直线方程是(   ).
   A. $y=4x+7$ B. $y=4x-7$ C. $y=4x+13$ D. $y=4x-13$

7. 直线 l_1 的斜率为 2,$l_1 \parallel l_2$,直线 l_2 过点 $(-1,1)$ 且与 y 轴交于点 P,则点 P 坐标为(   ).
   A. $(3,0)$ B. $(-3,0)$ C. $(0,-3)$ D. $(0,3)$

8. 满足下列条件的直线 l_1 与 l_2,其中 $l_1 \parallel l_2$ 的是(   ).
   ① l_1 的斜率为 2,l_2 过点 $A(1,2)$,$B(4,8)$;
   ② l_1 经过点 $P(3,3)$,$Q(-5,3)$,l_2 平行于 x 轴,但不经过点 P;
   ③ l_1 经过点 $M(-1,0)$,$N(-5,-2)$,l_2 经过点 $R(-4,3)$,$S(0,5)$.
   A. ①②   B. ②③   C. ①③   D. ①②③

9. 已知直线 $l_1:x-y-1=0$ 与直线 $l_2:x+ay-2=0$ 平行,则 a 的值为(   ).
   A. -1 B. 2   C. 1   D. -2

10. 若直线 $mx+2y+m=0$ 与直线 $3mx+(m-1)y+7=0$ 平行,则 m 的值为(   ).
    A. 7   B. 0 或 7   C. 0   D. 4

二、填空题

11. 若直线 l 与直线 $2x+y+1=0$ 平行,则直线 l 的斜率为_____.

12. 已知直线 l 在 y 轴上的截距为 -3,且与直线 $y=x+1$ 平行,则直线 l 的方程为_____.

13. 过点 $P(-1,3)$ 且与直线 $3x-2y+4=0$ 平行的直线方程为_____.

14. 经过点 $P(-2,-1)$ 和点 $Q(3,a)$ 的直线与倾斜角是 $45°$ 的直线平行,则 $a=$_____.

15. 过点 $(3,1)$ 且平行于直线 $x=-2$ 的直线方程为_____.

16. 过点 $(-3,4)$ 且平行于 x 轴的直线的方程为_____.

三、解答题

17. 判断下列各组直线的位置关系：
(1) $l_1: x+y=0$, $l_2: 2x-3y+1=0$;
(2) $l_1: y=-x-2$, $l_2: 2x+2y+4=0$;
(3) $l_1: 4x=3y$, $l_2: 4x-3y+1=0$.

18. 已知直线 l 经过点 $P(0,-1)$，且与直线 $x-2y+1=0$ 平行，求直线 l 的方程.

19. 当 m 为何值时，过点 $A(1,1)$, $B(2m^2+1, m-2)$ 的直线：
(1) 倾斜角为 $135°$？
(2) 与过两点 $(2,-3)$, $(-4,9)$ 的直线平行？

20. 已知过点 $P(3, 2m)$ 和点 $Q(m, 2)$ 的直线与过点 $M(2,-1)$ 和点 $N(-3, 4)$ 的直线平行，求 m 的值.

【课堂拓展训练】

一、填空题

1. 若直线 l 经过点 $(2, 0)$ 且与直线 $y=3x+2$ 平行，则直线 l 的方程为_____.
2. 两条直线 $x=3$ 与 $x-y+1=0$ 的位置关系是_____.
3. 过点 $P(0, 1)$ 且与直线 $x-3y+7=0$ 平行的直线方程是_____.
4. 若直线 l 与直线 $y=\dfrac{\sqrt{3}}{3}x+1$ 平行，则直线 l 的倾斜角 α 为_____.

5. 直线 $x+y-1=0$ 与直线 $x+y-2=0$ 的位置关系是_____．

6. l_1 过点 $A(m,1)$，$B(-3,4)$，l_2 过点 $C(0,2)$，$D(1,1)$，且 $l_1 \parallel l_2$，则 $m=$ _____．

二、解答题

7. 求过点 $(2,-1)$ 且与倾斜角是 $120°$ 的直线平行的直线的方程．

8. 已知三点 $A(-3,0)$，$B(1,4)$，$C(3,-2)$，求经过点 C 且平行于直线 AB 的直线方程．

9. 过点 $A(-2,m)$，$B(m,1)$ 的直线与直线 $2x-y+2=0$ 平行，求 m 的值．

10. 如果直线 $ax+(1-b)y+5=0$ 和 $(1+a)x-y-b=0$ 同时平行于直线 $x-2y+3=0$，求 a,b 的值．

6.3.2 两条直线相交

【知识要点预习】

1. 在同一平面内，若两条直线 l_1 和 l_2 相交，且斜率 k_1 与 k_2 都存在，则有_____；反之，若两条直线 l_1 和 l_2 的斜率 k_1 与 k_2 都存在，且 $k_1 \neq k_2$，则直线 l_1 与直线 l_2 _____．

2. 若直线 l_1 的斜率不存在，而直线 l_2 的斜率存在，则直线 l_1 与 l_2 _____．

3. 两条直线垂直．

(1) 若两条直线 l_1 和 l_2 的斜率 k_1 与 k_2 都存在且不等于 0，那么 $l_1 \perp l_2 \Leftrightarrow$ _____．

(2) 斜率不存在的直线与_____的直线垂直．

第6章　直线与圆的方程

【知识要点梳理】

1. 两条直线相交.

在同一平面内，若两条直线 l_1 和 l_2 相交，且斜率 k_1 与 k_2 都存在，则 $k_1 \neq k_2$；反之，若两条直线 l_1 和 l_2 的斜率 k_1 与 k_2 都存在且 $k_1 \neq k_2$，则这两条直线 l_1 与直线 l_2 相交.

特别地，若直线 l_1 的斜率不存在，而直线 l_2 的斜率存在，则直线 l_1 与直线 l_2 相交.

2. 两条直线垂直.

在同一平面内，两条直线垂直是两条直线相交的特殊情况.

若两条直线 l_1 和 l_2 的斜率 k_1 与 k_2 都存在且不等于 0，那么 $l_1 \perp l_2 \Leftrightarrow k_1 \cdot k_2 = -1$.

特别地，斜率不存在的直线与斜率为 0 的直线垂直.

3. 两条直线的交点坐标.

已知两条直线 $l_1: A_1x + B_1y + C_1 = 0$，$l_2: A_2x + B_2y + C_2 = 0$.

若方程组 $\begin{cases} A_1x + B_1y + C_1 = 0 \\ A_2x + B_2y + C_2 = 0 \end{cases}$ 的解是 $\begin{cases} x = m \\ y = n \end{cases}$，则直线 l_1 和 l_2 的交点坐标为 (m, n).

【知识盲点提示】

1. 两条直线垂直是两条直线相交的特殊情形，即其夹角为 $90°$.

2. 求过已知点且与已知直线 $Ax + By + C = 0$ 垂直的直线 L，可设为 $Bx - Ay + m = 0$.

【课堂基础训练】

一、选择题

1. 下列命题中：

①如果两条不重合的直线斜率相等，则它们平行；②如果两直线平行，则它们的斜率相等；③如果两直线的斜率之积为 -1，则它们垂直；④如果两直线垂直，则它们的斜率之积为 -1.

正确的为(　　).

A. ①②③④　　　B. ①③　　　C. ②④　　　D. 以上全错

2. 如果两条不重合的直线 l_1 和 l_2 的斜率都不存在，那么直线 l_1 与 l_2 的位置关系是(　　).

A. 相交　　　B. 垂直　　　C. 平行　　　D. 无法判断

3. 直线 $x + y - 1 = 0$ 与直线 $x - y - 5 = 0$ 的交点坐标是(　　).

A. $(2, -1)$　　　B. $(3, -2)$　　　C. $(-3, 2)$　　　D. $(3, -1)$

4. 直线 $x - 1 = 0$ 与直线 $y = 5$ 的交点坐标是(　　).

A. $(-1, -5)$　　　B. $(1, 5)$　　　C. $(-1, 5)$　　　D. $(1, -5)$

5. 若直线 $y = kx + b$ 与直线 $y = 3x - 1$ 垂直，则(　　).

A. $k = 3$　　　B. $k = -3$　　　C. $k = \dfrac{1}{3}$　　　D. $k = -\dfrac{1}{3}$

6. 经过点 $A(1, 4)$，且与直线 $x + y - 1 = 0$ 垂直的直线方程是(　　).

A. $x-y-4=0$ B. $x-y+3=0$ C. $x+y-4=0$ D. $x+y+3=0$

7. 与直线 $x=1$ 垂直且经过点 $A(-3,2)$ 的直线是(　　).

   A. $x=-3$ B. $x=2$ C. $y=-3$ D. $y=2$

8. 下列各组直线是垂直关系的是(　　).

   A. $y=x+1$，$y=2x+3$ B. $y=2x+1$，$y=-2x+2$

   C. $y=2x+1$，$y=3x+1$ D. $y=x+3$，$y=-x-1$

9. 直线 $l_1: 2x-y-5=0$ 与 $l_2: x-3y-10=0$ 的交点坐标是(　　).

   A. $(1,-3)$ B. $(1,3)$ C. $(3,-1)$ D. $(3,1)$

10. 直线 $l_1: x+my+4=0$ 与 $l_2: (2m-15)x+3y+m^2=0$ 垂直，则 m 的值为(　　).

    A. 3 B. -3 C. 15 D. -15

二、填空题

11. 直线 $x=2$ 与直线 $y=x+1$ 的交点坐标是_____.

12. 过点 $(1,1)$ 与直线 $3x-2y+5=0$ 垂直的直线是_____.

13. 过直线 $x+3y-3=0$ 和直线 $x-2y+2=0$ 的交点，且斜率为 -1 的直线的一般方程为_____.

14. 直线 $y=3x+1$ 与直线 $x+ay+2=0$ 垂直，则实数 a 的值为_____.

15. 已知经过点 $P(m,2)$ 和 $Q(3,m)$ 的直线 l 与一条斜率为 -2 的直线垂直，则 m 的值为_____.

16. 已知直线 l_1 过点 $A(-2,3)$，$B(4,m)$，直线 l_2 过点 $M(1,0)$，$N(0,m-4)$，若 $l_1 \perp l_2$，则常数 m 的值是_____.

三、解答题

17. 判断下列直线的位置关系：

    (1) $l_1: 3x+y-4=0$，$l_2: x-3y+4=0$；

    (2) $l_1: y=-3x-1$，$l_2: 6x+2y+5=0$；

    (3) $l_1: 2x+1=0$，$l_2: 2y+3=0$.

18. 求过直线 $3x+y+8=0$ 与直线 $2x+y+5=0$ 的交点，且与直线 $x-y+1=0$ 垂直的直线方程.

19. 已知点 $A(2,3)$，$B(4,-1)$，求线段 AB 的垂直平分线所在的直线方程．

20. 已知直线 $ax+4y-2=0$ 和 $2x-5y+b=0$ 垂直，交于点 $A(1,m)$，求 a，b，m 的值．

【课堂拓展训练】

一、填空题

1. 在 y 轴上的截距为 2，且垂直于 $x+3y=0$ 的直线的方程是_____．

2. 若直线 $3x+my+5=0$ 与直线 $mx+(1-2m)y-3=0$ 垂直，则实数 m 的值为_____．

3. 点 $P(1,-2)$ 关于直线 $y=x$ 的对称点的坐标为_____．

4. 已知点 $P(-1,1)$ 与点 $Q(3,5)$ 关于直线 l 对称，则直线 l 的方程为_____．

5. 已知 $\triangle ABC$ 的三个顶点分别是 $A(2,2)$，$B(0,1)$，$C(4,3)$，点 $D(m,1)$ 在边 BC 的高所在的直线上，则实数 $m=$ _____．

6. 直线 l_1，l_2 的斜率 k_1，k_2 是关于 k 的方程 $2k^2-3k-b=0$ 的两根，若 $l_1 \perp l_2$，则 $b=$ _____；若 $l_1 /\!/ l_2$，则 $b=$ _____．

二、解答题

7. 求过两直线 $3x+y-1=0$ 与 $x+2y-7=0$ 的交点，并且与第一条直线垂直的直线方程．

8. 求点 $P(2,3)$ 关于直线 $x+y+2=0$ 的对称点.

9. 已知点 $M(0,-1)$，点 N 在直线 $x-y+1=0$ 上，若直线 MN 垂直于直线 $x+2y-3=0$，求点 N 的坐标.

10. 直线 l_1 经过点 $A(m,1)$，$B(-3,4)$，直线 l_2 经过点 $C(1,m)$，$D(-1,m+1)$，当 $l_1 /\!/ l_2$ 或 $l_1 \perp l_2$ 时，分别求实数 m 的值.

6.3.3 点到直线的距离

【知识要点预习】

1. 点 $P(x_0, y_0)$ 到直线 $l: Ax+By+C=0$ 的距离 $d=$ _____.

2. 两条平行直线 $l_1: Ax+By+C_1=0$ 与 $l_2: Ax+By+C_2=0$ 之间的距离 $d=$ _____.

【知识要点梳理】

1. 点到直线的距离公式.

点 $P(x_0, y_0)$ 到直线 $l: Ax+By+C=0$（A，B 不同时为零）的距离为 $d=\dfrac{|Ax_0+By_0+C|}{\sqrt{A^2+B^2}}$.

理解点到直线的距离公式要注意以下几点：

(1) 点到直线的距离公式适用于平面内任一点到任一条直线的距离的计算.

(2) 在利用点到直线的距离公式计算时，先要把直线方程化成一般式.

(3) 若点 $P(x_0, y_0)$ 在直线上，则点到直线的距离公式仍然成立，且此距离为零.

(4) 点到几条特殊直线的距离（画出图形可以直接得到）：

①点 $P(x_0, y_0)$ 到 x 轴的距离 $d = |y_0|$.

②点 $P(x_0, y_0)$ 到 y 轴的距离 $d = |x_0|$.

③点 $P(x_0, y_0)$ 到与 y 轴垂直的直线 $y = b$ 的距离 $d = |y_0 - b|$.

④点 $P(x_0, y_0)$ 到与 x 轴垂直的直线 $x = a$ 的距离 $d = |x_0 - a|$.

2. 两条平行直线间的距离公式.

两条平行直线 $l_1: Ax + By + C_1 = 0$ 与 $l_2: Ax + By + C_2 = 0$ 之间的距离 $d = \dfrac{|C_2 - C_1|}{\sqrt{A^2 + B^2}}$.

理解两条平行线间的距离公式要注意以下几点:

(1)在使用两平行线间的距离公式时,要先把直线方程化为一般式,且两直线方程中 x,y 的系数必须分别相同.

(2)两条平行线间的距离等于其中一条直线上的任意一点到另一条直线的距离,也可以看作两条直线上各取一点,这两点之间的最短距离.

【知识盲点提示】

1. 在使用点到直线的距离公式时,应注意以下两点:

(1)若方程不是一般式,需先化为一般式.

(2)当点 P 在直线上时,公式仍成立,点 P 到直线的距离为 0.

2. 在使用两平行线间的距离公式时,要先把直线方程化为一般式,且两直线方程中 x,y 的系数要化为分别相等的数.

【课堂基础训练】

一、选择题

1. 点 $(2, 3)$ 到直线 $y = 1$ 的距离为(　　).

A. 1　　　　B. -1　　　　C. 0　　　　D. 2

2. 原点到直线 $3x + 4y - 26 = 0$ 的距离是(　　).

A. $\dfrac{26\sqrt{7}}{7}$　　B. $\dfrac{26}{5}$　　C. $\dfrac{24}{5}$　　D. $\dfrac{27}{5}$

3. 直线 $y = 2x$ 与直线 $y = 2x + 5$ 间的距离为(　　).

A. $\dfrac{5}{2}$　　B. $\sqrt{5}$　　C. 5　　D. $\dfrac{\sqrt{5}}{2}$

4. 点 $(1, -1)$ 到直线 $x - y + 1 = 0$ 的距离是(　　).

A. $3\sqrt{2}$　　B. $\dfrac{\sqrt{2}}{2}$　　C. 3　　D. $\dfrac{3\sqrt{2}}{2}$

5. 点 $(2, 1)$ 到直线 $3x + 4y + c = 0$ 的距离为 3,则 c 的值为(　　).

A. 5　　B. -25　　C. 5 或 -25　　D. -5

6. 点 P 在直线 $x + y - 4 = 0$ 上,O 是坐标原点,则 $|OP|$ 的最小值为(　　).

A. $2\sqrt{2}$　　B. $\sqrt{6}$　　C. $\sqrt{10}$　　D. 2

7. 点 $P(a,0)$ 到直线 $2x+y-5=0$ 的距离为 $\sqrt{5}$,则 a 的值为( ).
   A. 5 或 -5　　　　B. 0　　　　C. 0 或 5　　　　D. 0 或 -5

8. 与直线 $2x+y+1=0$ 的距离等于 $\dfrac{\sqrt{5}}{5}$ 的直线方程为( ).
   A. $2x+y=0$　　　　　　　　　　B. $2x+y-2=0$
   C. $2x+y=0$ 或 $2x+y-2=0$　　　D. $2x+y=0$ 或 $2x+y+2=0$

9. P,Q 分别为 $3x+4y-12=0$ 与 $6x+8y+6=0$ 上任一点,则 $|PQ|$ 的最小值为( ).
   A. $\dfrac{9}{5}$　　　　B. $\dfrac{18}{5}$　　　　C. 3　　　　D. 6

10. 与原点的距离为 $\dfrac{\sqrt{2}}{2}$,斜率为 1 的直线方程为( ).
    A. $x+y+1=0$ 或 $x+y-1=0$　　　B. $x+y+\sqrt{2}=0$ 或 $x+y-\sqrt{2}=0$
    C. $x-y+1=0$ 或 $x-y-1=0$　　　D. $x-y+\sqrt{2}=0$ 或 $x-y-\sqrt{2}=0$

二、填空题

11. 点 $P(3,-2)$ 到直线 $3x+4y-25=0$ 的距离为_____.

12. 点 $(-2,-5)$ 到直线 $y-4=0$ 的距离为_____.

13. 点 $(4,3)$ 到直线 $6x-8y+k=0$ 的距离为 2,则 $k=$_____.

14. 直线 $3x-4y-3=0$ 与直线 $6x-8y+5=0$ 之间的距离为_____.

15. 若直线 $3x+4y+12=0$ 和 $6x+8y-11=0$ 间的距离为一圆的直径,则此圆的面积为_____.

16. 若点 P 在直线 $3x+y-5=0$ 上,且点 P 到直线 $x-y-1=0$ 的距离为 $\sqrt{2}$,则点 P 的坐标为_____.

三、解答题

17. 分别求点 $P(-1,2)$ 到直线 (1) $2x+y-10=0$;(2) $3x=2$;(3) $2y+3=0$ 的距离.

18. 已知 $\triangle ABC$ 的三个顶点坐标分别为 $A(2,6)$,$B(-4,3)$,$C(2,-3)$,求点 A 到 BC 边的距离.

19. 设 P 为 x 轴上一点,且 P 到直线 $3x-4y+6=0$ 的距离为 6,求点 P 的坐标.

20. 已知直线 l 经过点 $P(-2,5)$,且斜率为 $-\dfrac{3}{4}$.
(1)求直线 l 的方程;
(2)若直线 m 与 l 平行,且点 P 到直线 m 的距离为 3,求直线 m 的方程.

【课堂拓展训练】

一、填空题

1. 直线 $2x-y-1=0$ 与直线 $6x-3y+10=0$ 的距离是_____.

2. 若点 $(2,-k)$ 到直线 $5x+12y+6=0$ 的距离是 4,则 k 的值是_____.

3. 已知直线 $3x+2y-3=0$ 和 $6x+my+1=0$ 互相平行,则它们之间的距离是_____.

4. 已知直线 l 与直线 $l_1: 2x-y+3=0$ 和 $l_2: 2x-y-1=0$ 的距离相等,则 l 的方程是_____.

5. 与直线 $2x+y+1=0$ 间的距离为 $\dfrac{\sqrt{5}}{5}$ 的直线的方程是_____.

6. 若点 $A(-3,-4)$,$B(6,3)$ 到直线 $l: ax+y+1=0$ 的距离相等,则实数 a 的值为_____.

二、解答题

7. 求两条平行线 $3x+y-3=0$ 与 $6x+my+1=0$ 之间的距离.

8. 已知直线 l 的倾斜角为 $\dfrac{3}{4}\pi$，且与点 $(2，-1)$ 的距离为 $\sqrt{2}$，求直线 l 的方程.

9. 已知点 $A(1，3)$，$B(3，1)$，$C(-1，0)$，求 $\triangle ABC$ 的面积.

10. 若直线 $l_1：x+ay+6=0$ 与 $l_2：(a-2)x+3y+2a=0$ 平行，求 l_1 与 l_2 间的距离.

6.4 圆

【学习目标导航】

1. 了解圆的定义及圆的标准方程的推导过程，了解圆的一般式方程和二元二次方程表示圆的条件.
2. 掌握圆的标准方程和圆的一般方程的定义，根据圆的标准方程和一般方程能写出圆心坐标及半径；理解圆的标准方程和圆的一般方程的联系.
3. 根据所给条件选用适合的方程形式，用待定系数法求出圆的方程；能利用配方法把圆的一般方程化成标准方程.
4. 体会数形结合的思想方法.

6.4.1 圆的标准方程

【知识要点预习】

1. 圆的标准方程：在平面直角坐标系中，设圆心为点 $C(a，b)$，半径为 r，则圆的标准方程为_____.

若圆心为坐标原点 $O(0，0)$，半径为 r，则圆的标准方程为_____.

2. 圆的标准方程为$(x-a)^2+(y-b)^2=r^2$，则圆心坐标为_____，半径为_____.

【知识要点梳理】

一、圆的定义

圆是平面内到定点的距离为定长的动点的轨迹，定点称为圆心，定长称为半径.

二、圆的标准方程

在平面直角坐标系中，设圆心为点$C(a,b)$，半径为r，则圆的标准方程为$(x-a)^2+(y-b)^2=r^2$；特别地，若圆心为坐标原点$O(0,0)$，半径为r，则圆的标准方程为$x^2+y^2=r^2$.

①注意这里括号里都是减号，(a,b)表示圆心.

②右边的常数是r^2，不是r.

③求圆的标准方程，需要确定a,b,r三个参数的值，确定圆的参数的方法，通常使用待定系数法．要会解三元一次方程组或三元二次方程组．

④求圆的方程时，如果已知条件与圆心、半径有关，那么一般采用圆的标准方程求解．

【知识盲点提示】

1. 圆心在坐标轴上时，注意坐标轴上点的特点．

2. 当已知三角形中某一条底边的两个顶点的坐标，以及底边上的中线长时，则另一个顶点的轨迹方程为圆，但注意三个顶点不能共线．

【课堂基础训练】

一、选择题

1. 圆心坐标为$(-1,2)$，半径为2的圆的标准方程为(　　).

　　A. $(x+1)^2+(y-2)^2=2$　　　　B. $(x+1)^2+(y-2)^2=4$

　　C. $(x-1)^2+(y+2)^2=2$　　　　D. $(x-1)^2+(y+2)^2=4$

2. 圆心坐标为$(-1,0)$，半径为4的圆的标准方程为(　　).

　　A. $(x+1)^2+y^2=16$　　　　B. $(x+1)^2+y^2=4$

　　C. $(x-1)^2+y^2=16$　　　　D. $(x-1)^2+y^2=4$

3. 圆$(x+3)^2+(y-2)^2=12$的圆心坐标和半径分别是(　　).

　　A. $(3,-2),12$　　　　B. $(-3,2),12$

　　C. $(3,-2),2\sqrt{3}$　　　　D. $(-3,2),2\sqrt{3}$

4. 圆$(x+3)^2+y^2=2$的圆心坐标和半径分别是(　　).

　　A. $(3,0),2$　　　　B. $(-3,0),2$

　　C. $(3,0),\sqrt{2}$　　　　D. $(-3,0),\sqrt{2}$

5. 若动点A到点$(1,-1)$的距离等于4，则动点A的轨迹方程为(　　).

　　A. $(x+1)^2+(y-1)^2=4$　　　　B. $(x+1)^2+(y-1)^2=16$

C. $(x-1)^2+(y+1)^2=4$ D. $(x-1)^2+(y+1)^2=16$

6. 以 $C(3,-2)$ 为圆心，直径为 $2\sqrt{5}$ 的圆的标准方程为（   ）.
   A. $(x+3)^2+(y-2)^2=20$ B. $(x+3)^2+(y-2)^2=5$
   C. $(x-3)^2+(y+2)^2=20$ D. $(x-3)^2+(y+2)^2=5$

7. 圆心在原点，半径为 3 的圆的标准方程为（   ）.
   A. $x^2+y^2=9$ B. $x^2-y^2=9$ C. $x^2-y^2=3$ D. $x^2+y^2=3$

8. 若点 $P(-1,2)$ 在圆 $(x+1)^2+(y-1)^2=r^2$ 上，则圆的半径 $r=$（   ）.
   A. 5   B. $\sqrt{5}$ C. 25   D. 1

9. 已知圆 $(x-a)^2+y^2=17$ 经过点 $A(2,1)$，则 a 的值为（   ）.
   A. 6   B. -2 C. 6 或 -2 D. ± 2

10. 以 $M(5,-1)$ 为圆心，且经过原点的圆的标准方程为（   ）.
    A. $(x-5)^2+(y+1)^2=26$ B. $(x-5)^2+(y+1)^2=\sqrt{26}$
    C. $x^2+y^2=26$ D. $x^2+y^2=\sqrt{26}$

二、填空题

11. 圆心 $C(2,-1)$，且圆过点 $(5,5)$ 的圆的标准方程为_____.

12. 圆 $(x+2)^2+(y-1)^2=7$ 的圆心坐标为_____，半径为_____.

13. 经过点 $P(-2,2)$，$Q(0,4)$ 且圆心在 x 轴上的圆的方程为_____.

14. 与定点 $(0,1)$ 的距离等于 $\sqrt{6}$ 的点的轨迹为_____.

15. 半径为 $\sqrt{2}$，与圆 $x^2+(y+2)^2=4$ 的圆心相同的圆的方程为_____.

16. 圆 $(x-1)^2+(y+2)^2=4$ 关于点 $(2,4)$ 对称的圆的方程为_____.

三、解答题

17. 求圆心在坐标原点，半径与圆 $(x-\sqrt{2})^2+(y+\sqrt{3})^2=20$ 相同的圆的标准方程.

18. 求圆心坐标为 $P(5,-12)$，并且经过原点 O 的圆标准的方程.

19. 已知点 $A(2，-6)$ 和 $B(-6，2)$，求以线段 AB 为直径的圆的标准方程.

20. 求经过点 $P(-2，2)$，$Q(0，4)$ 且圆心在 $x-y=0$ 上的圆的方程.

【课堂拓展训练】

一、填空题

1. 若直线 $x-y-b=0$ 经过圆 $x^2+(y-2)^2=5$ 的圆心，则 $b=$ _____.

2. 圆 $(x+1)^2+(y-3)^2=7$ 关于 y 轴对称的圆的方程为 _____.

3. 已知圆 $(x-1)^2+(y+2)^2=4$ 的圆心为 O_1，圆 $(x+1)^2+(y-1)^2=4$ 的圆心为 O_2，则 $|O_1O_2|=$ _____.

4. 若圆的圆心坐标为 $(-2，3)$，且一条直径的两个端点 M，N 分别在 x 轴和 y 轴上，则圆的标准方程为 _____.

5. $\triangle ABC$ 中 $B(-2，0)$，$C(2，0)$，中线 AD 长为 3，点 A 的轨迹方程为 _____.

6. 已知圆的半径为 $2\sqrt{3}$，圆心的横坐标与纵坐标互为相反数，且经过原点，则圆心坐标为 _____.

二、解答题

7. 已知圆 C_1 与圆 C_2：$(x-3)^2+(y+2)^2=16$ 同心，且圆 C_1 的半径为 $3\sqrt{2}$，求圆 C_1 的标准方程.

8. 求以直线 $x+2y-3=0$ 与 $3x+4y-5=0$ 的交点为圆心,半径为 $2\sqrt{2}$ 的圆的标准方程.

9. 求圆心在 y 轴上,且经过 $A(1,-2)$,$B(2,3)$ 两点的圆的标准方程.

10. 已知圆过点 $P(-1,2)$,圆心在直线 $x-y=0$ 上,且半径为 3,求圆的方程.

6.4.2 圆的一般方程

【知识要点预习】

1. 方程_____(其中 $D^2+E^2-4F>0$)称为圆的一般式方程,其中圆心坐标为_____,半径为_____.

【知识要点梳理】

1. 二元二次方程 $x^2+y^2+Dx+Ey+F=0$ 表示的图形:

当 $D^2+E^2-4F>0$ 时,表示以 $\left(-\dfrac{D}{2},-\dfrac{E}{2}\right)$ 为圆心,以 $\dfrac{\sqrt{D^2+E^2-4F}}{2}$ 为半径的一个圆;

当 $D^2+E^2-4F=0$ 时,表示一个点 $\left(-\dfrac{D}{2},-\dfrac{E}{2}\right)$;

当 $D^2+E^2-4F<0$ 时,不表示任何图形.

2. 圆的一般方程.

圆的一般式方程:方程 $x^2+y^2+Dx+Ey+F=0$(其中 $D^2+E^2-4F>0$)称为圆的一般式方程,其中圆心坐标为 $\left(-\dfrac{D}{2},-\dfrac{E}{2}\right)$,半径为 $r=\dfrac{\sqrt{D^2+E^2-4F}}{2}$.

(1)方程 $x^2+y^2+Dx+Ey+F=0$ 表示圆要满足 $D^2+E^2-4F>0$.

(2)将圆的一般方程化为圆的标准方程有两种方法：一种方法是直接应用公式法，圆心为 $\left(-\dfrac{D}{2}, -\dfrac{E}{2}\right)$；半径为 $r=\dfrac{\sqrt{D^2+E^2-4F}}{2}$，另一种方法是利用配方法将圆的一般式化为圆的标准方程．

(3)求圆的一般方程，需要确定 D, E, F 三个参数的值，确定圆的参数，通常使用待定系数法；要会解三元一次方程组．

(4)求圆的方程，如果已知条件与圆心、半径均无直接关系，选择圆的一般方程求解．

【知识盲点提示】

1. 含有参数的二元二次方程表示圆时，注意用条件 $D^2+E^2-4F>0$ 求参数的取值范围．

2. 圆的对称轴是它的直径，即圆心在对称轴上．

【课堂基础训练】

一、选择题

1. 已知圆的方程为 $x^2+y^2-4y=0$，则圆心坐标和半径分别为（　　）．
   A. $(0, -2), 2$　　B. $(0, -2), 4$　　C. $(0, 2), 2$　　D. $(0, 2), 4$

2. 已知圆的一般方程为 $x^2+y^2-8x+2y-3=0$，化为标准方程为（　　）．
   A. $(x-4)^2+(y-1)^2=20$　　　　B. $(x-4)^2+(y+1)^2=20$
   C. $(x+4)^2+(y-1)^2=20$　　　　D. $(x+4)^2+(y+1)^2=20$

3. 经过 $A(1, 1)$，$B(2, 0)$，$O(0, 0)$ 三点的圆的方程为（　　）．
   A. $x^2+y^2-2y=0$　　　　B. $x^2+y^2+2y=0$
   C. $x^2+y^2-2x=0$　　　　D. $x^2+y^2+2x=0$

二、填空题

4. 已知圆 $x^2+y^2-4x+Ey-3=0$ 的半径为 3，则 E 的值为_____．

5. 若方程 $x^2+y^2-4x+6y+m=0$ 表示圆，则 m 的取值范围是_____．

三、解答题

6. 已知圆 $x^2+y^2-ax+by+1=0$ 的圆心坐标为 $(2, -1)$，求圆的半径．

【课堂拓展训练】

一、选择题

1. 圆 $x^2+y^2-4y=0$ 关于直线 $x-y=0$ 的对称圆的方程是（　　）．
   A. $x^2+y^2-4x=0$　　　　B. $x^2+y^2-2x=0$

C. $x^2+y^2+2x=0$ D. $x^2+y^2+4x=0$

2. 已知半径为3，且与 x 轴相切于原点，则圆的一般方程为(　　).

   A. $x^2+y^2-6y=0$
   B. $x^2+y^2-6y=0$ 或 $x^2+y^2+6y=0$
   C. $x^2+y^2-6x=0$
   D. $x^2+y^2-6x=0$ 或 $x^2+y^2+6x=0$

3. 已知圆的方程为 $x^2+y^2+ax-6y+8=0$，且直线 $y=x$ 是圆的一条对称轴，则 a 的值和圆的半径 r 分别为(　　).

   A. $a=6$，$r=\sqrt{10}$
   B. $a=-6$，$r=\sqrt{10}$
   C. $a=6$，$r=10$
   D. $a=-6$，$r=10$

二、填空题

4. 若圆 $x^2+y^2-mx+6y=0$ 经过点$(1，-1)$，则此圆的半径是_____.

5. 直线 $y=x+b$ 过圆 $x^2+y^2-4x+6y-4=0$ 的圆心，则 $b=$_____.

三、解答题

6. 求经过三点 $A(2，0)$，$B(1，3)$，$C(-1，1)$ 的圆的方程.

6.5　直线与圆的位置关系

【学习目标导航】

1. 了解直线与圆的三种位置关系的几何特征，了解点与圆的三种位置关系.

2. 掌握直线与圆的位置关系及判定方法，初步掌握圆的切线方程的求法及直线与圆相交时弦长的求法，会求切线长.

3. 借助数形结合的思想会求直线与圆相离时，圆上的点到直线的最大距离和最小距离.理解经过圆内一点最短的弦所在的直线是以此点为中点的弦所在的直线.

4. 体会数形结合的思想方法.

【知识要点预习】

1. 直线与圆的位置关系，可以由圆心到直线的距离 d 与圆的半径 r 的大小关系来判断：

   (1) 直线与圆相离 $\Leftrightarrow d$ _____ r；
   (2) 直线与圆相切 $\Leftrightarrow d$ _____ r；
   (3) 直线与圆相交 $\Leftrightarrow d$ _____ r；

2. 直线与圆相交所得的弦长 = _____.

3. 经过圆上一点的切线只有一条,特别地,若点 $P(x_0,y_0)$ 是圆 $x^2+y^2=r^2$ 上的一点,则以 $P(x_0,y_0)$ 为切点的圆的切线方程为_____.

4. 已知圆外一点 $P(x_0,y_0)$,圆心 $C(a,b)$,半径为 r,则经过点 $P(x_0,y_0)$ 的切线长 = _____.

【知识要点梳理】

一、直线与圆的位置关系及判定

1. 直线与圆的位置关系有三种:

相离:直线与圆没有公共点;

相切:直线与圆有唯一公共点;

相交:直线与圆有两个公共点.

2. 直线与圆的位置关系的判定:

设直线方程为 $Ax+By+C=0$(A,B 不全为 0),圆的方程为 $(x-a)^2+(y-b)^2=r^2$.

方法一:可以由圆心到直线的距离 d 与圆的半径 r 的大小关系来判断:

(1)直线与圆相离 $\Leftrightarrow d>r$;

(2)直线与圆相切 $\Leftrightarrow d=r$;

(3)直线与圆相交 $\Leftrightarrow d<r$.

方法二:利用直线方程和圆的方程联立消元后所得一元二次方程的判别式 Δ 与 0 的大小关系来判断:

(1)直线与圆相离 $\Leftrightarrow \Delta<0$;

(2)直线与圆相切 $\Leftrightarrow \Delta=0$;

(3)直线与圆相交 $\Leftrightarrow \Delta>0$.

二、直线与圆相交时,所得的弦长公式

$$弦长 = 2\sqrt{r^2-d^2}$$

三、切线的求法

先判断点与圆的位置关系,分两种情况:

若点 P 在圆上,则切线只有一条.利用切线与切点所在的半径垂直可以求出切线的斜率,又经过切点,可以由点斜式写出直线方程,特别地,若点 $P(x_0,y_0)$ 是圆 $x^2+y^2=r^2$ 上的一点,则以 $P(x_0,y_0)$ 为切点的圆的切线方程为 $x_0x+y_0y=r^2$.

若点 P 在圆外,则切线有两条.设成点斜式方程,根据圆心到切线的距离等于半径,求出斜率,如果求出的斜率有两个解,代入直线方程得到两条切线;如果求出的斜率只有一个解,要考虑另一条斜率不存在的情况.

四、切线长公式

若点 $P(x_0,y_0)$ 在圆外,圆心为 $C(a,b)$,半径为 r,切线长 = $\sqrt{|PC|^2-r^2}$.

五、直线与圆相离时,圆上的点到直线的最小距离为 $d-r$,最大距离为 $d+r$

六、经过圆内一点 P 最短的弦所在的直线是以点 P 为中点的那条弦所在的直线

【知识盲点提示】

1. 过圆外一点求切线方程时,如果求出的斜率只有一个解,则要考虑斜率不存在的情况.

2. 经过圆内一点 P 最短的弦所在的直线是以点 P 为中点的那条弦所在的直线.

【课堂基础训练】

一、选择题

1. 直线 $3x-4y+5=0$ 与圆 $(x+1)^2+y^2=1$ 的位置关系是( ).
   A. 相离   B. 相切
   C. 相交且过圆心   D. 相交且不过圆心

2. 点 $P(-3,2)$ 与圆 C:$(x+2)^2+(y-4)^2=5$ 的位置关系是( ).
   A. 在圆内   B. 在圆上   C. 在圆外   D. 无法判断

3. 圆心坐标为 $(-2,3)$,且与 x 轴相切的圆的标准方程是( ).
   A. $(x-2)^2+(y+3)^2=4$ B. $(x-2)^2+(y+3)^2=9$
   C. $(x+2)^2+(y-3)^2=4$ D. $(x+2)^2+(y-3)^2=9$

4. 圆 $x^2+y^2-4x+4y+6=0$ 截直线 $x-y-3=0$ 所得的弦长等于( ).
   A. $\sqrt{6}$ B. $\dfrac{5\sqrt{5}}{2}$ C. 1   D. 2

5. 经过圆 $x^2+y^2=3$ 上一点 $(\sqrt{2},-1)$ 的圆的切线方程是( ).
   A. $x+y-3=0$ B. $x-y-3=0$
   C. $\sqrt{2}x+y-3=0$ D. $\sqrt{2}x-y-3=0$

6. 直线 $x\sin 10°+y\cos 10°-\sqrt{2}=0$ 与圆 $x^2+y^2=2$ 的位置关系是( ).
   A. 相交   B. 相切   C. 相离   D. 不确定

7. 圆 $x^2+y^2=4$ 上到直线 $x+y+\sqrt{2}=0$ 的距离为 1 的点有( ).
   A. 0 个   B. 1 个   C. 2 个   D. 3 个

8. 已知圆心在 y 轴上,半径为 3,且以点 $A(1,3)$ 为中点的弦长为 $2\sqrt{6}$,则这个圆的方程是( ).
   A. $x^2+(y-1)^2=3$ B. $x^2+(y-1)^2=3$ 或 $x^2+(y-5)^2=3$
   C. $x^2+(y-5)^2=9$ D. $x^2+(y-1)^2=9$ 或 $x^2+(y-5)^2=9$

9. 经过点 $P(1,2)$,且与圆 $(x-1)^2+(y+3)^2=4$ 相切的直线方程为( ).
   A. $x=1$ B. $x=2$ C. $y=1$ D. $y=2$

10. 圆 $x^2+y^2-2x-6y-5=0$ 过点 $P(-2,1)$ 的最短弦所在的直线方程为( ).
    A. $2x-3y+7=0$ B. $3x+2y+4=0$
    C. $3x+2y-2=0$ D. $3x-2y+8=0$

二、填空题

11. 直线 $x-2y+5=0$ 与圆 $x^2+y^2-4x-2y=0$ 的位置关系是_____.

12. 已知圆的方程为 $x^2+y^2+2x-8y+8=0$,过点 $P(2,0)$ 作该圆的一条切线,则切线的长为_____.

13. 圆 $(x-2)^2+(y+2)^2=2$ 截直线 $x-y-5=0$ 所得的弦长为_____.

14. 如果直线 $2x-y+m=0$ 与圆 $x^2+(y-2)^2=5$ 相切,那么 m 的值为_____.

15. 已知圆 $x^2+y^2-8x+2y+12=0$ 和点 $A(3,0)$,过点 A 的最短的弦所在的直线方程为_____.

16. 圆 $x^2+y^2-2x+4y+4=0$ 上的点到直线 $3x-4y+9=0$ 的最大距离为_____.

三、解答题

17. m 为何值时,直线 $y=x+m$ 与圆 $(x+1)^2+y^2=1$ 相切、相交、相离?

18. 求以点 $P(1,3)$ 为圆心且和直线 $3x-4y-1=0$ 相切的圆的标准方程.

19. 已知直线 $y=-x$ 与圆 $x^2+y^2=1$ 相交于 P,Q 两点,求两点间的距离 $|PQ|$.

20. 求过坐标原点,且与圆 $(x-2)^2+y^2=1$ 相切的切线方程.

【课堂拓展训练】

一、填空题

1. 直线 $y=1$ 与圆 $(x+1)^2+y^2=1$ 的位置关系为_____.

2. 过圆 $x^2+y^2=4$ 上一点 $(2,0)$ 的切线方程为_____.

3. 过坐标原点并与 $(x+1)^2+y^2=1$ 相切的直线的斜率为_____.

4. 圆 $x^2+y^2-2x+4y+4=0$ 上的点到直线 $3x-4y+9=0$ 的最小距离为_____.

5. 若直线 $3x-4y+k=0$ 与圆 $(x+3)^2+y^2=4$ 相切,则 $k=$_____.

6. 若圆心坐标为 $(-1,2)$,半径为 $2\sqrt{6}$ 的圆与 x 轴相交,则截得的弦长为_____.

二、解答题

7. 求过点 $A(-1,2)$,圆心在直线 $y=x$ 上且与直线 $x-y+3\sqrt{2}=0$ 相切的圆的方程.

8. 直线 l 与直线 $x+y-\sqrt{2}=0$ 平行,并且与圆 $(x+1)^2+y^2=1$ 相切,求直线 l 的方程.

9. 求过圆 $(x-1)^2+(y-2)^2=1$ 外一点 $P(2,4)$ 的切线方程.

10. 设直线 $\sqrt{2}x+\sqrt{2}y+c=0$ 与圆 $x^2+y^2=4$ 相交于 A,B 两点,且弦 AB 的长为 $2\sqrt{3}$,求 c 的值.

6.6 直线与圆的方程应用举例

【学习目标导航】

1. 初步掌握用直线方程与圆的方程解决实际问题的方法.
2. 会用数据分析现实生活中的问题.
3. 培养数学建模能力.

【知识要点梳理】

数学建模的过程:

(1)对现实生活中的问题进行理解、分析,提炼出几何图形.

(2)建立平面直角坐标系,用坐标和方程表示问题中的几何元素,将几何问题转化为代数问题.

(3)采用适当的数学思想、方法和运算,解决代数问题.

(4)将计算的结果再转化为要解决的实际问题.

【知识盲点提示】

1. 当已知入射光线和反射光线上的各一个点,求入射光线或反射光线所在的直线方程时,根据入射角等于反射角,可知入射光线上的点关于镜面所在直线的对称点在反射光线的反向延长线上,反射光线上的点关于镜面所在直线的对称点在入射光线的反向延长线上.

2. 在数学建模过程中,建立适当的平面直角坐标系是解决问题的关键.

【课堂基础训练】

一、选择题

1. 从点 $P(-2,1)$ 射出一条光线,经过 x 轴反射后过点 $Q(7,2)$,则反射点 M 的坐标为(   ).

   A.$(1,0)$　　　　B.$(-1,0)$　　　　C.$(0,-1)$　　　　D.$(0,1)$

2. 一条光线从点 $M(3,3)$ 射向 y 轴,经过 y 轴反射后,反射光线经过点 $N(3,-3)$,则反射光线的方程为(   ).

   A.$x-y=0$　　　B.$x+y=0$　　　C.$x+2y=0$　　　D.$x-2y=0$

3. 一只小虫从点 $P(1,2)$ 出发爬到直线 $l:x+3y-5=0$ 上,它爬行的最短距离为(   ).

   A.$\dfrac{\sqrt{10}}{10}$　　　B.$\dfrac{\sqrt{10}}{5}$　　　C.$\dfrac{\sqrt{5}}{5}$　　　D.$\dfrac{\sqrt{5}}{10}$

二、填空题

4. 某圆拱桥的水面跨度为 16 m,拱高 3 m,现有一船宽 8 m,水面以上高 2 m,这条船_____(填"能"或"不能")从桥下通过.

5. 一根金属棒在 20 ℃时长 12.208 m,在 50 ℃时长 14.212 m,已知长度 y(m)和温度 x(℃)的关系可以用直线方程表示.则 80 ℃时,这根金属棒的长度为_____.

三、解答题

6. 一艘轮船在沿直线返回港口的途中,接到气象台的台风预报:轮船位于台风中心正东 80 km 处,受台风影响的范围半径是 40 km 的圆形区域.已知港口位于台风正北 60 km 处,如图所示,如果这艘轮船不改变航线,那么它是否受台风的影响?

【课堂拓展训练】

一、选择题

1. 从点 $M(2,-3)$ 射出一条光线,经过 y 轴反射后经过点 $N(3,7)$,则反射点的坐标为( ).

    A. $(1,0)$ B. $\left(-\dfrac{1}{2},0\right)$ C. $\left(0,-\dfrac{1}{2}\right)$ D. $(0,1)$

2. 某小家电的市场价格为每件 x 元,市场需求量 y_1(件)近似地满足关系式 $y_1 = -100x + 9\,000$,市场供应量 y_2(件)近似地满足关系式 $y_2 = 200x - 3\,000$. 当 $y_1 = y_2$ 时,市场价格为市场平衡价格,需求量为平衡需求量,则市场平衡价格与平衡需求量分别为( ).

    A. 30 元,4 000 件   B. 40 元,3 000 件

    C. 40 元,5 000 件   D. 50 元,4 000 件

3. 若光线从点 $A(-3,5)$ 入射到直线 $x-y=0$ 后,反射光线经过点 $B(3,9)$,则入射光线所在直线的方程为( ).

    A. $x-6y+27=0$ B. $x-6y-27=0$

    C. $x+6y-27=0$ D. $x+6y+27=0$

二、填空题

4. 某次生产中,一个圆形零件损坏了,只剩下如图所示的一部分.已知 $|AB|=40$ cm,$|MN|=10$ cm. 根据已有数据,计算这个圆形零件的半径为_____ cm.

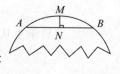

5. 光线从点 $M(-3,2)$ 射到点 $P(0,1)$,然后被 x 轴反射,则反射光线所在的直线方程为_____.

三、解答题

6. 如图所示，海中有一个小岛 P，该岛四周 12 海里内有暗礁．今有货轮由西向东航行，开始在点 A 观测 P 在北偏东 $60°$ 处，行驶 10 海里后到达点 B 观测 P 在北偏东 $45°$ 处．如果货轮继续向东航行，那么途中是否有触礁的危险？

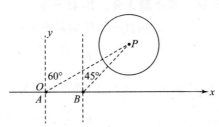

第6章 直线与圆的方程测试卷 A

一、选择题(本题共 15 小题,每小题 3 分,共 45 分)

1. 已知 $A(-5,2)$,$B(0,-3)$,则直线 AB 的斜率为( ).
   A. -1 B. 1 C. $\dfrac{2}{3}$ D. 2

2. 直线 $4x-5y-10=0$ 的斜率和在 y 轴上的截距分别为( ).
   A. $-\dfrac{4}{5}$,4 B. $\dfrac{5}{4}$,-5 C. $\dfrac{4}{5}$,-2 D. $-\dfrac{5}{4}$,5

3. 若直线 $ax+by-1=0$ 经过第一、二、三象限,则有( ).
   A. $a<0$,$b<0$ B. $a>0$,$b>0$ C. $a>0$,$b<0$ D. $a<0$,$b>0$

4. 下列各对直线不互相垂直的是( ).
   A. l_1 的倾斜角为 $120°$,l_2 过点 $P(1,0)$,$Q(4,\sqrt{3})$
   B. l_1 的斜率为 $-\dfrac{2}{3}$,l_2 过点 $A(1,1)$,$B\left(0,-\dfrac{1}{2}\right)$
   C. l_1 的倾斜角为 $30°$,l_2 过点 $P(3,\sqrt{3})$,$Q(4,2\sqrt{3})$
   D. l_1 过点 $M(1,0)$,$N(4,-5)$,l_2 过点 $A(-6,0)$,$S(-1,3)$

5. 经过两点 $A(-2,5)$,$B(1,-4)$ 的直线 l 与 x 轴的交点的坐标是( ).
   A. $\left(-\dfrac{1}{3},0\right)$ B. $(-3,0)$ C. $\left(\dfrac{1}{3},0\right)$ D. $(3,0)$

6. 直线 $2x+3y+8=0$ 和直线 $x-y-1=0$ 的交点坐标是( ).
   A. $(-2,-1)$ B. $(-1,-2)$ C. $(1,2)$ D. $(2,1)$

7. 若 y 轴上一点 $(0,m)$ 到直线 $x-y+1=0$ 的距离为 $2\sqrt{2}$,则 m 的值为( ).
   A. -3 B. 5 C. -3 或 5 D. 3 或 -5

8. 若三条直线 $2x+3y+8=0$,$x-y=1$ 和 $x+ky=0$ 相交于一点,则 k 的值等于( ).
   A. -2 B. $-\dfrac{1}{2}$ C. 2 D. $\dfrac{1}{2}$

9. 已知直线 $y-3=k(x-5)$ 过点 $(-2,-2)$,则 k 的值为( ).
   A. $\dfrac{4}{7}$ B. $\dfrac{5}{7}$ C. $\dfrac{7}{4}$ D. $\dfrac{7}{5}$

10. 圆心坐标是 $(-2,1)$,且经过点 $(0,2)$ 的圆的标准方程是( ).
    A. $(x-2)^2+(y+1)^2=5$ B. $(x-2)^2+(y-1)^2=\sqrt{5}$
    C. $(x+2)^2+(y-1)^2=5$ D. $(x+2)^2+(y-1)^2=\sqrt{5}$

11. 圆 $x^2+y^2-6y=0$ 关于直线 $x+y=0$ 的对称圆的方程是( ).
   A. $x^2+y^2-6x=0$
   B. $x^2+y^2+6y=0$
   C. $x^2+y^2+6x=0$
   D. $x^2+y^2-6y=0$

12. 直线 $x\sin\theta+y\cos\theta-r=0$ 与圆 $x^2+y^2=r^2$ 的位置关系是( ).
   A. 相交
   B. 相切
   C. 相离
   D. 不确定

13. 过圆 $x^2+y^2=40$ 上一点 $(2,6)$ 的切线方程为( ).
   A. $x+3y-20=0$
   B. $x+3y+20=0$
   C. $x-3y-20=0$
   D. $x-3y+20=0$

14. 经过 $A(1,1)$，$B(4,2)$，$O(0,0)$ 三点的圆的方程为( ).
   A. $x^2+y^2-8x+2y=0$
   B. $x^2+y^2-8x-2y=0$
   C. $x^2+y^2+8x+6y=0$
   D. $x^2+y^2-8x+6y=0$

15. 若光线从点 $A(-3,5)$ 入射到直线 $x-y=0$ 后，反射光线经过点 $B(3,9)$，则反射光线所在直线的方程为( ).
   A. $6x-y+27=0$
   B. $6x-y-27=0$
   C. $6x+y-27=0$
   D. $6x+y+27=0$

二、填空题(本题共 15 小题，每小题 2 分，共 30 分)

16. 经过点 $(1,3)$，$(5,11)$ 的直线方程为_____.

17. 直线 $\sqrt{3}x-y-1=0$ 的倾斜角为_____.

18. 经过点 $(6,-2)$，斜率为 $-\dfrac{1}{2}$ 的直线的一般式方程为_____.

19. 直线 $2x-y=7$ 与直线 $3x+2y-7=0$ 的交点坐标为_____.

20. 直线经过点 $(1,2)$，且与 $x+3y-5=0$ 垂直，则该直线方程为_____.

21. 已知直线 l_1 的方程为 $3x+4y-7=0$，直线 l_2 的方程为 $6x+8y+1=0$，则直线 l_1 与 l_2 的距离为_____.

22. 已知点 $A(x,0)$ 和点 $B(2,3)$ 距离为 $3\sqrt{2}$，则 $x=$ _____.

23. 直线 $l_1:3x-my+2=0$ 与直线 $l_2:(m+1)x+y+5=0$ 垂直，则 m 的值为_____.

24. 圆心 $C(2,0)$，半径为 3 的圆的标准方程为_____.

25. 直线 $y=2x+m$ 过圆 $x^2+y^2-4x+6y-4=0$ 的圆心，则 $m=$ _____.

26. 平面内到点 $(-2,3)$ 的距离等于 $3\sqrt{3}$ 的点的轨迹方程为_____.

27. 若直线 $x-y+2=0$ 与圆 $x^2+y^2=4$ 相交，则弦长为_____.

28. 直线 $x-2y+5=0$ 与圆 $x^2+y^2-4x-2y=0$ 的位置关系是_____.

29. 过圆 $x^2+y^2=4$ 上一点 $P(0,2)$ 的切线方程为_____.

30. 已知圆的方程为 $x^2+y^2+2x-4y-4=0$，过点 $P(2,6)$ 作该圆的一条切线，则切线的长为_____.

三、解答题(本题共 7 个小题，共 45 分)

31. (7 分)求过直线 $x+y-6=0$ 与 $2x-y-3=0$ 的交点,且与直线 $3x+2y-1=0$ 平行的直线方程.

32. (5 分)已知 $\triangle ABC$ 的三个顶点坐标是 $A(2,0)$, $B(3,5)$, $C(0,3)$, 求 BC 边上的高所在的直线的方程.

33. (6 分)设点 $A(-1,-3)$, $B(3,0)$, $C(5,4)$, 求平行四边形 $ABCD$ 中顶点 D 的坐标.

34. (5 分)若直线 l 垂直于直线 $x-2y+1=0$ 且它与直线 $2x-y+4=0$ 交于 y 轴同一点, 求直线 l 的方程.

35. (7 分)求与圆 $x^2+2y+y^2=0$ 的圆心相同, 且经过点 $(3,2)$ 的圆的方程.

36.(7分)以点 $P(0,2)$ 为圆心的圆与直线 $2x-y=0$ 相切,求此圆的标准方程.

37.(8分)求经过 $P(-1,2)$,圆心在直线 $x-y=0$ 上,且与直线 $x+y+3\sqrt{2}=0$ 相切的圆的标准方程.

第6章 直线与圆的方程测试卷 B

一、选择题（本题共 15 小题，每题 3 分，共 45 分）

1. 在直角坐标系 xOy 中，点 $M(4,-3)$ 到原点 O 的距离是（ ）．
   A. 3　　　　　B. 4　　　　　C. 5　　　　　D. 6

2. 已知点 $M(-2,-3)$，$N(6,7)$，则 MN 的中点坐标是（ ）．
   A. $(4,4)$　　　B. $(-4,-4)$　　C. $(2,2)$　　　D. $(-2,-2)$

3. 已知 $A(2,3)$，$B(-3,5)$，则 A 关于 B 对称的点坐标是（ ）．
   A. $(-8,7)$　　B. $(8,-7)$　　C. $(-1,4)$　　D. $(-1,8)$

4. 直线 $x-5y+10=0$ 在 x 轴、y 轴上的截距分别为（ ）．
   A. 1 和 -5　　B. -5 和 1　　C. -10 和 2　　D. 2 和 -10

5. 直线 l 经过两条直线 $x-y+1=0$ 和 $2x+3y+2=0$ 的交点，且平行于直线 $x-2y+4=0$，则直线 l 的方程为（ ）．
   A. $x-2y-1=0$　　B. $x-2y+1=0$　　C. $2x-y+2=0$　　D. $2x+y-2=0$

6. 过两条直线 $l_1: x-y+3=0$ 与 $l_2: 2x+y=0$ 的交点，倾斜角为 $\dfrac{\pi}{3}$ 的直线方程为（ ）．
   A. $\sqrt{3}x-y+\sqrt{3}+2=0$　　B. $\sqrt{3}x-3y+\sqrt{3}+6=0$
   C. $\sqrt{3}x-y-\sqrt{3}-4=0$　　D. $\sqrt{3}x-3y-\sqrt{3}-12=0$

7. 已知 $A(-1,0)$ 与点 B 关于直线 $x+y-2=0$ 对称，则 $|AB|=$（ ）．
   A. $2\sqrt{2}$　　B. $3\sqrt{2}$　　C. $3\sqrt{3}$　　D. $5\sqrt{3}$

8. 与直线 $2x-y+1=0$ 关于 y 轴对称的直线的方程为（ ）．
   A. $x-2y+1=0$　　　　　　B. $x-2y-1=0$
   C. $2x+y+1=0$　　　　　　D. $2x+y-1=0$

9. 下列直线中，与 $2x-y=1$ 垂直的是（ ）．
   A. $-x+3y-2=0$　　　　　B. $x+2y-6=0$
   C. $2x+y-1=0$　　　　　 D. $x-2y=1$

10. 圆心坐标为 $(2,-1)$，且与 x 轴相切的圆的标准方程是（ ）．
    A. $(x-2)^2+(y+1)^2=4$　　B. $(x-2)^2+(y+1)^2=1$
    C. $(x+2)^2+(y-1)^2=4$　　D. $(x+2)^2+(y-1)^2=1$

11. 直线 $x-y-4=0$ 与圆 $(x-1)^2+(y+1)^2=2$ 的位置关系是（ ）．
    A. 相切　　B. 相交　　C. 相离　　D. 相交且直线过圆心

12. 圆 $x^2+y^2-4x+4y+6=0$ 截直线 $x-y-5=0$ 所得的弦长等于（ ）．
    A. $\sqrt{6}$　　B. $2\sqrt{6}$　　C. 1　　D. 2

13. 圆 $x^2+y^2-8x-2y+12=0$ 过点 $P(3,0)$ 的最短弦所在的直线方程为（ ）．

A. $x-y+3=0$ B. $x-y-3=0$
C. $x+y+3=0$ D. $x+y-3=0$

14. 圆 $x^2+y^2=4$ 上到直线 $3x+4y+5=0$ 的距离为 1 的点有( ).
    A. 0 个 B. 1 个 C. 2 个 D. 3 个

15. 若圆 $x^2+y^2-8x+2y+m=0$ 与直线 $x-3y+3=0$ 有公共点，则 m 的取值范围为( ).
    A. $7\leqslant m\leqslant 17$ B. $m\leqslant 7$ C. $m\geqslant 17$ D. $m\leqslant 7$ 或 $m\geqslant 17$

二、填空题(本大题共 15 小题，每题 2 分，共 30 分)

16. 点 (a,b) 关于原点对称的点坐标是_____.

17. 已知 $A(-1,1)$，$B(-3,5)$，则 $|AB|$ 等于_____.

18. 已知 x 轴上的点 $A(-3,0)$，$B(15,0)$，则 AB 的中点 M 是_____.

19. 与直线 $2x+4y+5=0$ 垂直的直线的斜率是_____.

20. 已知直线 $y=x+1$ 与直线 $ax+y+1=0$ 垂直，则 a 的值为_____.

21. 点 $A(a,6)$ 到直线 $3x-4y=2$ 的距离等于 4，则 a 的值为_____.

22. 和直线 $3x-4y+5=0$ 关于 x 轴对称的直线方程为_____.

23. 如果直线 $ax+2y+2=0$ 与直线 $3x-y-2=0$ 平行，那么系数 $a=$_____.

24. 若方程 $x^2+y^2-4x+6y-m=0$ 表示圆，则 m 的取值范围是_____.

25. 以点 $(2,-3)$ 为圆心，且与直线 $x+y-1=0$ 相切的圆的方程为_____.

26. 过原点，且与圆 $(x-2)^2+y^2=1$ 相切的直线的斜率为_____.

27. 已知圆的方程 $x^2+y^2+nx+my-6=0$，且圆心为 $(4,8)$，则 $m+n=$_____.

28. 已知点 $M(2,-1)$ 和 $N(0,-3)$，则以线段 MN 为直径的圆的方程为_____.

29. 已知直线 $mx-y+3=0$ 与圆 $(x-1)^2+(y-2)^2=4$ 相交于 A，B 两点，且 $AB=2\sqrt{3}$，则 $m=$_____.

30. 已知直线 $y=2x+b$ 与圆 $x^2+y^2=9$ 没有交点，则 b 的取值范围是_____.

三、解答题(本题共 7 个小题，共 45 分)

31. (6 分)已知直线 l 过直线 $x-y+2=0$ 和 $2x+y+1=0$ 的交点，且与直线 $x-3y+2=0$ 垂直，求直线 l 的方程.

32.（5分）直线 l 经过原点，且点 $M(5,0)$ 到直线 l 的距离等于3，求直线 l 的方程.

33.（7分）已知直线 $l：6x-y+1=0$.
(1)若平行于 l 的直线 m 经过点 $A(-1,-4)$，求 m 的方程；
(2)若 l 与直线 $y=4x+b$ 的交点在第二象限，求 b 的取值范围.

34.（5分）光线从点 $M(-2,3)$ 射到点 $P(1,0)$ 然后被 x 轴反射，求反射光线所在直线的方程.

35.（7分）求圆心在 x 轴上，且经过 $A(1,-2)$，$B(2,3)$ 两点的圆的标准方程.

36.(7分)求垂直于直线 $x+y-3=0$ 且与圆 $x^2+y^2-6x-4y+5=0$ 相切的直线方程.

37.(8分)求过圆 $(x-1)^2+(y-1)^2=1$ 外一点 $P(2,4)$ 的切线方程.

第7章 简单几何体

知识导图

```
                    ┌──→ 棱柱
         ┌─ 多面体 ─┼──→ 直观图的画法
         │          └──→ 棱锥
简单几何体┤
         │          ┌──→ 圆柱
         ├─ 旋转体 ─┼──→ 圆锥
         │          └──→ 球
         └─ 简单几何体的三视图
```

7.1 多面体

【学习目标导航】

1. 了解多面体中棱柱、棱锥的结构特征、性质.

2. 掌握棱柱、棱锥的表面积、体积的求法,并能应用投射原理画简单几何体的直观图.

3. 培养空间想象能力、逻辑推理能力和运算能力,体会数学知识在实际问题中的应用.

第7章 简单几何体

7.1.1 棱柱

【知识要点预习】

1. 直棱柱的侧面积为_____.
2. 直棱柱的表面积为_____.
3. 直棱柱的体积为_____.

【知识要点梳理】

一、棱柱的概念

有两个面互相平行，其余面都是平行四边形的多面体称为棱柱．

两个互相平行的面称为棱柱的底面，其余的面称为棱柱的侧面．两个侧面的公共边称为棱柱的侧棱．侧棱与底面的交点称为棱柱的顶点．不在同一平面上的两个顶点的连线称为棱柱的对角线．两个底面间的距离称为棱柱的高．

①要注意的是，棱柱的底面可以是三角形、四边形、五边形……这样的棱柱分别叫三棱柱、四棱柱、五棱柱……

②底面是平行四边形的四棱柱称为平行六面体；侧棱垂直于底面的棱柱称为直棱柱；侧棱不垂直于底面的棱柱称为斜棱柱；底面为正多边形的直棱柱称为正棱柱；底面是矩形的直棱柱叫作长方体；棱长都相等的长方体叫作正方体．

二、正棱柱的性质

1. 两个底面是平行且全等的正多边形．
2. 侧面都是全等的矩形．
3. 侧棱互相平行并垂直于底面，各侧棱都相等，侧棱与高相等．

三、直棱柱的面积与体积

1. 直棱柱的侧面积为：$S_{直棱柱侧} = ch$.
2. 直棱柱的表面积为：$S_{直棱柱表} = ch + S_{底}$.
3. 直棱柱的体积为：$V_{直棱柱} = S_{底} h$.

棱柱、棱锥的表面积等于侧面积与底面面积的和．

【知识盲点提示】

1. 四棱柱的特殊情形比较多，分类比较复杂，须从定义入手，弄清各自的特征及相互之间的区别，可结合下表理解：

几何体	侧棱与底面的关系	底面四边形的形状
四棱柱	相交	任意
直四棱柱	垂直	任意
正四棱柱	垂直	正方形
平行六面体	相交	平行四边形

续表

几何体	侧棱与底面的关系	底面四边形的形状
长方体	垂直	矩形
正方体	垂直	正方形

2. 体对角线是连接棱柱上下底面、不在同一侧面的两顶点的连线．长方体体对角线的公式是：$S=\sqrt{a^2+b^2+c^2}$，其中，S 表示长方体对角线的长度；a 表示长方体的长；b 表示长方体的宽；c 表示长方体的高．

【课堂基础训练】

一、选择题

1. 下列几何体中，棱柱有( )个.

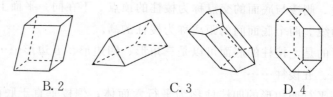

    A. 1   B. 2   C. 3   D. 4

2. 下列说法中正确的有( )个.

(1)棱柱的各个侧面都是平行四边形；(2)一个 $n(n\geqslant 3)$ 棱柱共有 $2n$ 个顶点；(3)棱柱的两个底面是全等的多边形；(4)如果棱柱有一个侧面是矩形，则其余各侧面也都是矩形．

    A. 1   B. 2   C. 3   D. 4

3. 棱柱的侧棱( ).

    A. 相交于一点   B. 平行但不相等

    C. 平行且相等   D. 可能平行也可能相交于一点

4. 下列说法中正确的是( ).

    A. 所有的棱柱都有一个底面   B. 棱柱的顶点至少有 6 个

    C. 棱柱的侧棱至少有 4 条   D. 棱柱的棱至少有 4 条

5. 设 $M=${正四棱柱}，$N=${长方体}，$P=${直四棱柱}，$Q=${正方体}，这些集合的关系是( ).

    A. $Q\subseteq M\subseteq N\subseteq P$ B. $M\subseteq Q\subseteq N\subseteq P$

    C. $P\subseteq M\subseteq N\subseteq Q$ D. $Q\subseteq N\subseteq M\subseteq P$

6. 一个直棱柱的底面周长为 8，侧棱长为 6，则这个直棱柱的侧面积等于( ).

    A. 96   B. 48   C. 24   D. 12

二、填空题

7. 已知正方体的棱长为 1，则它的对角线为_____.

8. 正方体的体积为 $64\ cm^3$，则它的全面积为_____.

9. 正六棱柱的高为 5 cm，最长的对角线长为 13 cm，则它的侧面积为_____.

10. 已知正四棱柱底面边长为 3 cm，高为 5 cm，则体积为_____．

三、解答题

11. 已知正方体的对角线长为 $3\sqrt{3}$ cm，求它的棱长．

12. 图所示是由 18 个边长为 1 cm 的小正方体拼成的几何体，求此几何体的表面积．

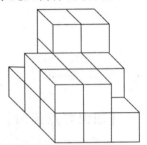

【课堂拓展训练】

一、选择题

1. 下列命题中正确的是(　　)．
   A. 四棱柱是平行六面体
   B. 直平行六面体是长方体
   C. 六个面都是矩形的六面体是长方体
   D. 底面是矩形的四棱柱是长方体

2. 下列四个命题中：①底面是矩形的平行六面体是长方体；②棱长相等的直四棱柱是正方体；③有两条侧棱都垂直于底面一边的平行六面体是直平行六面体；④对角线相等的平行六面体是直平行六面体．真命题的个数是(　　)．
   A. 1　　　　B. 2　　　　C. 3　　　　D. 4

3. 斜四棱柱侧面最多可有几个面是矩形？(　　)
   A. 0 个　　　B. 1 个　　　C. 2 个　　　D. 3 个

4. 已知以长方体的一个顶点为端点的三条棱长为 a, b, c，其中 $a=4, b=5, c=7$，则它的对角线长为(　　)．
   A. 6　　　　B. $5\sqrt{2}$　　　C. $3\sqrt{10}$　　　D. 9

二、填空题

5. 长方体对角线长为 $5\sqrt{2}$，长、宽、高的比为 $3:2:1$，则长方体表面积为_____．

6. 已知长方体的长是 12，宽是 9，高是 8，则长方体的对角线长是_____．

三、解答题

7. 一个正四棱柱的底面边长为 1，侧棱长为 2，求该四棱柱的表面积和体积．

8. 长方体表面积是 24 cm，所有棱长的和为 24 cm，求该长方体的对角线长．

7.1.2 直观图的画法

【知识要点预习】

画平面图形或者空间图形直观图的方法称为_____．

【知识要点梳理】

一、用斜二测画法画平面图形的直观图的步骤

1. 在已知图形中取互相垂直的两条直线作 x 轴和 y 轴，两轴相交于点 O．画直观图时，把它们画成对应的 x' 轴与 y' 轴，两轴交于点 O'，且使 $\angle x'O'y' = 45°$（或 $135°$），它们确定的平面表示水平面．

2. 已知图形中平行于 x 轴或 y 轴的线段，在直观图中分别画成平行于 x' 轴或 y' 轴的线段；已知图形中平行于 x 轴的线段，在直观图中保持原长度不变，平行于 y 轴的线段，长度为原来的一半．

3. 对照平面图，在直观图上找到相应的端点并逐一连接，最后擦去 x' 轴、y' 轴及其他辅助线．

二、用斜二测画法画空间图形的直观图的步骤

1. 画底面，这时使用平面图形的斜二测画法即可．

2. 画 z' 轴，z' 轴过点 O'，且与 x 轴的夹角为 $90°$，并画出高线（与原图高线相等，画正棱柱时只需要画侧棱即可），连线成图．

3. 擦去辅助线，被遮挡部分用虚线表示或者不画．

①用斜二测画法画水平放置的平面图形的直观图的步骤：建系、定点、连线成图．选取适当的坐标系是关键，一般要使得平面多边形尽可能多的顶点在坐标轴上，以便于画点；原图中的共线点，在直观图中仍是共线点，原图中的平行线，在直观图中仍是平行线．

第7章 简单几何体

②空间几何体的直观图的画法步骤：画轴、画底面、画高、成图．空间几何体的直观图的画法规则比平面图形直观图的画法规则只是多了一个 z 轴和它的平行射影 z' 轴，并且使平行于 z' 轴的线段的平行性和长度都不变．

③较复杂的几何体，可以看作由简单的几何体经过切割或组合而成，所以它们的直观图也可以看作由简单的几何体的直观图经过切割或组合而成．

【知识盲点提示】

斜二测画法保持平行性和相交性不变，即平行直线的直观图还是平行直线，相交直线的直观图还是相交直线．但是斜二测画法中平行于 y 轴的线段，在直观图中长度为原来的一半．直观图画法可概括为"横不变，纵折半"．

【课堂基础训练】

一、选择题

1. 在直角坐标系中，点 A 的坐标为 $(2, -4)$，则它在直观坐标系中的坐标为( )．
   A. $(1, -4)$ B. $(1, -2)$ C. $(2, -2)$ D. $(2, 0)$

2. 关于"斜二测画法"，下列说法中不正确的是( )．
   A. 原图形中平行于 x 轴的线段，其对应线段平行于 x' 轴，长度不变
   B. 原图形中平行于 y 轴的线段，其对应线段平行于 y' 轴，长度变为原来的一半
   C. 在画与直角坐标系 xOy 对应的 $x'O'y'$ 时，$\angle x'O'y'$ 必须是 $45°$
   D. 在画直观图时，由于选轴的不同，所得的直观图可能不同

3. 已知一个正方形的直观图是一个平行四边形，其中有一边长为 4，则此正方形的面积是( )．
   A. 16   B. 64   C. 16 或 64   D. 都不对

二、填空题

4. 利用斜二测画法画直观图时：
①三角形的直观图是三角形；②平行四边形的直观图是平行四边形；③正方形的直观图是正方形；④菱形的直观图是菱形．
   以上结论中，正确的是_____．

5. 一个三角形用斜二测画法画出来的直观图是边长为 2 的正三角形，则原三角形的面积是_____．

三、解答题

6. 画出一个底面边长为 2 cm，高为 2 cm 的正三棱柱的直观图．

【课堂拓展训练】

一、选择题

1. 如图所示，△$A'B'C'$ 是△ABC 的水平放置的直观图，$A'B' \parallel y'$ 轴，则△ABC 是（　　）.

    A. 钝角三角形
    B. 锐角三角形
    C. 直角三角形
    D. 等边三角形

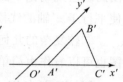

2. 下列说法中正确的是（　　）.

    A. 相等的线段在直观图中仍然相等
    B. 若两条线段平行，则在直观图中对应的两条线段仍然平行
    C. 两个全等三角形的直观图一定也全等
    D. 两个图形的直观图是全等的三角形，则这两个图形一定是全等三角形

3. 如图所示，△$O'A'B'$ 是△OAB 的水平放置的直观图，其中 $O'A'=O'B'=2$，则△OAB 的面积是（　　）.

    A. $\dfrac{\sqrt{2}}{2}$ B. 1
    C. 4   D. 8

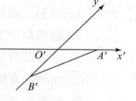

二、填空题

4. 如图所示，已知△ABC 的平面直观图△$A'B'C'$ 是腰长为 a 的等腰直角三角形，那么原△ABC 的面积为_____.

5. 一个水平放置的平面图形的直观图是一个底角为 $45°$，腰和上底长均为 1 的等腰梯形，则该平面图形的面积等于_____.

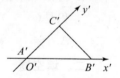

三、解答题

6. 画水平放置的正六边形的直观图.

7.1.3 棱锥

【知识要点预习】

1. 正棱锥的侧面积为_____.
2. 正棱锥的表面积为_____.
3. 正棱锥的体积为_____.

第7章 简单几何体

【知识要点梳理】

一、棱锥的概念

1. 如果一个多面体有一个面是多边形，其余各面都是有一个公共顶点的三角形，那么这个多面体就叫作棱锥．

2. 这个多边形称为棱锥的底面（简称底），其余各面称为棱锥的侧面；各侧面的公共点称为棱锥的顶点；相邻侧面的公共边称为棱锥的侧棱；顶点到底面的距离称为棱锥的高．

①注意棱锥的分类．类似于棱柱，底面为三角形、四边形、五边形……的棱锥分别称为三棱锥、四棱锥、五棱锥……，并分别记作棱锥 $P-ABC$、棱锥 $P-ABCD$、棱锥 $P-ABCDE$ 等．

②如果棱锥被平行于底面的平面所截，则所得的截面与底面相似，截面面积与底面面积的比等于顶点到截面距离的平方和棱锥高平方的比．

③底面是正多边形，顶点在底面内的投影是底面中心的棱锥称为正棱锥．正棱锥侧面三角形的高称为棱锥的斜高．

二、正棱锥的性质

1. 各条侧棱相等，斜高相等，侧面是全等的等腰三角形．

2. 顶点到底面中心的连线垂直于底面，是正棱锥的高．

3. 正棱锥的高、斜高和斜高在底面上的投影构成一个直角三角形，正棱锥的高、侧棱、侧棱在底面的投影构成一个直角三角形．

三、正棱锥的面积与体积

1. 正棱锥的侧面积为：$S_{正棱锥侧} = \frac{1}{2}ch'$．

2. 正棱锥的表面积为：$S_{正棱锥表} = \frac{1}{2}ch' + S_{底}$．

3. 正棱锥的体积为：$V_{直棱柱} = \frac{1}{3}S_{底}h$．

【知识盲点提示】

1. 判断一个几何体是否是棱锥，关键是紧扣棱锥的三个本质特征：．
(1)有一个面是多边形；(2)其余各面是三角形；(3)这些三角形有一个公共顶点．
这三个特征缺一不可．

2. 对于底面积和高都相等的棱柱与棱锥，棱锥的体积是棱柱体积的 $\frac{1}{3}$．

【课堂基础训练】

一、选择题

1. 下列棱锥中有 6 个面的是（　　）．
　　A. 三棱锥　　　　B. 四棱锥　　　　C. 五棱锥　　　　D. 六棱锥

2. 棱锥的底面和侧面都可以是(　　).

　　A. 三角形　　　　B. 四边形　　　　C. 五边形　　　　D. 六边形

3. 八棱锥的侧面个数是(　　).

　　A. 8　　　　　　B. 9　　　　　　　C. 10　　　　　　D. 11

4. 一个棱锥至少有(　　)个面,面数最少的棱锥有(　　)个顶点,有(　　)条棱.

　　A. 4;4;4　　　　B. 4;4;3　　　　　C. 3;4;6　　　　　D. 4;4;6

5. 有两个面平行的多面体不可能是(　　).

　　A. 棱柱　　　　　B. 棱锥　　　　　　C. 棱台　　　　　　D. 长方体

6. 若一个棱锥被平行于底面的平面所截,其截面面积与底面积的比为1∶4,则锥体被截面截得的一个小棱锥的高与原棱锥的高之比为(　　).

　　A. 1∶4　　　　　B. 1∶2　　　　　　C. 1∶1　　　　　　D. 1∶8

二、填空题

7. 已知正四棱锥底面边长为 2 cm,高为 3 cm,则其斜高为_____.

8. 棱长都是1的三棱锥的表面积为_____.

9. 已知正三棱锥的底面边长为 2,侧棱长为 4,则其侧面积为_____.

10. 下列说法中错误的是_____.

(1)有一个面是多边形,其余各面都是三角形的几何体是棱锥.

(2)正棱锥的侧面是等边三角形.

(3)正棱锥的底面是等边三角形,侧面都是等腰三角形.

三、解答题

11. 正三棱锥的侧棱等于 10 cm,侧面积等于 144 cm²,求棱锥的底面边长和斜高.

12. 若正三棱锥的侧棱与底面边长都为 a,求该棱锥的高.

第7章 简单几何体

【课堂拓展训练】

一、选择题

1. 一个棱长都等于1的正四棱锥，它的体积等于(　　).

   A. $\dfrac{\sqrt{2}}{6}$　　B. $\dfrac{\sqrt{3}}{6}$　　C. $\dfrac{\sqrt{2}}{4}$　　D. $\dfrac{\sqrt{3}}{4}$

2. 下列四个命题中：
   ①直平行六面体就是长方体；②有两个相邻的侧面都是矩形的棱柱是直棱柱；③有一个面是多边形，其余各面是三角形的几何体是棱锥；④底面是正方形的棱柱是正棱柱.
   正确的个数是(　　).

   A. 1　　B. 2　　C. 3　　D. 4

3. 若正四棱锥的侧面是正三角形，则它的高与底面边长之比为(　　).

   A. 1∶2　　B. 2∶1　　C. $\sqrt{2}$∶1　　D. 1∶$\sqrt{2}$

4. 把一个三棱锥的各棱都增大到原来的2倍，那么它的体积增大的倍数是(　　).

   A. 2　　B. 4　　C. 6　　D. 8

5. 关于棱锥，下列说法中不正确的是(　　).

   A. 底面是任意多边形　　　　B. 侧面都是三角形
   C. 侧棱长都相等　　　　　　D. 侧棱都相交于一点

6. 正四棱锥的侧棱及底面边长都为2，则这个棱锥侧面积为(　　).

   A. 4　　B. 8　　C. $4\sqrt{3}$　　D. $4(1+\sqrt{3})$

二、填空题

7. 三棱锥的三条侧棱两两垂直且长度为1 cm、2 cm、3 cm，则此棱锥的体积为_____.

8. 棱锥的中截面(过棱锥高的中点且与高垂直的截面)将棱锥的侧面分成两部分，这两部分的面积比为_____.

9. 已知棱锥被平行于底面的截面分成上、下体积相等的两部分，则截面把棱锥的侧棱分成上、下两线段的比为_____.

三、解答题

10. 如图所示，正四棱锥 $S-ABCD$ 的底面边长是4 cm，侧棱长是8 cm，求：这个棱锥的高 SO 和斜高 SE.

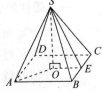

11. 设计一个正四棱锥型冷水塔塔顶,高是 0.85 m,底面的边长是 1.5 m,制造这种塔顶需要多少平方米铁板?(结果保留两位小数)

7.2 旋转体

【学习目标导航】

1. 了解圆柱、圆锥、球的有关概念,理解圆柱、圆锥的侧面展开图.
2. 掌握圆柱、圆锥的侧面积公式,理解圆柱、圆锥的体积公式,了解球的侧面积及体积公式,并能应用公式解决有关问题.
3. 培养和提升学生直观想象和数学运算等核心素养.

7.2.1 圆柱

【知识要点预习】

1. 以矩形的一条边所在的直线为旋转轴,其余各边绕轴旋转所形成的封闭几何体称为_____,旋转轴称为圆柱的轴,垂直于轴的边旋转形成的圆面称为圆柱的_____,平行于轴的边称为圆柱的_____,母线旋转而成的曲面称为圆柱的_____,两个底面圆心之间的距离称为圆柱的_____.

2. 圆柱的性质:

(1)两个底面是半径相等且_____的圆,平行于底面的横截面是与_____相同的圆.

(2)母线_____且相等,都等于圆柱的_____.

(3)过轴的截面(轴截面)是长为圆柱的_____、宽为底面的_____的矩形.

3. 圆柱的高为 h,底面半径为 r,则该圆柱的侧面积为_____,表面积为_____,体积为_____.

【知识要点梳理】

一、圆柱的性质

1. 两个底面是半径相等且平行的圆,平行于底面的横截面是与底面相同的圆.
2. 母线平行且相等,都等于圆柱的高.
3. 过轴的截面(轴截面)是长为圆柱的高、宽为底面的直径的矩形.

二、圆柱的表面积及体积公式

1. 圆柱的表面积公式 $S_{圆柱}=2\pi r^2+2\pi rl$.

第7章 简单几何体

2. 圆柱的体积公式 $V_{圆柱} = Sh = \pi r^2 h$.

【知识盲点提示】

1. 运用圆柱的轴截面解决问题时，注意轴截面的宽是圆柱底面的直径，而非半径.
2. 圆柱面积求解时，注意题目要求，看清要求的是表面积还是侧面积.

【课堂基础训练】

一、选择题

1. 下列图形中是圆柱的是(　　).

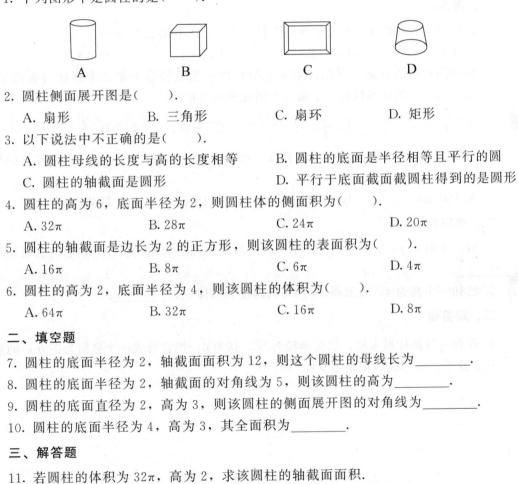

2. 圆柱侧面展开图是(　　).

　　A. 扇形　　　　B. 三角形　　　　C. 扇环　　　　D. 矩形

3. 以下说法中不正确的是(　　).

　　A. 圆柱母线的长度与高的长度相等　　B. 圆柱的底面是半径相等且平行的圆

　　C. 圆柱的轴截面是圆形　　　　　　　D. 平行于底面截面截圆柱得到的是圆形

4. 圆柱的高为6，底面半径为2，则圆柱体的侧面积为(　　).

　　A. 32π　　　　B. 28π　　　　C. 24π　　　　D. 20π

5. 圆柱的轴截面是边长为2的正方形，则该圆柱的表面积为(　　).

　　A. 16π　　　　B. 8π　　　　C. 6π　　　　D. 4π

6. 圆柱的高为2，底面半径为4，则该圆柱的体积为(　　).

　　A. 64π　　　　B. 32π　　　　C. 16π　　　　D. 8π

二、填空题

7. 圆柱的底面半径为2，轴截面面积为12，则这个圆柱的母线长为_____.

8. 圆柱的底面半径为2，轴截面的对角线为5，则该圆柱的高为_____.

9. 圆柱的底面直径为2，高为3，则该圆柱的侧面展开图的对角线为_____.

10. 圆柱的底面半径为4，高为3，其全面积为_____.

三、解答题

11. 若圆柱的体积为32π，高为2，求该圆柱的轴截面面积.

12. 若圆柱的底面半径为 3, 侧面展开图面积为 32π, 求该圆柱的表面积.

【课堂拓展训练】

一、选择题

1. 圆柱的高和底面半径相等, 则该圆柱的表面积和体积之比为( ).

   A. 1∶1　　　　B. 1∶2　　　　C. 2∶1　　　　D. 4∶1

2. 两个圆柱体的高是一样的, 第一个圆柱的底面直径等于第二个圆柱的底面半径, 那么第一个圆柱的侧面积是第二个圆柱的侧面积的( ).

   A. $\dfrac{1}{2}$　　　　B. $\dfrac{1}{4}$　　　　C. $\dfrac{1}{6}$　　　　D. $\dfrac{1}{8}$

3. 一根长 4 m 的圆柱钢管, 平均分成三段, 表面积增加了 24 dm², 则此圆柱的体积是( ).

   A. 160 dm²　　　　B. 240 dm²　　　　C. 16 dm²　　　　D. 24 dm²

二、填空题

4. 有一个高为 1, 底面半径为 3 的圆柱, 沿上下圆心的连线切开后, 它的表面积增加了_____.

5. 已知一个高为 4, 底面周长为 8π 的圆柱, 其体积为_____.

三、解答题

6. 现有一段圆柱形木材, 底面半径为 $\sqrt{2}$, 高为 6, 把它削成一个底面为正方形的最大长方体, 这个长方体的体积是多少?

7. 圆柱的轴截面是边长为 4 的正方形, 求其侧面积和体积.

7.2.2 圆锥

【知识要点预习】

1. 以直角三角形的一条直角边所在直线为轴，其余各边绕轴旋转形成的封闭几何体称为_____，这条轴称为圆锥的轴，另一条直角边旋转所形成的圆面称为圆锥的_____，斜边旋转而成的曲面称为圆锥的_____，这条斜边称为圆锥的母线，母线与轴的交点称为顶点，顶点到底面圆心的距离称为圆锥的_____.

2. 圆锥的性质：

(1) 平行于底面的截面都是_____；

(2) 高垂直于底面圆，且过_____；

(3) 轴截面为_____三角形，高为圆锥的高，腰为圆锥的母线，底边是底面圆的_____.

3. 圆锥的高为 h，底面半径为 r，母线为 l，则该圆锥的侧面积为_____，表面积为_____，体积为_____.

【知识要点梳理】

一、圆锥的性质

1. 平行于底面的截面都是圆.

2. 高垂直于底面圆，且过圆心.

3. 轴截面为等腰三角形，高为圆锥的高，腰为圆锥的母线，底边是底面圆的直径.

二、圆锥的表面积及体积公式

1. 圆锥的表面积公式 $S_{圆锥侧} = \pi r l + \pi r^2$.

2. 圆锥的体积公式 $V_{锥体} = \dfrac{1}{3} Sh$.

【知识盲点提示】

1. 运用圆锥的轴截面解决问题时，注意轴截面是等腰三角形，底边是底面圆的直径，而非半径.

2. 等腰三角形的底边的高线、垂直平分线、顶角的角平分线三线合一.

3. 圆锥面积求解时，注意题目要求，看清要求的是表面积还是侧面积，侧面积公式中的 l 为圆锥母线长.

4. 扇形的圆心角为 $n°$，半径为 l，则扇形的弧长为 $\dfrac{n°}{180°} \pi l$.

5. 圆锥侧面展开图（扇形）的弧长等于它的底面周长.

【课堂基础训练】

一、选择题

1. 给出下列三个命题：

①圆锥的轴截面都是全等的等腰三角形；②圆锥的母线长等于圆锥的高；③圆锥的高垂直于底面，其经过底面圆心．其中正确命题的个数是（　　）．

A. 0 　　　　　　B. 1 　　　　　　C. 2 　　　　　　D. 3

2. 圆锥的轴截面是（　　）．

   A. 扇形 　　　　B. 三角形 　　　C. 扇环 　　　　D. 矩形

3. 以下说法中不正确的是（　　）．

   A. 以直角三角形的一条直角边所在的直线为轴旋转一周所围成的封闭几何体为圆锥

   B. 圆锥的侧面展开图是以圆锥的母线为半径的扇形

   C. 同底等高的圆柱与圆锥体积相等

   D. 平行于底面的截面截圆锥得到的是圆形

4. 等腰直角三角形绕它的斜边所在的直线旋转一周形成的曲面围成的几何体是（　　）．

   A. 圆柱 　　　　　　　　　　　　B. 圆锥

   C. 共底面的圆柱和圆锥的组合体　　D. 两个共底面的圆锥的组合体

5. 已知圆锥的母线长为 2，底面半径为 1，则圆锥的高为（　　）．

   A. 1 　　　　　B. $\sqrt{3}$ 　　　　C. 2 　　　　　D. 3

6. 圆锥的高为 3，底面半径为 1，则该圆柱的体积为（　　）．

   A. $\dfrac{\pi}{3}$ 　　　　B. π 　　　　C. 3π 　　　　D. 9π

二、填空题

7. 圆锥的底面半径为 2，母线为 6，则这个圆锥的表面积为_____．

8. 圆锥的底面半径为 1，轴截面的面积为 4，则该圆锥的体积为_____．

9. 已知圆锥的半径为 3，母线为 4，则该圆锥的侧面展开图的圆心角为_____．

10. 已知圆锥底面圆的半径不变，高扩大到原来的 2 倍，体积扩大到原来的_____倍．

三、解答题

11. 若圆锥的轴截面是边长为 2 的等边三角形，求圆锥的侧面积及体积．

12. 李师傅打算将圆柱形钢管熔铸成一个与该圆柱等高的圆锥形零件，求该圆锥的半径为圆柱的多少倍．

第7章 简单几何体

【课堂拓展训练】

一、选择题

1. 圆锥的侧面展开图是一个弧长为 2π 的半圆,则圆锥的侧面积为(　　).

   A. π　　　　B. 2π　　　　C. 3π　　　　D. 4π

2. 已知圆柱的底面半径是与其等高的圆锥底面半径的 2 倍,则 $V_{圆柱}:V_{圆锥}=$(　　).

   A. $3:1$　　　B. $6:1$　　　C. $9:1$　　　D. $12:1$

3. 圆锥的轴截面是直角边为 1 的直角三角形,则这个圆锥的侧面积为(　　).

   A. $\dfrac{\sqrt{2}}{2}\pi$　　B. $\sqrt{2}\pi$　　C. π　　D. π

二、填空题

4. 已知圆锥的侧面积为 5π,侧面展开图的圆心角为 $72°$,则此圆锥的表面积为_____.

5. 已知圆锥的轴截面为等边三角形,其面积为 $\dfrac{\sqrt{3}}{4}$,则圆锥的底面半径为_____.

三、解答题

6. 已知圆锥的底面半径为 2,高为 $\sqrt{2}$,该圆锥内接一正方体,则此正方体的棱长是多少?

7. 圆锥的母线长为 12 cm,母线与轴的夹角为 $30°$,求这个圆锥的侧面积和体积.

7.2.3　球

【知识要点预习】

1. 一个半圆绕着它的直径所在的直线旋转一周,半圆弧线所形成的曲面称为_____;球面所围成的几何体称为_____,简称球;半圆的圆心称为_____;连接球心和球面上任意一点的线段称为球的_____,通常用球心字母表示球,例如,球心为 O 的球记为球 O.

2. 用一个平面去截球，截面是圆面，这个圆面称为球截面，经过球心的平面截球所得的圆称为球的_____，不经过球心的平面截球所得的圆称为球的_____.

3. 当球截面不经过球心时，球及球截面具有下列性质：

(1) 球截面的圆心与球心的连线_____于球截面；

(2) 设球心到球截面圆心的连线的长为 d，球的半径为 R，球截面的半径为 r，则有_____.

4. 当球的半径为 R 时，则球的表面积为_____，体积为_____.

【知识要点梳理】

一、球的性质

当球截面不经过球心时，球及球截面具有下列性质：

1. 球截面的圆心与球心的连线垂直于球截面.

2. 设球心到球截面圆心的连线的长为 d，球的半径为 R，球截面的半径为 r，则有 $r=\sqrt{R^2+d^2}$.

二、球的表面积及体积公式

1. 球的表面积公式 $S_{球}=4\pi R^2$.

2. 球的体积公式 $V_{球}=\dfrac{4}{3}\pi R^3$.

【知识盲点提示】

1. 若球是正方体内切球，则球的直径等于该正方体的边长，即 $a=2R$；若球是正方体外接球，则球的直径等于正方体的体对角线，即 $\sqrt{3}a=2R$.

2. 求解球的表面积和体积时，注意球的表面积公式为 $S_{球}=4\pi R^2$，体积公式为 $V_{球}=\dfrac{4}{3}\pi R^3$.

【课堂基础训练】

一、选择题

1. 给出下列三个命题：①到定点的距离等于定长的点的集合是球；②球任意两个大圆的交点连线为球的直径；③球面是由半圆绕其直径旋转一周所围成的曲面；④任意平面截球得到的截面一定是圆面．其中正确命题的个数为( ).

   A. 1   B. 2   C. 3   D. 4

2. 过球面上任意两点，可以作大圆的个数是( ).

   A. 1个   B. 2个   C. 无数个   D. 1个或无数个

3. 半径为2的球的表面积是( ).

   A. 4π B. 16π C. $\dfrac{16\pi}{3}$ D. $\dfrac{32\pi}{3}$

4. 球半径为 10 cm，截面圆周长为 $16\pi\text{ cm}$，则球心到截面圆心的距离为( ).

A. 6 cm　　　　B. 8 cm　　　　C. 3 cm　　　　D. 4 cm

5. 球面上两点 A、B 在球面上的最短距离是(　　).

   A. 线段 AB 的长度

   B. 过 A、B 间的截面，以 A、B 两点为端点的劣弧的长

   C. 在该球面上 A、B 两点间一段劣弧的长

   D. 在该球面上 A、B 两点间一段优弧的长

6. 正方体的内切球和外接球的半径之比为(　　).

   A. $\sqrt{3}:1$　　　B. $\sqrt{3}:2$　　　C. $2:\sqrt{3}$　　　D. $\sqrt{3}:3$

二、填空题

7. 已知一个球的表面积为 36π，则该球的体积为_____.

8. 若体积为 8 的正方体内接于球，则球的表面积为_____.

9. 正方体的内切球的表面积为 2π，则正方体的表面积为_____.

10. 球的表面积变为原来的 2 倍，则其体积变为原来的_____倍.

三、解答题

11. 球的半径为 4，过球的半径中点作垂直于这条半径的截面，求该截面的半径.

12. 已知一圆锥的母线长为 10 cm，底面圆半径为 6 cm. 若圆锥内有一球，球与圆锥的底面及圆锥的所有母线都相切，求球的表面积.

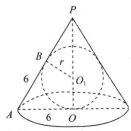

【课堂拓展训练】

一、选择题

1. 两个半径为 2 的铁球，先将其熔铸成半径为 2 的圆锥，则圆锥的高为( ).
   A. 4　　　　　B. 8　　　　　C. 16　　　　　D. 24

2. 球的半径为 3，过球面上任意两点的截面圆中，最大面积是( ).
   A. 9π　　　B. 6π　　　C. 36π　　　D. 18π

3. 两个球的半径之比为 3∶1，则其体积之比为( ).
   A. 3∶1　　　B. 6∶1　　　C. 9∶1　　　D. 27∶1

二、填空题

4. 正方体的内切球的表面积为 2π，则正方体的表面积为_____.

5. 半径为 5 的球被两个平行的平面所截，若两个截面圆的面积分别是 16π、9π，则这两个平行平面间的距离是_____.

三、解答题

6. 已知一个半圆的表面积为 6π，求这个半圆的体积.

7. 已知球的体积为 $\dfrac{500\pi}{3}$，求它的表面积.

7.3 简单几何体的三视图

【学习目标导航】

1. 了解平行投影和三视图的初步知识，能画出基本几何体、简单组合体(柱、锥、球的简易组合)的三视图.
2. 能根据三视图描述基本几何体、简单组合体或实物原型.

【知识要点预习】

1. 从物体的正面向后所得的视图，得到的图形称为几何体的_____.
2. 从物体的左面向右所得的视图，得到的图形称为几何体的_____.
3. 从物体的上面向下所得的视图，得到的图形称为几何体的_____.

第7章 简单几何体

【知识要点梳理】

一、三视图的概念

1. 主视图、左视图和俯视图统称为三视图.
2. 主视图反映物体的正面、背面形状以及物体的长度和高度.
3. 左视图反映物体的左、右侧面形状以及物体的高度与宽度.
4. 俯视图反映物体的顶面、底面形状以及物体的长度与宽度.

二、简单组合体的三视图的画法

1. 简单组合体一般分为叠加型和切割型两种.
2. 画叠加型组合体的三视图时,先将组合体分成若干个简单几何体,分别画出每个简单几何体的三视图,然后再按它们的位置合并起来.
3. 画切割型组合体的三视图时,先画切割型的简单几何体的三视图,然后按照切掉部分的位置和形状依此画出切割后的三视图,如果切割处的轮廓线投影被遮挡,应画成虚线.

【知识盲点提示】

画三视图时应遵守的规则:

1. 位置规定:主视图画在左上方位置,左视图画在主视图的右侧,俯视图画在主视图的下方;同一物体放置位置不同,画出的三视图不同.
2. 投影规律:主视图中的长与俯视图中的长相同(长对正),主视图中的高与左视图中的高相同(高平齐),俯视图中的宽与左视图中的宽相同(宽相等).
3. 画线规则:绘制三视图,可见的轮廓线画成实线,不可见的轮廓画成虚线.

【课堂基础训练】

一、选择题

1. 若一个几何体的主视图和左视图都是等腰三角形,俯视图是圆,则这个几何体可能是(　　).

   A. 圆柱　　　　B. 三棱柱　　　　C. 圆锥　　　　D. 球体

2. 已知几何体的三视图如图所示,则该几何体的直观图是(　　).

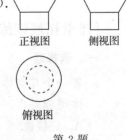

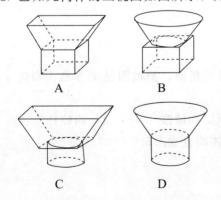

第2题

3. 已知几何体的三视图如图所示，则该几何体的直观图是（　　）.

   A. 三棱锥
   B. 四棱锥
   C. 三棱柱
   D. 四棱柱

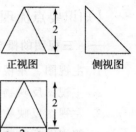

第 3 题

二、填空题

4. 已知空间几何体的主视图、左视图是边长为 2 的正三角形，俯视图是直径为 2 的圆，则该几何体的侧面积是_____.

5. 已知空间几何体的三视图如图所示，则该几何体是_____.

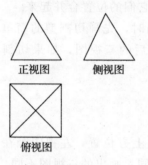

第 5 题

三、解答题

6. 已知几何体的三视图如图所示，求该几何体的体积.

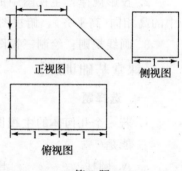

第 6 题

【课堂拓展训练】

一、选择题

1. 若一个几何体的主视图和左视图都是等腰三角形，俯视图是正方形，则这个几何体可能是（　　）.

   A. 三棱锥　　　B. 三棱柱　　　C. 四棱锥　　　D. 四棱柱

2. 已知几何体的三视图如图所示，则该几何体的直观图是（　　）.

第7章 简单几何体

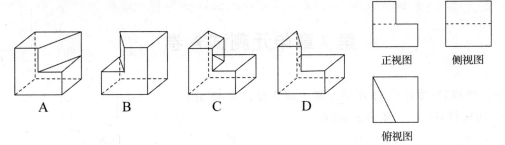

3. 已知几何体的直观图如图所示,则该几何体的侧视图是(   ).

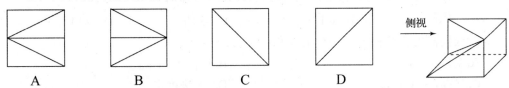

二、填空题

4. 已知空间几何体的三视图如图所示,则该几何体是由_____组合而成的.

5. 已知几何体的三视图如图所示,则它的体积是_____.

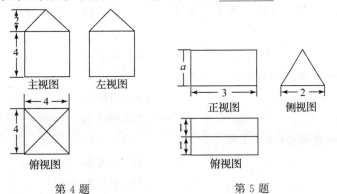

第 4 题   第 5 题

三、解答题

6. 已知几何体的三视图如图所示,求该几何体的表面积.

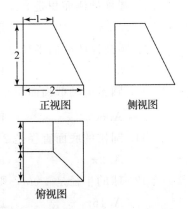

第7章单元测试 A 卷

一、选择题(本题共 15 小题,每小题 3 分,共 45 分)

1. 四棱柱有( )条体对角线.
   A. 2　　　　　B. 4　　　　　C. 6　　　　　D. 8

2. 长方体的边长分别是 1、2、3,则该长方体的对角线长是( ).
   A. $\sqrt{10}$　　　B. $\sqrt{11}$　　　C. $\sqrt{13}$　　　D. $\sqrt{14}$

3. 同底同高的直棱柱与斜棱柱的体积( ).
   A. $V_{直棱柱}=V_{斜棱柱}$　　　　　　B. $V_{直棱柱}>V_{斜棱柱}$
   C. $V_{直棱柱}<V_{斜棱柱}$　　　　　　D. 无法确定

4. 正三棱柱的底面边长是 2,侧棱长是 6,则这个正三棱柱的侧面积是( ).
   A. 48　　　　　B. 36　　　　　C. 24　　　　　D. 12

5. 利用斜二测画法得到:①三角形的直观图是三角形;②平行四边形的直观图是平行四边形;③正方形的直观图是正方形;④菱形的直观图是菱形,以上说法中正确的是( ).
   A. ①④　　　　B. ①②④　　　　C. ①②　　　　D. ①②③

6. 几何体中平面数最少的是( ).
   A. 四棱柱　　　　　　　　　　B. 四棱锥
   C. 三棱柱　　　　　　　　　　D. 三棱锥

7. 正四棱锥的底面是( ).
   A. 矩形　　　　　　　　　　　B. 正方形
   C. 菱形　　　　　　　　　　　D. 平行四边形

8. 圆柱的侧面积是 8π,母线长为 2,则该圆柱的底面半径是( ).
   A. 2π　　　　B. 4π　　　　C. 2　　　　D. 4

9. 圆柱体的底面半径是 2,轴截面为正方形,则这个柱体的体积是( ).
   A. 4π　　　　B. 8π　　　　C. 12π　　　　D. 16π

10. 圆锥的轴截面面积是 9,高是 3,则圆锥的底面直径是( ).
    A. 6　　　　B. 3　　　　C. $6\sqrt{2}$　　　　D. $3\sqrt{2}$

11. 圆锥的底面直径是 2 cm,母线长是 2 cm,则该圆锥的侧面积是( ).
    A. 2π　　　B. 3π　　　C. 2π cm^2　　　D. 3π cm^2

12. 球的半径是 4 cm,则球的表面积是( ).
    A. 16π　　　B. 64π　　　C. 16π cm^2　　　D. 64π cm^2

13. 球的体积是 36π,则这个球的直径是( ).
    A. 10　　　　B. 8　　　　C. 6　　　　D. 4

14. 几何体的主视图和左视图是正方形,俯视图是圆形,则几何体的侧面积与全面积的比值是(　　).

   A. 1∶2　　　　　　　　　　B. 2∶3
   C. 2∶1　　　　　　　　　　D. 3∶2

15. 已知几何体的三视图如图所示,则几何体的底面积为(　　).

   A. 20
   B. 16
   C. 12
   D. 10

二、填空题(本题共 15 小题,每小题 2 分,共 30 分)

16. 正棱柱的侧面都是_____.

17. 长方体的长宽高分别是 1、3、5,则它的对角线长是_____.

18. 正六棱柱的底面边长是 1,高是 2,则它的侧面积是_____.

19. 正四棱柱的体积是 32,高是 8,则该正四棱柱的边长是_____.

20. 斜二测画法中,位于平面直角坐标系中的点 $M(4,4)$,在直观图中的对应点是 M',则点 M' 的坐标是_____.

21. 正三棱锥的边长是 2,则它的表面积是_____.

22. 正四棱锥的底面边长是 2,高是 $\sqrt{2}$,则它的体积是_____.

23. 圆柱的轴截面是边长是 2 的正方形,则这个圆柱的侧面积是_____.

24. 圆柱的底面直径是 4,体积是 12π,则该圆柱的轴截面对角线是_____.

25. 圆柱体的底面半径是 2,轴截面为正方形,则这个柱体的体积是_____.

26. 圆锥的底面半径是 1 cm,母线长是 2 cm,则该圆锥的侧面积是_____.

27. 圆锥的底面直径是 2,轴截面是正三角形,则该圆锥的体积是_____.

28. 同底同高的圆柱与圆锥的体积之比为_____.

29. 球的外切正方体的体积是 1,则球的表面积是_____.

30. 在三视图中,从物体的上面向下所得的视图,得到的图形称为几何体的_____.

三、解答题(本题共 7 小题,共 45 分)

31. (6 分)已知侧棱长是 5 cm,底面积是 16 cm² 的正四棱柱,求正四棱柱的对角线的长及侧面积.

32.（6分）已知长方体的长、宽、高是 5 cm、4 cm、3 cm，试画出该长方体的直观图．

33.（6分）已知棱长为 1 的正方体 $ABCD-A_1B_1C_1D_1$ 如图所示，求三棱锥 $A-A_1BD$ 的高及体积．

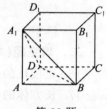

第 33 题

34.（6分）如图所示，正六棱锥底面边长是 1，侧棱长是 2，求正六棱锥的斜高 SH 及侧面积．

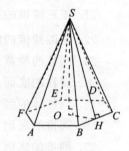

第 34 题

35.（7分）已知扇形所含的中心角为 90°，弦 AB 将扇形分成两部分如图所示，这两部分各以 AO 为轴旋转一周，求旋转体的体积 V_1 和 V_2 的比．

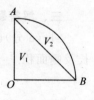

第 35 题

36.（7分）已知球的直径为 4 cm，求球的内接正方体与外切正方体的体积比．

37.（7分）已知几何体的三视图如图所示，求该几何体的表面积及体积．

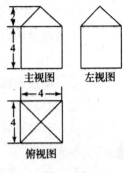

第 37 题

第7章单元测试 B 卷

一、选择题(本题共 15 小题,每小题 3 分,共 45 分)

1. 判断直棱柱、正棱柱、棱柱的关系( ).
   A. 正棱柱⊆直棱柱⊆棱柱　　　　　B. 正棱柱⊆棱柱⊆直棱柱
   C. 直棱柱⊆正棱柱⊆棱柱　　　　　D. 棱柱⊆直棱柱⊆正棱柱

2. 正四棱柱的对角线长 $\sqrt{31}$,高是 3,则正四棱柱的底面积是( ).
   A. $\sqrt{10}$　　　B. $\sqrt{11}$　　　C. $2\sqrt{3}$　　　D. $\sqrt{14}$

3. 正三棱柱的底面边长是 2,侧棱长是 3,则正三棱柱的体积是( ).
   A. $\sqrt{3}$　　　B. $2\sqrt{3}$　　　C. $3\sqrt{3}$　　　D. $4\sqrt{3}$

4. 正方形的直观图是平行四边形,其中有一边长为 2,则此正方形的面积是( ).
   A. 4　　　B. 16　　　C. 4 或 16　　　D. 无法确定

5. 关于"斜二测画法",下列说法中正确的是( ).
   A. 原图形中平行于 x 轴的线段,其对应线段平行于 x' 轴,长度变为原来的一半
   B. 原图形中平行于 y 轴的线段,其对应线段平行于 y' 轴,长度不变
   C. 在画与直角坐标系 xOy 对应的 $x'O'y'$ 时,$\angle x'O'y'$ 必须是 $45°$
   D. 在画直观图时,由于选轴的不同,所得的直观图可能不同

6. 以下几何体中,存在体对角线的是( ).
   A. 三棱柱　　　B. 四棱锥　　　C. 四棱柱　　　D. 五棱锥

7. 正六棱锥的底面边长是 6,高是 5,则正六棱锥的体积是( ).
   A. $90\sqrt{3}$　　　B. $90\sqrt{6}$　　　C. $270\sqrt{3}$　　　D. $270\sqrt{6}$

8. 圆柱的底面积是 4π,母线长是 2,则圆柱的侧面积是( ).
   A. 4π　　　B. 8π　　　C. 4　　　D. 8

9. 圆柱体的轴截面为正方形,其对角线长 $2\sqrt{2}$,则这个柱体的体积是( ).
   A. 2π　　　B. 4π　　　C. 6π　　　D. 8π

10. 圆锥的底面直径是 8,母线长是 5,则圆锥的侧面积是( ).
    A. 20　　　B. 40　　　C. 20π　　　D. 40π

11. 圆锥的轴截面是边长为 2 cm 的正三角形,则圆锥的体积是( ).
    A. $\dfrac{\sqrt{3}\pi}{6}$　　B. $\dfrac{\sqrt{3}\pi}{3}$　　C. $\dfrac{\sqrt{3}\pi}{6}\mathrm{cm}^2$　　D. $\dfrac{\sqrt{3}\pi}{3}\mathrm{cm}^2$

12. 球的直径是 4 cm,则球的表面积是( ).
    A. 16π　　　B. 64π　　　C. $16\pi\ \mathrm{cm}^2$　　　D. $64\pi\ \mathrm{cm}^2$

13. 球的外切正方体的体积是 27,则这个球的体积是( ).
    A. 36π　　　B. 18π　　　C. 9π　　　D. $\dfrac{9\pi}{2}$

14. 同底同高的圆锥与半球的体积比是(　　).
   A. 1∶2　　B. 1∶3　　C. 2∶1　　D. 3∶1

15. 已知几何体的三视图如图所示，则几何体的体积为(　　).
   A. $\dfrac{4}{3}$
   B. $\dfrac{8}{3}$
   C. 4
   D. 8

二、填空题(本题共 15 小题，每小题 2 分，共 30 分)

16. 棱柱的上下底面相互_____.

17. 正棱柱的侧面都是全等的_____.

18. 正三棱柱的底面边长是 1，高是 2，则它的表面积是_____.

19. 正六棱柱的侧面积是 48，高是 4，则正六棱柱的体积是_____.

20. 平面图形的直观图是一个底角为 $45°$，腰为 1 的等腰直角三角形，则该平面图形的面积为_____.

21. 正三棱锥的表面积是 8，则三棱柱侧的面积是_____.

22. 正五棱锥的底面积是 6，高是 $\sqrt{2}$，则它的体积是_____.

23. 圆柱的底面直径是 4，轴截面是正方形，则这个圆柱的侧面积是_____.

24. 圆柱的底面积是 2π，母线长是 2，则圆柱的轴截面对角线是_____.

25. 圆柱体的体积是 16π，底面半径是 2，则这个柱体的母线长是_____.

26. 圆锥的底面半径是 1 cm，高是 $\sqrt{3}$ cm，则该圆锥的侧面积是_____.

27. 圆锥的轴截面是正三角形，则该圆锥的侧面积与表面积之比是_____.

28. 同底同高的圆锥、半球、圆柱的体积之比是_____.

29. 球的内接正方体的体积是 1，则球的表面积是_____.

30. 球被平面截得的小圆半径是 8，球心到小圆的距离是 6，则球的体积是_____.

三、解答题(本题共 7 小题，共 45 分)

31. (6 分)已知侧棱长是 5 cm，底面积是 $6\sqrt{3}$ cm^2 的正三棱柱，求正六棱柱的侧面积及体积.

32.(6 分)试画出长方形、等腰三角形、等腰梯形的直观图.

33.(6 分)如图所示,正六棱锥底面边长是 4,高 SO 是 3,求正六棱锥的底面积及体积.

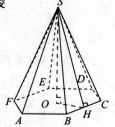

第 33 题

34.(6 分)已知棱长为 1 的正方体 $ABCD-A_1B_1C_1D_1$,如图所示,求三棱锥 $A-CB_1D_1$ 的表面积及体积.

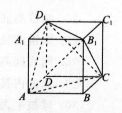

第 34 题

第7章 简单几何体

35. (7分) 已知扇形所含的中心角为 $90°$,弦 AB 将扇形分成两部分,如图所示,这两部分各以 AO 为轴旋转一周,求旋转体的体积 $V_I : V_{II} : V_{III}$ 比值.

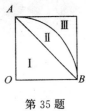

第35题

36. (7分) 已知正方体的边长是 a,求正方体的内切球与外接球体积的比值.

37. (7分) 已知几何体的三视图如图所示,求该几何体的表面积及体积.

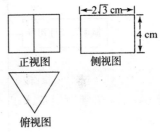

第37题

第 8 章 概率与初步统计

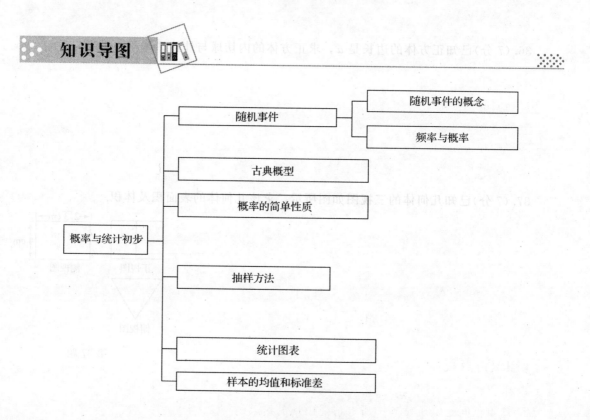

8.1 随机事件

【学习目标导航】

1. 理解随机现象和必然现象的概念.
2. 理解随机事件、必然事件和不可能事件的意义.
3. 理解事件的频率与概率的意义以及二者的区别与联系.
4. 培养学生的观察、分析能力.

第8章 概率与初步统计

8.1.1 随机事件的概念

【知识要点预习】

1. 在一定条件下,可能发生也可能不发生的事件称为_____.
2. 在一定条件下,必然会发生的事件称为_____.
3. 在一定条件下,必然不会发生的事件称为_____.

【知识要点梳理】

1. 必然现象和随机现象:

在一定条件下,发生的结果事先能确定的现象称为必然现象,发生的结果事先不能确定的现象称为随机现象.

2. 随机试验:

在相同的条件下,对随机现象进行的观察试验称为随机试验.

3. 样本点和样本空间:

随机试验中每一种可能出现的结果,都称为样本点,常用小写希腊字母 ω 表示.所有样本点组成的集合称为样本空间,通常用大写希腊字母 Ω 表示.

4. 随机事件与基本事件:

如果随机试验的样本空间是 Ω,那么 Ω 的任意一个非空真子集称为随机事件,简称为事件,常用大写英文字母 A、B、$C\cdots$表示,事件中的每一个元素都称为基本事件.

5. 必然事件与不可能事件:

样本空间 Ω 是其自身的子集,因此 Ω 也是一个事件,又因为 Ω 包含所有样本点,每次试验无论哪个样本点出现,Ω 都必然发生,因此 Ω 称为必然事件;Φ 也是 Ω 的子集,可以看作一个事件,但由于 Φ 不包含任何样本点,在每次试验中 Φ 都不会发生,因此空集 Φ 称为不可能事件.

【知识盲点提示】

1. 随机试验中每一种可能出现的结果是样本点,也是基本事件.
2. 样本空间是随机试验中所有可能出现的结果的全集.

【课堂基础训练】

一、选择题

1. 下列现象中( )为必然现象.
   A. 抛一枚硬币,出现正面向上
   B. 掷一颗骰子,点数为2
   C. 老王买彩票,中奖
   D. 导体通电,发热

2. 运动员进行射击训练,考查一次射击命中的环数为{偶数环}( ).
   A. 基本事件
   B. 必然事件
   C. 随机事件
   D. 不可能事件

3. 设一个不透明口袋中装有一个白球和一个黑球,则事件"从中取一个球,是白球"为( ).
   A. 必然事件
   B. 不可能事件

C. 必然事件或不可能事件 D. 随机事件

4. 乘公交车到十字路口，遇到红灯是（   ）.
    A. 必然事件 B. 不可能事件
    C. 随机事件 D. 无法判断

5. 把铁块扔到水中，铁块浮起是（   ）.
    A. 必然事件 B. 不可能事件
    C. 随机事件 D. 无法判断

6. 任选13个人，至少有两人的出生月份相同是（   ）.
    A. 必然事件 B. 不可能事件
    C. 随机事件 D. 无法判断

二、填空题

7. 有100件产品，其中97件正品，3件次品，从中任取4件，有以下事件：（1）4件都是正品；（2）至少一件正品；（3）没有正品；（4）至少一件次品. 其中，随机事件是_____，必然事件是_____，不可能事件是_____.（填上相应的序号）

8. 抛掷一枚质地均匀的骰子，

    $A=\{$出现奇数点$\}$ 是_____事件；

    $B=\{$出现1点$\}$、$C=\{$出现3点$\}$、$D=\{$出现5点$\}$ 都是_____事件；

    A 是由_____、_____、_____组成的.

9. 将一枚骰子向桌面抛掷一次，点数为8是_____事件.

10. 对于实数 a、b，如果 $a>b$，则 $a^2>b^2$ 是_____事件.

三、解答题

11. 抛掷三颗质地均匀的骰子，将每颗骰子朝上的点数相加，以下事件中，哪些是必然事件？哪些是不可能事件？哪些是随机事件？

    （1）和等于2；（2）和等于3；（3）和大于2；（4）和小于19；（5）和等于18；（6）和大于18；（7）和不大于18；（8）和等于7.

12. 判断下列事件是随机事件、必然事件还是不可能事件.

    （1）抛出的铅球会下落.

    （2）度量三角形的内角和，发现是360°.

    （3）买到的电影票座位号为单号.

(4) x^2+1 是正数.

(5) 投掷硬币时国徽朝上.

(6) 明天的太阳从西方升起来.

【课堂拓展训练】

一、选择题

1. 从一副 54 张的扑克牌中任取 14 张,下列事件中是必然事件的是(　　).
   A. 不可能都是黑桃　　　　　　　　B. 可能都是黑桃
   C. 有大王和小王　　　　　　　　　D. 有红桃 10

2. 在随机试验"同时掷两枚质地均匀的骰子,记录其点数之和"中,试验的基本事件的总数为(　　).
   A. 9　　　　　　B. 10　　　　　　C. 11　　　　　　D. 12

3. 一个随机事件 $A=\{\omega_1,\omega_2\}$ 发生的充要条件是(　　).
   A. ω_1 发生
   B. ω_2 发生
   C. ω_1、ω_2 中有一个发生
   D. ω_1、ω_2 都发生

4. D314 次动车明天正点到达北京是(　　).
   A. 必然事件　　　　　　　　　　　B. 不可能事件
   C. 随机事件　　　　　　　　　　　D. 无法判断

5. 从编号为 1,2,3,4 的 4 个小球中有放回地摸出两个小球,则两次摸到编号相同的小球的事件中含(　　)个基本事件.
   A. 1　　　　　　B. 2　　　　　　C. 3　　　　　　D. 4

6. 将 a、b 两球随机地放入三个不同的盒子中,则 a,b 两个小球在同一个盒子中是(　　).
   A. 必然事件　　　　　　　　　　　B. 不可能事件
   C. 随机事件　　　　　　　　　　　D. 无法判断

二、填空题

7. 做连续抛掷三枚硬币的试验,该试验所包含的基本事件的个数为_____.

8. 从 1、2、3、4 这四个数中,任选 2 个数组成集合,写出全体基本事件_____.

9. 从一批含有次品的产品中任取 3 件进行检验,出现次品数量的样本空间是_____.

10. 在一个有 50 个人的班级上课,老师根据同学们的学号(1~50)提问同学回答问题.

$B=\{$提问奇数号同学$\}$，则 B 是_____（基本、复合）事件.

三、解答题

11. 将一枚质地均匀的硬币抛掷两次，写出该试验中的样本空间 Ω；若 Ω 的子集 A 表示"第一次抛币出现正面"，B 表示"第二次抛币出现正面"，C 表示"两次抛币至少出现一次正面"，D 表示"两次抛币恰有一次出现正面"，写出事件 A、B、C、D 所包含的样本点.

12. 有五张数字卡片，它们的背面完全相同，正面标有 1，2，3，4，5. 现将它们的背面朝上.

(1) 写出下列事件的样本空间：

① 从中任意摸出一张；

② 摸到奇数号卡片；

③ 摸到的卡片号是 5 的倍数；

④ 摸到的卡片号可写为一个整数的平方.

(2) 上述事件哪些是基本事件，哪些是复合事件？

8.1.2 频率与概率

【知识要点预习】

1. 事件 A 发生的频率为_____.

2. 必然事件的概率为 1，即_____.

3. 不可能事件的概率为 0，即_____.

【知识要点梳理】

1. 频数与频率：

在相同条件下进行 n 次试验，事件 A 发生的次数 m（$0 \leqslant m \leqslant n$）称为事件 A 发生的频数，比值 $\dfrac{m}{n}$ 称为事件 A 发生的频率.

2. 概率：

一般地，在 n 次重复试验中，事件 A 发生的频率 $\dfrac{m}{n}$ 总在某个常数附近，就把这个常数称为事件 A 发生的概率，记作 $P(A)$.

3. 由概率的定义可知：

(1)对于任意事件 A，都有 $0 \leqslant P(A) \leqslant 1$；

(2)必然事件的概率为 1，即 $P(\Omega)=1$；

(3)不可能事件的概率为 0，即 $P(\Phi)=0$.

【知识盲点提示】

频率与概率的区别和联系：

频率与概率有本质的区别，频率随着试验次数的改变而改变；概率是一个常数，它是客观的科学抽象；当试验的次数 n 充分大时，频率总在某个稳定值附近波动，在大量重复试验的前提下这个稳定值可近似地作为这个事件的概率．

【课堂基础训练】

一、选择题

1. 下列说法中正确的是(   )．
   A. 一款新药，抽检时合格率为 120%
   B. 将一块铁加热到 100℃，它会融化
   C. 将一实心铁球抛到湖里，它沉入湖底的概率为 1
   D. 频率与概率的数值相等

2. 对于任意事件的概率可以用(   )来刻画．
   A. 任意实数   B. 正数
   C. 大于 0 的整数   D. 不小于 0 且不大于 1 的实数

3. 下列事件中，概率为 1 的事件是(   )．
   A. 种子播种到田里发芽   B. 异性电荷相互吸引
   C. 天气在 20℃ 时下雨   D. 灌篮高手投篮，一次命中

4. 对某单位 50 个员工的家庭人口数进行调查，其中家庭人口数为 2 人的有 3 个，家庭人口数为 3 人的有 45 个，家庭人口数为 4 人的有 2 个，则家庭人口数为 3 人的频数和频率为(   )．
   A. 45，0.9   B. 50，1   C. 5，0.1   D. 15，0.3

5. 事件 A 是不可能发生的事件时，$P(A)=$(   )．
   A. 0   B. 1   C. $0<P(A)<1$ D. 0.5

6. 在对某班 60 人的一次测验成绩进行统计中，69.5～79.5 分这一组的频数是 18，则频率是(   )．
   A. 0.2   B. 0.3   C. 0.4   D. 0.5

二、填空题

7. 通过试验的方法用频率估计概率的大小，必须要求试验是在_____的条件下进

行的.

8. 抛掷一枚硬币 100 次,出现"反面朝上"的次数为 47,那么 47 是此次试验出现"反面朝上"的_____,0.47 是此次试验"反面朝上"发生的_____.

9. 经过大量试验统计,香樟树在我市的移植成活率为 95%. 假设吉河镇在新村建设中要栽活 2 850 株香樟树,则需栽种香樟树大约_____株.

10. 在小于 10 的自然数中任取一个数,它是偶数的概率是_____.

三、解答题

11. 某电视台对近期播放的电视剧进行了 5 次"电话调查",结果如下表所示.

被调查的人数 n	1 000	1 000	1 000	1 500	1 500
收看人数 m	501	498	510	762	749
收视频率 $\dfrac{m}{n}$					

(1)计算表中各个频率(精确到 0.001);
(2)这部电视剧的收视率大约是多少?

12. 某射击运动员在同一条件下练习射击,结果如下表所示.

射击次数 n	10	20	50	100	200	500
击中靶心次数 m	8	19	44	92	178	452
击中靶心频率 $\dfrac{m}{n}$						

(1)计算这名运动员击中靶心的各个频率并填入表中.
(2)这名运动员射击一次,击中靶心概率约是多少?

【课堂拓展训练】

一、选择题

1. 试验的总次数、频数及频率三者的关系是( )．
   A. 频数越大，频率越大
   B. 总次数一定时，频数越大，频率可达到很大
   C. 频数与总次数成正比
   D. 频数一定时，频率与总次数成反比

2. 在一个不透明的布袋中装有红色、白色小球共 40 个，除颜色外其他完全相同．小明通过多次摸球试验后发现，摸到红色球的频率稳定在 15% 左右，则布袋中红色球可能有( )．
   A. 6 个   B. 4 个   C. 34 个   D. 36 个

3. 在一副(54 张)扑克牌中，摸到"A"的频率是( )．
   A. $\dfrac{1}{4}$ B. $\dfrac{2}{27}$ C. $\dfrac{1}{13}$ D. 无法估计

二、填空题

4. 某班选举班长，全班 50 名同学每人投了一票，小强得了 22 票，小杰得了 28 票，则小杰得票数的频数是_____，频率是_____．

5. 某灯泡厂在一次质量检查中，从 2 000 个灯泡中随机抽查了 100 个，其中有 4 个不合格，则出现不合格灯泡的频率是_____，在这 2 000 个灯泡中，估计有_____个不合格产品．

三、解答题

6. 某篮球运动员在同一条件下进行投篮练习，结果如下表所示．

投篮次数 n	8	10	15	20	30	40	50
进球次数 m	6	8	12	17	25	32	38
进球频率 $\dfrac{m}{n}$							

(1) 填写上表中的进球频率；

(2) 这位运动员投篮一次，进球的概率大约是多少？

8.2 古典概型

【学习目标导航】

1. 理解古典概型的含义.

2. 知道古典概型的特点并会用古典概型概率公式解决一些简单的问题.

【知识要点预习】

1. 古典概型的两个特性：_____ 和 _____.

2. 古典概型概率公式：_____.

【知识要点梳理】

1. 古典概型：

如果一个随机试验具有如下性质：

(1)有限性：样本空间 Ω 的样本点总数有限；

(2)等可能性：每次试验中，样本空间 Ω 中的各个样本点出现的可能性相等. 则称这样的随机事件为古典概型.

2. 古典概型概率公式：

对于古典概型，若随机试验的样本空间 Ω 包含的样本点总数为 n，事件 A 包含的样本点个数为 m，则事件 A 发生的概率 $P(A) = \dfrac{\text{事件 } A \text{ 包含的样本点个数}}{\text{样本空间 } \Omega \text{ 包含的样本点总数}} = \dfrac{m}{n}$.

【知识盲点提示】

利用古典概型概率公式时应注意：

1. 判断是否属于古典概型.

2. 分析随机试验，确定分母 n，即所有基本事件的个数；分析随机事件 A，确定分子 m，即事件 A 发生所包含的基本事件的个数.

3. 求 m 和 n 的值时，要做到不重不漏.

【课堂基础训练】

一、选择题

1. 下列试验中是古典概型的是( ).

(1)某小组有男生 3 人，女生 4 人，从中选一人担任组长；

(2)口袋中有质地、大小完全相同的 7 个小球，从中任取一球；

(3)从一副花色都朝上的扑克牌中拿出大、小王.

A. (1)(2) B. (2)(3) C. (1)(3) D. (1)(2)(3)

2. 运动员进行射击训练，考查一次射击命中的环数，命中 4 环的概率是( ).

A. $\dfrac{1}{10}$ B. $\dfrac{1}{11}$ C. $\dfrac{2}{11}$ D. $\dfrac{5}{11}$

3. 掷一枚骰子，点数不大于 3 的概率为（　　）．

   A. $\dfrac{1}{2}$　　B. $\dfrac{1}{3}$　　C. $\dfrac{1}{4}$　　D. $\dfrac{1}{5}$

4. 设一个不透明口袋中装有黑、白、黄三个大小相同、质地均匀的小球，则事件 A"从中取一个球，是白球"的概率为（　　）．

   A. 1　　B. $\dfrac{1}{2}$　　C. $\dfrac{1}{3}$　　D. $\dfrac{2}{3}$

5. 一副含大、小王的扑克牌（54 张），从中抽取一张，抽到大王的概率为（　　）．

   A. $\dfrac{1}{54}$　　B. $\dfrac{1}{26}$　　C. $\dfrac{2}{27}$　　D. $\dfrac{1}{27}$

6. 在 400 根树苗中，有 160 根高度超过 40 cm，从中取一根，取到高度没有超过 40 cm 的树苗的概率为（　　）．

   A. $\dfrac{2}{5}$　　B. $\dfrac{4}{5}$　　C. $\dfrac{3}{10}$　　D. $\dfrac{3}{5}$

7. 抛掷两枚质地均匀的硬币，出现"一正一反"的概率为（　　）．

   A. $\dfrac{1}{4}$　　B. $\dfrac{1}{3}$　　C. $\dfrac{1}{2}$　　D. $\dfrac{3}{4}$

8. 某舞蹈队有 4 名女演员，7 名男演员，现该队要选出一名队长，则选出的队长为女性的概率为（　　）．

   A. $\dfrac{7}{11}$　　B. $\dfrac{1}{4}$　　C. $\dfrac{4}{7}$　　D. $\dfrac{4}{11}$

9. 从含有 3 件次品的 20 件产品中任取一件产品进行检测，取到的产品恰为次品的概率为（　　）．

   A. $\dfrac{3}{17}$　　B. $\dfrac{3}{20}$　　C. $\dfrac{17}{20}$　　D. $\dfrac{1}{20}$

10. 集合 $M=\{1,2,3,4,5,6,7,8,9\}$，集合 $N=\{1,2,3,4,5,6,7,8\}$，从集合 M 中任选一个数作为横坐标，从集合 N 中任选一个数作为纵坐标，一共可组成（　　）个点的坐标．

    A. 24　　B. 32　　C. 48　　D. 72

二、填空题

11. 在随机试验中，如果一个随机事件发生的可能性的大小能够用一个确定的不超过 1 的非负实数来刻画，那么把这个数叫作这个随机事件的_____．

12. 抛掷一枚质地均匀的硬币，事件 A"出现正面或反面"的概率为_____．

13. 掷一枚骰子，观察掷出的点数，掷得 1 点或 4 点的概率为_____．

14. 盒中装有 20 颗围棋子，其中 15 颗白子，5 颗黑子，从盒中任取一颗，取到白子的概率为_____．

15. 冰箱里放了大小形状相同的 3 罐可乐，2 罐橙汁，5 罐冰茶，小明从中任取 1 罐饮用，取到橙汁或冰茶的概率为_____．

16. 从组成英文单词"HAPPYNEWYEAR"的字母中随机取一个，得到字母 A 的概率为_____.

三、解答题

17. 如果在 10 000 张有奖的彩票中，有 1 个一等奖，5 个二等奖，10 个三等奖，小李买一张彩票，试问：中奖的概率是多少？

18. 抛掷一颗质地均匀的骰子，求：
(1) 点数是 5 的概率；
(2) 点数是 1、2、3、4、5、6 之一的概率；
(3) 点数小于 3 的概率；
(4) 点数是 2 或 4 或 6 的概率.

19. 某人参加射击比赛，成绩分别为 7 环、9 环、10 环、8 环、6 环、7 环、8 环、10 环、7 环、9 环，求成绩不小于 8 环的概率.

20. 同时掷出两枚骰子，计算：
(1) 一共有多少种不同的结果；
(2) 其中向上的点数之和是 7 的结果有多少种？
(3) 向上的点数之和是 7 的概率是多少？
(4) 求出现的点数之和为奇数的概率.

【课堂拓展训练】

一、填空题

1. 抛掷两枚均匀的硬币，至少出现一正的概率为_____.

2. 若抛掷一颗质地均匀的骰子，奇数点朝上的概率与偶数点朝上的概率的大小关系是_____.

3. 将红、黑、黄三个小球放入甲、乙两个不同的盒子中，则这三个小球在同一盒中的概率为_____.

4. 任取一个两位数，其个位数是 5 的概率为_____.

5. 掷三次均匀的硬币，则至多出现一次正面向上的概率为_____.

6. 甲、乙、丙三人排队，则三人按从高到低的顺序排的概率为_____.

二、解答题

7. 从集合 $M = \{1, 2, 3\}$、集合 $N = \{3, 4\}$ 中各取一个数分别作为点的横、纵坐标，则：
(1) 一共可组成多少个不同的点？
(2) 求出现横坐标与纵坐标均为偶数的点的概率.

8. 从 0，1，2，3 四个数中，依次任取两个数，求两个数都是偶数的概率.

9. 袋中有 3 个白色球，2 个黑色球，k 黄色球，从中任取一个恰为黑色或黄色球的概率为 $\dfrac{4}{5}$，求 k 的值.

10. 抛掷两枚质地均匀的骰子，求以下几种情况的概率.
(1) 两枚骰子的点数之和为 12；
(2) 两枚骰子的点数之积为 12；
(3) 两枚骰子的点数之差的绝对值比 3 大.

8.3 概率的简单性质

【学习目标导航】
1. 知道互斥事件、和事件的概念.
2. 能利用概率加法公式解决一些简单的实际问题.

【知识要点预习】
若事件 A 和事件 B 互斥，则_____.

【知识要点梳理】
1. 互斥事件：
在一次试验中，不可能同时发生的两个事件为互斥事件.
2. 和事件：
一般地，当事件 C 发生则事件 A 与事件 B 中至少有一个发生时，称事件 C 为事件 A 与事件 B 的和事件，记作 $C = A \cup B$.
3. 互斥事件的概率加法公式：
若事件 A 和事件 B 互斥，则 $P(A \cup B) = P(A) + P(B)$.

第8章 概率与初步统计

【知识盲点提示】

两个事件互斥必须满足"不可能同时发生".

【课堂基础训练】

一、选择题

1. 甲、乙、丙三人是一场辩论赛中同一代表队的三位辩手,下列选项为互斥事件的是( ).
   A. "甲为一辩手"与"乙为一辩手"
   B. "甲为二辩手"与"乙为一辩手"
   C. "甲为二辩手"与"丙为三辩手"
   D. "丙为一辩手"与"甲为三辩手"

2. 盒中有六个小球,分别标有0、1、2、3、4、5六个号码,现从中随机抽取一个,那么下列选项中错误的是( ).
   A. "随机抽取一个号码为0"与"随机抽取一个号码为2"是互斥事件
   B. "随机抽取一个号码为3"与"随机抽取一个号码为5"是互斥事件
   C. "随机抽取一个号码为4"与"随机抽取一个号码为1"是互斥事件
   D. "随机抽取一个号码为3"与"随机抽取一个号码为奇数"是互斥事件

3. 某产品分为甲、乙、丙三个等级,其中乙、丙两级均属次品,若生产中出现乙级产品的概率为0.015,丙级产品的概率为0.01,则抽查这些产品,得到次品的概率为( ).
   A. 0.015   B. 0.02   C. 0.025   D. 0.975

4. 抛掷一枚骰子,出现奇数点的概率是( ).
   A. $\dfrac{1}{5}$ B. $\dfrac{1}{4}$ C. $\dfrac{1}{3}$ D. $\dfrac{1}{2}$

5. 从装有红、黄、白三个球的袋子里随机抽出一个,不是红球的概率是( ).
   A. $\dfrac{2}{3}$ B. $\dfrac{1}{2}$ C. $\dfrac{1}{3}$ D. $\dfrac{1}{4}$

6. 在100张奖券中,有1张一等奖,10张二等奖,从中抽取1张,则中奖的概率为( ).
   A. $\dfrac{1}{100}$ B. $\dfrac{11}{100}$ C. $\dfrac{1}{10}$ D. $\dfrac{1}{50}$

二、填空题

7. 抛掷一颗质地均匀的骰子,出现点数为奇数或2的概率为_____.

8. 某人去外地开会,若他乘坐火车、轮船、汽车、飞机的概率分别为0.3、0.2、0.1、0.4,则他乘火车或飞机的概率为_____.

9. 连续抛掷两枚质地均匀的硬币,则正面至少出现一次的概率为_____.

10. 连续抛掷三枚质地均匀的骰子,则出现的点数相同的概率为_____.

三、解答题

11. 某同学的笔袋内装有一些同款但不同色的中性笔，已知这些笔分别是红色、黑色和蓝色，从中任取1支，取出红色中性笔的概率为0.46，取出黑色中性笔的概率为0.24，如果红色中性笔有23支，求：(1)取出蓝色中性笔的概率；(2)笔袋中一共有多少支中性笔.

12. 计算下列事件的概率：

(1)从甲、乙、丙三人中选出一名担任班长，选出甲或选出乙的概率.

(2)抛掷一枚骰子，出现不是2的偶数或出现奇数点的概率.

(3)从一副扑克牌中抽取一张，恰好抽到A或大小王的概率.

(4)把1、2、3、4、5、6分别写在6张形状大小完全相同的卡片上，随机抽取一张卡片，卡片上出现奇数或出现大于2的数的概率.

【课堂拓展训练】

一、选择题

1. 某人进行投篮练习，连续投2次，则事件"至少有1次投中"的互斥事件为(　　).
   A. 至多有1次投中　　　　　　　B. 2次都投中
   C. 2次都投不中　　　　　　　　D. 只有1次投中

2. 从一副不含大、小王扑克牌中，任抽一张得到K或Q的概率是(　　).
   A. $\dfrac{1}{26}$　　　　B. $\dfrac{1}{13}$　　　　C. $\dfrac{1}{27}$　　　　D. $\dfrac{2}{13}$

3. 某随机事件A发生的概率为0.65，那么该事件不发生的概率为(　　).
   A. 0.35　　　　B. 0.25　　　　C. 0　　　　D. 无法判断

二、填空题

4. 甲、乙两人下棋，两人下成"和棋"的概率为 $\dfrac{1}{2}$，甲获胜的概率为 $\dfrac{1}{3}$，则甲输棋的概率为_____．

5. 某铁饼运动员在一次投掷训练中，铁饼落在 3 m、4 m、5 m、6 m 附近的概率分别为 0.1、0.3、0.4、0.1，则这位运动员在一次投掷中，铁饼落在 3 m 或 6 m 附近的概率为_____；铁饼没有落在 5 m 附近的概率为_____．

三、解答题

6. 某射击运动员在一次射击命中 10 环、9 环、8 环的概率分别为 0.26、0.28、0.19，求这位运动员：

(1)一次射击命中 10 环或 9 环的概率；

(2)一次射击命中不低于 8 环的概率．

8.4 抽样方法

【学习目标导航】

1. 理解总体、个体、样本等概念．并指出具体问题中的总体、个体、样本、样本容量．

2. 了解简单随机抽样、系统抽样、分层抽样等三种抽样方法．

3. 会根据特征选用合适的抽样方法抽取样本．

【知识要点预习】

1. 总体和个体：在统计中，所研究对象的_____叫作总体，组成总体的_____叫作个体．

2. 样本和样本容量：从总体中抽取出来的_____叫作总体的样本，样本所含个体的_____叫作样本容量．

3. 抽样方法：_____、_____、_____是三种常用的抽样方法．

【知识要点梳理】

一、总体与样本

1. 在统计中，所研究对象的全体叫作总体，组成总体的每个对象叫作个体．

2. 从总体中抽取的一部分个体组成的集合叫作总体的样本，样本所含个体的数目叫作样本容量．

二、抽样方法

(一)简单随机抽样：一般地，设总体中的个体数为 N. 从中逐个不放回地抽取 n 个个体作为样本($n \leqslant N$)，且每次抽取时总体内的每个个体被抽到的概率相等，这样的抽样方法称为简单随机抽样.

1. 注意：(1)简单随机抽样必须保证总体的每个个体被抽到的机会是相同的. 也就是说，简单随机抽样是等概率抽样.

(2)简单随机抽样是最基本的抽样方法，是抽样方法的基础. 抽签法是最常用的简单随机抽样方法.

2. 抽签法的基本步骤：

(1)编号：将总体中的 N 个个体从 $1 \sim N$ 逐一编上号.

(2)做签：做编号为 $1 \sim N$ 的签.

(3)抽签：将做好的签放到容器中，搅拌均匀后，从中逐个抽出 n 个签.

(4)取样：按照抽取到的签上的号码取出对应的个体，得到一个容量为 n 的样本.

3. 抽签法的特点：

(1)个体数量较少.

(2)个体逐个抽取.

(3)个体不放回抽样，所抽取的样本中没有被重复抽取的个体.

(4)等可能性抽样，每个个体被抽到的概率相等.

(二)系统抽样：当总体所含的个体较多时，可将总体分成均衡的几个部分，然后按照预先定出的规则，从每一部分中抽取一定数目的个体. 这种抽样叫作系统抽样.

1. 从容量为 N 的总体中，用系统抽样抽取容量为 n 的样本，系统抽样的基本步骤：

(1)编号：将总体的 N 个个体编号为 $1 \sim N$.

(2)确定分段间隔 k：将总体平均分成 n 段，可以考虑用 $\dfrac{N}{n}$(取整数)作间隔分段.

(3)确定第一个编号：在第一部分用简单随机抽样确定其个体编号.

(4)取样：按照一定的规则抽取样本. 如抽每段的第 k 个顺序号的个体(k 为小于 $\dfrac{N}{n}$ 的整数)，得到容量为 n 的样本.

2. 系统抽样的特点：

(1)个体数目比较多.

(2)把总体分成均衡的若干部分，分段间隔相等，在第一段用简单随机抽样确定起始编号，其余依次加上间隔的整数倍.

(3)每个个体被抽到的概率相等.

(三)分层抽样：当总体是由有明显差异的几个部分组成时，可将总体按差异情况分成互不重叠的几个部分——层，然后按各层个体总数所占的比例来进行抽样，这种抽样叫作分层抽样.

1. 分层抽样的基本步骤：

(1)分层：将总体按照一定标准分层.
(2)计算：样本容量与总体个数的比值.
(3)确定各层应抽取的个体数：按(2)中的比值确定各层应抽取的个体数.
(4)取样：在每一层抽样，所抽取的个体合在一起就是所需要的个体.
2. 分层抽样的特点：
(1)适用于由差异比较明显的几个部分组成的总体.
(2)按比例确定每层抽取的个体的个数.
(3)用简单随机抽样或系统抽样的方法在每一层抽样.
(4)每个个体被抽到的概率相等.

【知识盲点提示】

1. 所有的个体构成了总体，样本取自于总体，因此，样本是总体的一部分，没有个体就没有总体.

2. 当总体中的个数较少时，常采用简单随机抽样；当总体中的个数较多时，且其分布没有明显的不均匀情况，常采用系统抽样；当已知总体由差异明显的几个部分组成时，常采用分层抽样.

【课堂基础训练】

一、选择题

1. 要了解一批电视机的使用寿命，从中任意抽取 30 台电视机进行试验，在这个问题中，30 是(　　).
   A. 个体　　　　　　　　　　　　B. 总体
   C. 样本容量　　　　　　　　　　D. 总体的一个样本

2. 为了解某职校 20 000 名学生的身高，从中抽取了 500 名学生，对其身高进行统计分析，以下说法中正确的是(　　).
   A. 20 000 名学生是总体
   B. 每个学生是个体
   C. 500 名学生是抽取的一个样本
   D. 每个学生的身高是个体

3. 对于简单随机抽样，每个个体每次被抽到的机会都(　　).
   A. 相等　　　　　　　　　　　　B. 不相等
   C. 有时相等有时不相等　　　　　D. 无法判断

4. 从 200 人中用随机数法抽取 10 人，下列号码中需要舍去的是(　　).
   A. 002　　　　B. 135　　　　C. 307　　　　D. 123

5. 50 件产品，编号为 1～50，现从中抽取 5 个进行检验，用系统抽样的方法抽样本的编号可能为(　　).
   A. 5，10，15，20，25　　　　　B. 5，13，21，29，37
   C. 8，22，23，1，20　　　　　　D. 1，11，21，31，41

6. 某班级有男生 20 人，女生 32 人，用分层抽样的方法抽取 13 人进行健康检查，则男生与女生分别应该抽取(　　).

  A. 5 人和 8 人   B. 4 人和 9 人   C. 3 人和 10 人   D. 6 人和 7 人

7. 在一个个体数目为 2 003 的总体中,利用系统抽样抽取一个容量为 100 的样本,则总体中每个个体被抽到的机会为( ).

  A. $\dfrac{1}{20}$ B. $\dfrac{1}{100}$ C. $\dfrac{100}{2\,003}$ D. $\dfrac{1}{2\,000}$

8. 下列问题中,最适合用分层抽样方法抽样的是( ).

  A. 某电影院有 32 排座位,每排有 40 个座位,座位号是 1~40. 有一次报告会坐满了听众,报告会结束以后为听取意见,要留下 32 名听众进行座谈

  B. 从 10 台冰箱中抽出 3 台进行质量检查

  C. 某乡农田有山地 8 000 亩,丘陵 12 000 亩,平地 24 000 亩,洼地 4 000 亩,现抽取农田 480 亩估计全乡农田平均产量

  D. 从 50 个零件中抽取 5 个做质量检验

9. 共享单车为人们提供了一种新的出行方式,有关部门对使用共享单车人群的年龄分布进行了统计,得到的数据如下表所示.

年龄	12~20 岁	20~30 岁	30~40 岁	40 岁及以上
比例	14%	45.5%	34.5%	6%

为调查共享单车使用满意率情况,现采用分层抽样的方法从中抽取容量为 200 的样本进行调查,那么应抽取 20~30 岁的人数为( ).

  A. 12   B. 28   C. 69   D. 91

10. 某商场有四类食品,其中粮食类、植物油类、动物性食品类及果蔬类分别有 40 种、10 种、30 种、20 种,现从中抽取一个容量为 20 的样本进行食品安全检测. 若采用分层抽样的方法抽取样本,则抽取的植物油类与果蔬类食品种数之和是( ).

  A. 4   B. 5   C. 6   D. 7

二、填空题

11. 从 25 人中抽取两人进行体重检测,则 25 人就是_____.

12. 有 100 名同学,用系统抽样的方法抽取 5 人进行数学测验,则应该分为_____段.

13. 某班级的 54 名学生编号为 1,2,3,…,54,为了采集同学们的身高信息,先采用系统抽样的方法抽取一个容量为 6 的样本,已知样本中含有编号为 5,23 和 41 的学生,则样本中剩余三名同学的编号分别为_____.

14. 一支田径队有男、女运动员 98 人,其中男运动员有 56 人. 按男、女比例用分层抽样的方法,从全体运动员中抽出一个容量为 28 的样本,那么应抽取女运动员的人数是_____.

15. 某公司有大量客户,且不同年龄段客户对其服务的评价有较大差异. 为了解客户的评价,该公司准备进行抽样调查,可供选择的抽样方法有简单随机抽样、分层抽样和系

统抽样,则最合适的抽样方法是_____.

16. 某公司生产三种型号的轿车,产量分别是 1 200 辆,6 000 辆和 2 000 辆,为检验该公司的产品质量,现用分层抽样的方法抽取 46 辆进行检验,这三种型号的轿车依次应抽取_____辆、_____辆、_____辆.

三、解答题

17. 要从某汽车厂生产的 30 辆汽车中随机抽取 3 辆进行测试,请选择合适的抽样方法,写出抽样过程.

18. 某工厂有普通工人 1 001 人,高级工程师 20 人,现抽取普通工人 40 人,高级工程师 4 人组成代表队参加某项活动,应怎样抽样?

19. 某市化工厂三个车间共有工人 1 000 名,各车间男、女工人数如下表所示.

项目	第一车间	第二车间	第三车间
女工	173	100	y
男工	177	x	z

已知在全厂工人中随机抽取 1 名,抽到第二车间男工的可能性是 0.15.

(1) 求 x 的值.

(2) 现用分层抽样的方法在全厂抽取 50 名工人,问:应在第三车间抽取多少名?

20. 一个单位有职工 160 人,其中业务员 120 人,管理人员 16 人,后勤服务人员 24 人. 为了了解职工的某种情况,要从中抽取一个容量为 20 的样本,用分层抽样的方法写出抽取样本的过程.

【课堂拓展训练】

一、填空题

1. 某公司在甲、乙、丙、丁四个地区分别有 150 个、120 个、180 个、150 个销售点. 公司为了调查产品销售情况,需从这 600 个销售点中抽取一个容量为 100 的样本,记这项调查为①;在丙地区有 20 个特大型销售点,要从中抽取 7 个调查其销售收入和售后服务等情况,记这项调查为②,则完成①②这两项调查宜采用的抽样方法依次是_____.

2. 从编号为 0,1,2,…,89 的 90 件产品中,采用系统抽样的方法抽取容量是 9 的样本. 若编号为 36 的产品在样本中,则该样本中产品的最大编号为_____.

3. 某单位有 840 名职工,现采用系统抽样的方法抽取 42 人进行问卷调查,将 840 人按 1,2,…,840 随机编号,则抽取的 42 人中,编号落在区间 [481,720] 内的人数为_____.

4. 为调查某高校学生对"一带一路"政策的了解情况,现采用分层抽样的方法抽取一个容量为 500 的样本,其中大一年级抽取 200 人,大二年级抽取 100 人. 若其他年级共有学生 3 000 人,则该校学生总人数是_____.

5. 用分层抽样的方式对某品牌同一批次两种型号的产品进行抽查,已知样本容量为 80,其中有 50 件甲型号产品,乙型号产品总数为 1 800,则该批次产品总数为_____.

6. 某学校高一、高二、高三年级的学生人数之比为 3∶3∶4,现用分层抽样的方法从该校高中三个年级的学生中抽取容量为 50 的样本,则应从高二年级抽取_____名学生.

二、解答题

7. 学校举办元旦晚会,需要从每班选 10 名男生,8 名女生参加合唱节目,某班有男生 32 名,女生 28 名,试用抽签法确定该班参加合唱的同学.

8. 我国古代数学名著《九章算术》中有如下问题"今有北乡算八千七百五十八,西乡算七千二百三十六,南乡算八千三百五十六,凡三乡,发役三百七十八人,欲以算数多少出之,问各几何?"意思是:北乡有 8 758 人,西乡有 7 236 人,南乡有 8 356 人,现要按人数多少从三乡共征集 378 人,问从各乡征集多少人?在上述问题中,需从西乡征集的人数约为多少?

9. 为了对某课题进行讨论研究,用分层抽样的方法从三所高校 A,B,C 的相关人员中,抽取若干人组成研究小组,有关数据见表(单位:人).

高校	相关人数	抽取人数
A	x	1
B	36	y
C	54	3

(1)求 x,y;
(2)若从高校 B 相关的人中选 2 人进行专题发言,应采用什么抽样方法,请写出合理的抽样过程.

10. 下面给出某村委调查本村各户收入情况所作的抽样,阅读并回答问题:
本村人口:1 200 人,户数 300,每户平均人口数 4 人;
应抽户数:30 户;
抽样间隔:40;
确定随机数字:取一张人民币,编码的后两位数为 12;
确定第一样本户:编码的后两位数为 12 的户为第一样本户;
确定第二样本户:12+40=52,52 号为第二样本户;
……
(1)该村委采用了何种抽样方法?
(2)抽样过程中存在哪些问题?并修改.
(3)何处是采用的简单随机抽样?

8.5 统计图表

【学习目标导航】

1. 掌握频率分布表和频率分布直方图的绘制步骤与方法.
2. 能通过频率分布表和频率分布直方图描述和表达数据，提高数据分析能力.

【知识要点预习】

1. 利用统计的方法对数据进行整理和分析，其基本方法是_____、_____.
2. 频率分布直方图是以_____反映数据落在各个小组内的_____的大小.

【知识要点梳理】

1. 数据的整理和分析.

利用统计的方法对数据进行整理和分析，其基本方法是频率分布表、频率分布直方图.

频率分布表可以清楚地反映数据的分布规律.

频率分布直方图可以将频率分布表中所反映的规律直观、形象地表示出来.

2. 列频率分布表，绘制频率分布直方图的步骤如下：

(1) 计算极差：数据中的最大值 b 减去最小值 a.

(2) 确定组数与组距：根据数据的多少确定分组数量 m，数据越多，分组越多，样本容量不超过 100 时，通常分成 5~12 组，组距 $d \geqslant \dfrac{\text{极差}}{\text{组数}} = \dfrac{b-a}{m}$ 的最小整数.

(3) 确定分点：第一组的起点可以是最小值，也可以比最小值小一点.

(4) 列频率分布表：一般分成三列（分组、频数和频率），最后一行是合计，其中频数合计是样本容量，频率合计是 1.

(5) 绘制频率分布直方图：横坐标表示数据分组情况，纵坐标表示频率与组距的比值.

各个矩形的面积等于相应各组的频率，即矩形的面积 = 组距 $\times \dfrac{\text{频率}}{\text{组距}}$ = 频率.

【知识盲点提示】

1. 绘制频率分布直方图时要注意，纵轴显示的是频率与组距的比值，不是频率.
2. 频率分布直方图中各小矩形的面积之和为 1.

【课堂基础训练】

一、选择题

1. 下列说法中不正确的是( )．

    A. 频率分布直方图中每个小矩形的高就是该组的频率

    B. 频率分布直方图中各个小矩形的面积之和等于 1

    C. 频率分布直方图中各个小矩形的宽一样大

D. 频率分布直方图能直观地表明样本数据的分布情况

2. 容量为 20 的样本数据，分组后的频数如下表所示.

分组	[10, 20)	[20, 30)	[30, 40)	[40, 50)	[50, 60)	[60, 70)
频数	2	3	4	5	4	2

则样本数据落在区间[10, 40)的频率为(　　).

A. 0.35　　　　B. 0.45　　　　C. 0.55　　　　D. 0.65

3. 图所示是一容量为 100 的样本的频率分布直方图，则由图形中的数据，样本落在[15, 20)内的频数为(　　).

A. 20

B. 30

C. 40

D. 50

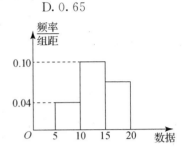

4. 200 辆汽车通过某一段公路时的时速的频率分布直方图如图所示，则时速在[50, 60)内的汽车有(　　).

A. 30 辆

B. 40 辆

C. 60 辆

D. 80 辆

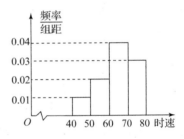

5. 将容量为 100 的样本数据，按由小到大排列分成 8 个小组，如下表所示.

组号	1	2	3	4	5	6	7	8
频数	10	13	14	14	15	13	12	9

第 3 组的频率和累积频率为(　　).

A. 0.14 和 0.37　　B. $\dfrac{1}{14}$ 和 $\dfrac{1}{27}$　　C. 0.03 和 0.06　　D. $\dfrac{3}{14}$ 和 $\dfrac{6}{37}$

6. 已知某地区中小学生人数和近视情况分别如图甲和图乙所示. 为了了解该地区中小学生的近视形成原因，用分层抽样的方法抽取 2% 的学生进行调查，则样本容量和抽取的高中生近视人数分别为(　　).

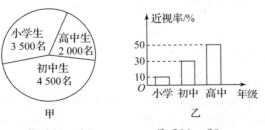

甲　　　　　　　乙

A. 100，20　　B. 200，10　　C. 200，20　　D. 100，10

7. 某班 40 名同学的一次数学测验中，最高分 98，最低分 52，若将这次测验成绩分成 8 组，则组距是(   ).
   A. 4   B. 5   C. 6   D. 7

8. 某购物广场开展的"买三免一"促销活动异常火爆，对其中一日 8 时至 22 时的销售额进行统计，组距为 2 h 的频率分布直方图如图所示．已知 12 时至 16 时的销售额为 90 万元，则 10 时至 12 时的销售额为(   ).

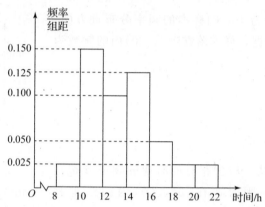

   A. 60 万元   B. 80 万元   C. 100 万元   D. 120 万元

9. 一个容量为 100 的样本，其数据的分组与各组的频数如下所示，则样本数据落在 (10，40] 内的频率为(   ).

组别	(0，10]	(10，20]	(20，30]	(30，40]	(40，50]	(50，60]	(60，70]
频数	12	13	24	15	16	13	7

   A. 0.13   B. 0.39   C. 0.52   D. 0.64

10. 100 辆汽车通过某一段公路时的时速的频率分布直方图如图所示，则时速在 [60，70) 的汽车大约有(   ).

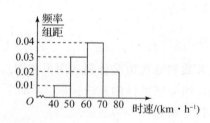

   A. 30 辆   B. 40 辆   C. 60 辆   D. 80 辆

二、填空题

11. 现对某班 50 名同学的体重进行统计，其中体重在 75～80 kg 的学生有 5 名，则体重在 75～80 kg 的频率是_____．

12. 在一组样本中，数据的最大值为 143，最小值为 121，则极差为_____．

13. 在一组样本中，数据的最大值为 120，最小值为 31，分成 8 组，则组距为_____．

第8章 概率与初步统计

14. 图所示是某公司(共有员工 300 人)2019 年员工年薪情况的频率分布直方图,由此可知,员工中年薪在 10 万~12 万元的共有_____人.

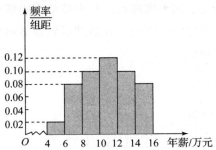

15. 2022 年 3 月,一场突如其来的"新型冠状肺炎"使得上海学生不得不在家"停课不停学". 为了解高三学生每天居家学习时长,从某校的调查问卷中,随机抽取 n 个学生的调查问卷进行分析,得到学生学习时长的频率分布直方图(如图所示). 已知学习时长在 $[9, 13]$ 的学生人数为 72,则 n 的值为_____.

16. 为了了解某校高三学生的视力情况,随机地抽查了该校 100 名高三学生的视力情况,得到频率分布直方图如图所示,由于不慎将部分数据丢失,但知道后 5 组频数和为 62,设视力在 4.6 到 4.8 之间的学生数为 a,第四组的最大频率为 0.32,则 a 的值为_____.

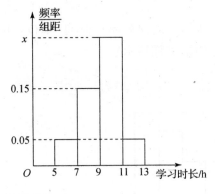
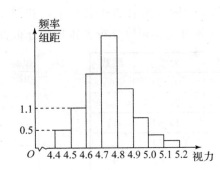

三、解答题

17. 某制造商 3 月生产了一批乒乓球,随机抽样 100 个进行检查,测得每个球的直径(单位:mm),将数据分组如下表所示.

分组	频数	频率
$[39.95, 39.97)$	10	
$[39.97, 39.99)$	20	
$[39.99, 40.01)$	50	
$[40.01, 40.03)$	20	
合计	100	

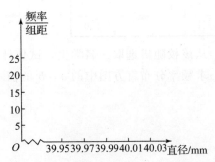

补充完成频率分布表(结果保留两位小数),并在上图中画出频率分布直方图.

18. 2022年4月16日，神舟十三号载人飞船返回舱在东风着陆场成功着陆，这趟神奇之旅意义非凡，尤其是"天宫课堂"在广大学生心中引起强烈反响，激起了他们对太空知识的浓厚兴趣．某中学在进行太空知识讲座后，从全校学生中随机抽取了100名学生进行笔试（试卷满分100分），记录下他们的成绩，并整理得到如下频率分布直方图．

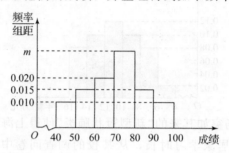

(1) 求频率分布直方图中 m 的值；
(2) 计算出成绩在 $[70，100]$ 的人数．

19. 从某校随机抽取100名学生，获得了他们一周课外阅读时间（单位：h）的数据，整理得到数据分组及频数分布表和频率分布直方图（如图所示）．

组号	分组	频数
1	$[0，2)$	6
2	$[2，4)$	8
3	$[4，6)$	17
4	$[6，8)$	22
5	$[8，10)$	25
6	$[10，12)$	12
7	$[12，14)$	6
8	$[14，16)$	2
9	$[16，18)$	2
合计		100

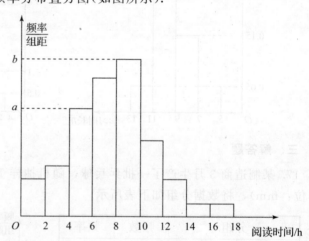

(1) 从该校随机选取一名学生，试估计这名学生该周课外阅读时间少于12 h的概率；
(2) 求频率分布直方图中的 $a，b$ 的值．

20. 某市 2012 年 4 月 1－30 日对空气污染指数的监测数据如下（主要污染物为可吸入颗粒物）：

61，76，70，56，81，91，92，91，75，81，88，67，101，103，
95，91，77，86，81，83，82，82，64，79，86，85，75，71，49，45.

(1)完成频率分布表.

(2)作出频率分布直方图.

(3)根据国家标准，污染指数在 0～50 时，空气质量为优；在 51～100 时，为良；在 101～150 时，为轻微污染；在 151～200 时，为轻度污染.

请你依据所给数据和上述标准，对该市的空气质量给出一个简短评价.

【课堂拓展训练】

一、填空题

1. 某公司青年、中年、老年员工的人数之比为 10∶8∶7，从中抽取 100 名作为样本，若每人被抽中的概率是 0.2，则该公司青年员工的人数为_____.

2. 在样本的频率分布直方图中，一共有 $n(n \geqslant 4, n \in \mathbf{Z})$ 个小矩形，第 4 个小矩形的面积等于其余 $(n-1)$ 个小矩形面积和的 $\dfrac{3}{7}$，则第 4 个小矩形对应的频率为_____.

3. 某学校组织学生参加英语测试，成绩的频率分布直方图如图所示，数据的分组依次为[20，40)，[40，60)，[60，80)，[80，100]. 若低于 60 分的人数是 15 人，则成绩在[80，100]学生人数是_____.

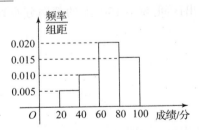

4. 一个容量为 66 的样本，数据的分组及各组的频数如下：

[11.5，15.5)，2；[15.5，19.5)，4；[19.5，23.5)，9；[23.5，27.5)，18；[27.5，31.5)，11；[31.5，35.5)，12；[35.5，39.5)，7；[39.5，43.5)，3.

根据样本的频率分布估计，数据落在[31.5，43.5)的频率约是_____.

5. 从某小学随机抽取 100 名学生，将他们的身高（单位：cm）数据绘制成频率分布直方图（如图所示）. 由图中数据可知 $a=$_____. 若要从身高在[120，130)，[130，140)，[140，150]三组内的学生中，用分层抽样的方法选取 18 人参加一项活动，则从身高在

[140, 150]内的学生中选取的人数应为_____.

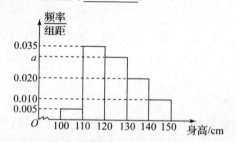

6. 我国古代数学名著《九章算术》有一抽样问题:"今有北乡若干人,西乡七千四百八十八人,南乡六千九百一十二人,凡三乡,发役三百人,而北乡需遣一百零八人,问北乡人数几何?"依分层抽样的方法,则北乡共有_____人.

二、解答题

7. 某市共有5 000名高三学生参加联考,为了了解这些学生对数学知识的掌握情况,现从中随机抽出若干名学生在这次测试中的数学成绩,制成如下频率分布表:

分组	频数	频率
[80, 90)	①	②
[90, 100)		0.050
[100, 110)		0.200
[110, 120)	36	0.300
[120, 130)		0.275
[130, 140)	12	③
[140, 150]		0.050
合计	④	

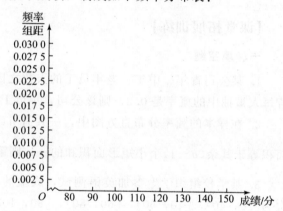

(1)根据上面的频率分布表,求①,②,③,④处的数值;
(2)在所给的坐标系中画出区间[80,150]上的频率分布直方图.

8. 某地统计局就该地居民的月收入调查了10 000人,并根据所得数据画了样本的频率分布直方图(每个分组包括左端点,不包括右端点,如第一组表示收入在[1 000, 1 500].

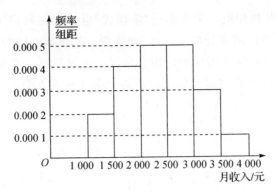

(1) 求居民月收入在 [3 000, 3 500) 的频率;

(2) 为了分析居民的收入与年龄、职业等方面的关系,必须按月收入再从这 10 000 人中用分层抽样方法抽出 100 人作进一步分析,则月收入在 [2 500, 3 000) 的这段应抽多少人?

9. 一汽车厂生产 A、B、C 三类轿车,每类轿车均有舒适型和标准型两种型号,某月的产量如下表所示(单位:辆).

项目	轿车 A	轿车 B	轿车 C
舒适型	100	150	z
标准型	300	450	600

按类用分层抽样的方法在这个月生产的轿车中抽取 50 辆,其中有 A 类轿车 10 辆.

(1) 求 z 的值;

(2) 用分层抽样的方法在 C 类轿车中抽取一个容量为 5 的样本,应如何抽取?

10. 为了鼓励市民节约用电，某市实行"阶梯式"电价，将每户居民的月用电量分为二档，月用电量不超过 200 度的部分按 0.5 元/度收费，超过 200 度的部分按 0.8 元/度收费. 某小区共有居民 1 000 户，为了解居民的用电情况，通过抽样，获得了今年 7 月份 100 户居民每户的用电量，统计分析后得到如图所示的频率分布直方图.

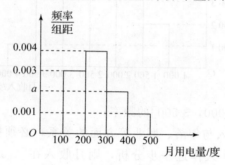

（1）求 a 的值；
（2）试估计该小区今年 7 月份用电量用不超过 260 元的户数.

8.6 样本的均值和标准差

【学习目标导航】
1. 正确理解均值方差的意义和作用.
2. 会通过样本的均值、方差估计总体的基本数字特征.
3. 用相关知识分析、解决简单的实际问题，培养分析问题、解决问题及计算能力.

【知识要点预习】

1. 样本均值：如果有 n 个数 x_1，x_2，x_3，…，x_n，那么 $\bar{x}=$ _____.
2. 样本方差：如果样本由 n 个数 x_1，x_2，…，x_n 组成，那么样本的方差为 $s^2=$ _____.
3. 样本标准差：$s=$ _____.

【知识要点梳理】

1. 样本均值：从总体中随机抽取一个容量为 n 的样本，若样本数据为 x_1，x_2，x_3，…，x_n，则称 $\bar{x}=\dfrac{1}{n}(x_1+x_2+\cdots+x_n)$ 为平均数或样本均值. 它反映出这组数据的平均水平.

2. 样本方差：如果样本由 n 个数 x_1，x_2，x_3，…，x_n 组成，那么样本方差为

$$s^2 = \frac{1}{n-1}[(x_1-\bar{x})^2+(x_2-\bar{x})^2+\cdots+(x_n-\bar{x})^2]$$

3. 样本标准差：用样本方差的算数平方根来表示个体与样本均值之间的偏离程度，称为样本标准差，即

$$s = \sqrt{\frac{1}{n-1}[(x_1-\bar{x})^2+(x_2-\bar{x})^2+\cdots+(x_n-\bar{x})^2]}$$

【知识盲点提示】

1. 平均数反映样本的平均水平，样本容量越大，可信度越高．

2. 样本方差或标准差越大，说明数据的离散程度越大；方差或标准差越小，说明数据的离散程度越小．

【课堂基础训练】

一、选择题

1. 某学习小组在一次数学测验中，得 100 分的有 1 人，95 分的有 1 人，90 分的有 2 人，85 分的有 4 人，80 分和 75 分的各有 1 人，则该小组成绩的平均数是( )．
   A. 85   B. 86   C. 87   D. 88

2. 一批灯泡抽检 5 个，使用寿命分别如下：921，1 070，975，867，1 124．其平均值是( )．
   A. 495.7   B. 4 957   C. 991.4   D. 9 914

3. 数据 8，10，9，11，12 的方差是( )．
   A. $\sqrt{2}$ B. 2   C. 10   D. $\frac{5}{2}$

4. 某中学人数相等的甲、乙两班学生参加了同一次数学测验，班平均分和方差分别为 $\bar{x}_{甲}=82$ 分，$\bar{x}_{乙}=82$ 分，$s_{甲}^2=245$，$s_{乙}^2=190$，那么成绩较为整齐的是( )．
   A. 甲班   B. 乙班
   C. 两班一样整齐   D. 无法确定

5. 甲、乙两组数据的平均值相等，假设甲组数据的方差为 $s_{甲}^2=0.085$，乙组数据的方差为 $s_{乙}^2=0.115$，那么( )．
   A. 甲组数据比乙组数据的波动大   B. 乙组数据比甲组数据的波动大
   C. 甲组数据与乙组数据的波动一样大   D. 甲、乙两组数据的波动大小不能比拟

6. 在公式 $s^2 = \frac{1}{n-1}[(x_1-\bar{x})^2+(x_2-\bar{x})^2+\cdots+(x_n-\bar{x})^2]$ 中，符号 s^2，n，$\bar{x}$ 依次表示( )．
   A. 方差、容量、平均数   B. 容量、方差、平均数
   C. 平均数、容量、方差   D. 方差、平均数、容量

7. 已知一组数据 1，−1，0，−1，1，则这组数据的方差和标准差分别是( )．
   A. 0，0   B. 0.8，0.64   C. 1，1   D. 0.8，0.89

8. 甲、乙两位同学在几次数学测验中,各自的平均成绩都是88分,甲的方差为 0.62,乙的方差为0.73,则(   ).

　　A. 甲成绩比乙成绩稳定　　　　　　B. 乙成绩比甲成绩好

　　C. 甲、乙成绩一样　　　　　　　　D. 甲、乙成绩无法比较

9. 一组数据的方差一定是(   ).

　　A. 正数　　　　B. 任意实数　　　　C. 负数　　　　D. 非负实数

10. 关于方差公式 $s^2=\dfrac{1}{n-1}[(x_1-\bar{x})^2+(x_2-\bar{x})^2+\cdots+(x_n-\bar{x})^2]$,下列说法中不正确的是(   ).

　　A. n 是样本的容量　　　　　　　　B. x_n 是样本个体

　　C. $\bar{x}$ 是样本平均数　　　　　　D. s 是样本方差

二、填空题

11. 某学员在一次射击测试中射靶6次,命中环数如下:9,5,8,4,6,10. 则(1)平均命中环数为_____;(2)命中环数的方差为_____.

12. 某射击运动员射击5次,命中的环数分别为9,8,6,8,9. 这五个数据的方差为_____.

13. 甲、乙两台机器分别灌装每瓶质量为500 g的矿泉水,从甲、乙灌装的矿泉水中分别随机抽取了30瓶,测算得它们实际质量的方差是:$s_\text{甲}^2=4.8$,$s_\text{乙}^2=3.6$,那么灌装的矿泉水质量比较稳定.

14. 一个射击运动员连续射靶5次所得环数分别是8,6,10,7,9. 那么这个运动员所得环数的方差为_____.

15. 假设10个数据的平均数是3,标准差为2,那么这组数据的方差为_____.

16. 一个样本方差为 $s^2=\dfrac{1}{5}[(x_1-5)^2+(x_2-5)^2+\cdots+(x_6-5)^2]$,那么样本容量是_____,$\bar{x}=$ _____.

三、解答题

17. 从一块小麦地里随机抽取10株小麦,测得各株高为(单位:cm):

71、77、80、78、75、84、79、82、79、75.

(1)求样本均值,并说明样本均值的意义.

(2)求样本方差及样本标准差,并说明样本方差或样本标准差的意义.

18. 两人练习百米跑步,甲的成绩为 13、12、14、12、12;乙的成绩为 12、11、13、14、12. 问:谁的成绩好一些?谁的成绩稳定一些?(单位为 s)

19. 有甲、乙、丙三名射击运动员,要从中选拔一名参加比赛,在选拔赛中每人打 10 发,环数如下:
    甲:10、10、9、10、9、9、9、9、9、9.
    乙:10、10、10、9、10、8、8、10、10、8.
    丙:10、9、8、10、8、9、10、9、9、9.
    根据以上环数谁应参加比赛?

20. 某超市销售甲、乙两种饮料,7 天的销售量如下表所示.

日期	15 日	16 日	17 日	18 日	19 日	20 日	21 日
甲种饮料	48	57	62	60	59	45	46
乙种饮料	49	48	50	47	47	45	46

请你判断甲、乙两种饮料哪一种销售比较稳定.

【课堂拓展训练】

一、填空题

1. 已知某同学五次数学成绩分别是 121,127,123,a,125,若其平均成绩是 124,则这组数据的方差是_____.

2. 已知 x_1,x_2,x_3 的平均数 $\bar{x}=10$,方差 $s^2=2$,那么 x_1+1,x_2+1,x_3+1 的平均数是_____,方差是_____.

3. 样本 38，37，38，40，39，41，43，44 的均值为_____，方差为_____，标准差为_____．

4. 从甲、乙两种树苗中各抽 10 株，分别测得它们的株高如下：（单位：cm）

甲：25，41，40，37，22，14，19，39，21，42．

乙：27，16，44，27，44，16，40，40，16，40．

可以看出树苗长得高的是_____种，树苗长得齐的是_____种．

5. 若 1，2，3，a 的平均数是 3，又 4，5，a，b 的平均数是 5，则样本 0，1，2，3，4，a，b 的方差是_____．

6. 随机抽取某商店 5 月份中的 6 天营业额分别如下（单位：万元）：2.9、3.0、3.1、3.0、3.4、3.2．试估计这个商店 5 月份的营业额大约为_____．

二、解答题

7. 为了稳定市场，确保农民增收，某农产品 7 个月份的每月市场收购价格与其前三个月的市场收购价格有关，并使其与前三个月的市场收购价格之差的平方和最小，下表列出的是该产品今年前六个月的市场收购价格：

月份	1	2	3	4	5	6
价格/(元·担$^{-1}$)	68	78	67	71	72	70

则前七个月该产品的市场收购价格为多少元/担？前七个月该产品的市场收购价格的方差为多少？

8. 要从两位射击选手中选拔一位参加射击比赛，让他们作测试，两位选手的 10 次射击成绩如下表所示：你觉得选哪位选手参加比赛合适呢？

射击序号	1	2	3	4	5	6	7	8	9	10
甲选手	9.2	9.0	9.5	8.7	9.9	10.0	9.1	8.6	8.5	9.1
乙选手	9.1	8.9	9.3	9.7	9.9	9.9	8.9	9.2	9.6	8.8

9. 已知 3，a，4，b，5，其中 a、b 是方程 $x^2-3x+2=0$ 的两根，求这五个数的方差.

10.(1)计算下列各组数据的方差：
①2、3、4、5、6；②12、13、14、15、16；③102、103、104、105、106；④20、30、40、50、60.

(2)将其他各组的方差与第一组进行比较，你有何发现？（写一条即可）

第8章 概率与统计初步测试卷 A

一、选择题（本题共 15 小题，每小题 3 分，共 45 分）

1. 下列说法中正确的是（　　）.
   A. 抛掷一枚骰子"点数不超过 2"是基本事件
   B. 常用空集符号 Φ 表示必然事件
   C. 常用大写希腊字母 Ω 表示不可能事件
   D. 在标准大气压下水加热到 50℃ 沸腾是不可能事件

2. 下列事件中是必然事件的是（　　）.
   A. 中午测王平的体温为 36.5℃
   B. 投掷一枚质地均匀的硬币 100 次，正面向上的次数为 50 次
   C. 车辆在下个路口将会遇到红灯
   D. 在平面上任意画一个三角形，其内角和为 180°

3. 在小于 10 的自然数中任取 1 个数，它是偶数的概率为（　　）.
   A. $\dfrac{4}{9}$ B. $\dfrac{1}{2}$ C. $\dfrac{1}{5}$ D. $\dfrac{2}{5}$

4. 旅游二班有学生 45 人，其中女生 30 人，男生 15 人，从中任选一人参加市级职业技能大赛，选到女生的概率是（　　）.
   A. $\dfrac{2}{3}$ B. $\dfrac{1}{3}$ C. $\dfrac{1}{2}$ D. 1

5. 掷一枚骰子，事件"出现 1 点或 2 点"的概率为（　　）.
   A. $\dfrac{1}{2}$ B. $\dfrac{1}{3}$ C. $\dfrac{1}{6}$ D. $\dfrac{1}{5}$

6. 抛掷两枚骰子，点数之和为 11 的概率为（　　）.
   A. $\dfrac{1}{6}$ B. $\dfrac{1}{36}$ C. $\dfrac{1}{18}$ D. $\dfrac{1}{9}$

7. 有六张写有汉字"学""校""学""习""学""生"的卡片，它们的背面都相同，现将它们背面朝上洗均匀后摆放成一行，从中任意翻开一张是汉字"学"的概率为（　　）.
   A. $\dfrac{5}{6}$ B. $\dfrac{1}{3}$ C. $\dfrac{1}{6}$ D. $\dfrac{1}{2}$

8. 如果一组数据 $x_1, x_2, x_3, \cdots, x_n$ 的方差是 2，那么另一组数据 $3x_1, 3x_2, 3x_3, \cdots, 3x_n$ 的方差是（　　）.
   A. 2   B. 18   C. 12   D. 6

9. 为了解 1 200 名学生对学校某项教改实验的意见，打算从中抽取一个容量为 30 的样本，考虑采用系统抽样，则分段间隔为（　　）.
   A. 40   B. 30   C. 20   D. 12

10. 一个年级有12个班,每个班有50名学生,随机编号为1~50,为了了解他们在课外的兴趣,要求每班第40号同学留下来进行问卷调查,这里运用的抽样方法是( ).

　　A. 分层抽样　　　　B. 抽签法　　　　C. 随机数法　　　　D. 系统抽样

11. 从某年级100名学生中抽取60名进行体重的分析,对于这个问题,下列说法中正确的是( ).

　　A. 60名学生体重是总体　　　　　　B. 每个学生是个体

　　C. 抽取的60名学生体重是样本　　　D. 抽取的60名学生的体重是样本容量

12. 为了了解某地参加计算机水平测试的5 008名学生的成绩,从中抽取了200名学生的成绩进行统计分析,运用系统抽样方法抽取样本时,每组的容量为( ).

　　A. 24　　　　　B. 25　　　　　C. 26　　　　　D. 28

13. 甲、乙两人在同样的条件下射击,各打5发子弹,命中环数如下:

　　甲:6,8,9,9,8;

　　乙:10,7,7,7,9.

　　则甲、乙两人射击成绩比较稳定的是( ).

　　A. 甲比乙更稳定　　　　　　　B. 乙比甲更稳定

　　C. 甲、乙稳定程度相同　　　　D. 无法进行比较

14. 甲、乙两名学生六次数学测验成绩(百分制)如下:

　　甲:72,76,80,82,86,90;

　　乙:69,78,87,88,92,96.

　　①甲同学成绩的中位数大于乙同学成绩的中位数;②甲同学的平均分比乙同学高;③甲同学的平均分比乙同学低;④甲同学成绩的方差小于乙同学成绩的方差.上面说法中正确的是( ).

　　A. ③④　　　　B. ①②④　　　　C. ②④　　　　D. ①③

15. 某地教育局为了了解"双减"政策的落实情况,在辖区内高三年级在校学生中抽取100名学生,调查他们课后完成作业的时间,根据调查结果绘制如下频率直方图.根据此频率直方图,下列结论中不正确的是( ).

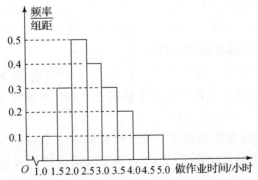

　　A. 所抽取的学生中有25人在2.0~2.5 h完成作业

B. 该地高三年级学生完成作业的时间超过 3.0 h 的概率估计为 35%

C. 估计该地高三年级学生的平均做作业的时间超过 2.7 h

D. 估计该地高三年级有一半以上的学生做作业的时间在 2～3 h

二、填空题（本题共 15 小题，每题 2 分，共 30 分）

16. 在基本条件相同的情况下，可能出现不同的结果，究竟出现哪一种结果，随"机遇"而定，带有偶然性，这类现象称为_____现象．

17. 已知 12 件同类产品中，有 10 件是正品，2 件是次品，从中任意抽取 3 件都是次品是_____事件．

18. 一个布袋中装有 8 个红球和 16 个白球，它们除颜色外都相同．现从中取走若干个白球，并放入相同数量的红球，搅拌均匀后，从袋中摸出一个红球的概率为 $\dfrac{1}{2}$，则取走了_____个白球．

19. 随意安排甲、乙二人在两天节日中值班，每人值班一天，则甲排在乙前的概率为_____．

20. 若事件 A 和事件 B 互斥，且 $P(A)=0.3$，$P(B)=0.4$，则 $P(A\cup B)=$_____．

21. 如图所示，在半径为 R 的圆内，随意撒一粒黄豆，它落在阴影部分（内接正三角形）的概率为_____．

22. 某地区年降水量在 50～100 mm 范围内的概率为 0.21，在 100～150 mm 范围内的概率为 0.22，则年降水量在 50～150 mm 范围内的概率为_____．

23. 从 1，2，3，4，5，6，7，8，9 这 9 个自然数中任选一个，所选中的数是 3 的倍数的概率为_____．

24. 要检查一个工厂产品的合格率，从 1 000 件产品中抽出 50 件进行检查，检查者在其中随意抽取了 50 件，这种抽样法可称为_____．

25. 若采用系统抽样方法从 420 人中抽取 21 人做问卷调查，为此将他们随机编号为 1，2，…，420，抽取的人的编号在区间 [241，360] 内的人数是_____．

26. 某校做了一次关于"感恩父母"的问卷调查，从 8～10 岁，11～12 岁，13～14 岁，15～16 岁四个年龄段回收的问卷依次为 120 份，180 份，240 份，x 份．因调查需要，从回收的问卷中按年龄段分层抽取容量为 300 的样本，其中在 11～12 岁学生问卷中抽取 60 份，则在 15～16 岁学生中抽取的问卷份数为_____．

27. 某校有学生 1 200 人，其中高三学生 400 人，为了解学生的身体素质情况，采用按年级分层随机抽样的方法，从该校学生中抽取一个 120 人的样本，则样本中高三学生的人数为_____．

28. 为了解某高级中学学生的体重状况，打算抽取一个容量为 n 的样本，已知该校高一、高二、高三学生的数量之比为 4∶3∶2，现用分层抽样的方法抽出的样本中高三学生有 10 人，那么样本容量 n 为_____．

29. 为了解篮球爱好者小李的投篮命中率与打篮球时间之间的关系，如表所示，记录

152

了小李某月1号到5号每天打篮球的时间 x(单位:h)与当天投篮命中率 y 之间的数据:

时间 x	1	2	3	4	5
命中率 y	0.4	0.5	0.6	0.6	0.4

小李这5天的平均投篮命中率为_____.

30. 下面是2021年某校举行的元旦诗歌朗诵比赛中,7位评委为某位选手打出的分数统计:79,84,84,86,84,87,93. 去掉一个最高分和一个最低分,所剩数据的平均数为方差为_____.

三、解答题(本题共7小题,共45分)

31. (5分)某种新药在使用的患者中进行调查的结果如下表所示.

被调查的人数 n	100	200	500	1 000	2 000
用药有效人数 m	81	165	401	792	1 580
有效频率 $\dfrac{m}{n}$					

(1)请填写表中有效频率一栏;
(2)指出该药的有效概率大约是多少.

32. (6分)抛掷一枚质地均匀的骰子,观察向上一面的点数,求下列事件的概率:
(1)点数为2;(2)点数为奇数;(3)点数大于2且小于5.

33. (6分)从一副52张(不含大、小王)的扑克牌中,任意抽取一张,求下列事件的概率:
(1)抽出一张为红桃;(2)抽出一张为红色K;(3)抽出一张为梅花J.

34.(6分)某射手在一次射击中命中9环的概率为0.35,命中8环的概率为0.31,不够8环的概率为0.11,求这位射手在一次射击中命中不少于9环的概率.

35.(8分)在每年的春节后,某市政府都会发动公务员参与到植树绿化活动中去.林业管理部门在植树前,为了保证树苗的质量,都会在植树前对树苗进行检测,现从甲、乙两种树苗中各抽测了10株树苗,量出它们的高度如下(单位:cm):

甲:37,21,31,20,29,19,32,23,25,33;

乙:10,30,47,27,46,14,26,10,44,46.

(1)写出两个统计结论,并根据写出的两个统计结论对甲、乙两种树苗的高度作比较.

(2)设抽测的10株甲种树苗高度平均值为$\bar{x}$,方差为s^2,分别计算出$\bar{x}$与s^2.并说明s^2的统计学意义.

36.(6分)某单位有2 000名职工,老年、中年、青年分布在管理、研发、营销、生产各部门中,如表所示.

职工	管理	研发	营销	生产	小计
老年	40	40	40	80	200
中年	80	120	160	240	600
青年	40	160	280	720	1 200
小计	160	320	480	1 040	2 000

(1)若要抽取40人调查身体情况,应该怎样抽样?

(2)若要开一个25人的讨论单位发展与薪金调整方面的座谈会,应怎样抽选出席人?

(3)若要抽20人调查员工对2020年颁发的《民法典》的了解,应怎样抽样?

37.（8分）某中学高一女生共有450人，为了了解高一女生的身高（单位：cm）情况，随机抽取部分高一女生测量身高，所得数据整理后列出频率分布表如下表所示．

组别	频数	频率
[145.5，149.5)	8	0.16
[149.5，153.5)	6	0.12
[153.5，157.5)	14	0.28
[157.5，161.5)	10	0.20
[161.5，165.5)	8	0.16
[165.5，169.5]	m	n
合计	M	N

(1)求出表中字母 m，n，M，N 所对应的数值；

(2)画出频率分布直方图；

(3)估计该校高一女生身高在[149.5，165.5)范围内有多少人．

第8章 概率与统计初步测试卷 B

一、选择题(本题共 15 小题，每小题 3 分，共 45 分)

1. 下列现象中不是随机现象的是( ).
   A. 明天下雨 B. 抛一枚硬币，出现反面向上
   C. 买一张彩票中奖 D. 导体通电，发热

2. "任意买一张电影票，座位号是 2 的倍数"，此事件是( ).
   A. 不可能事件 B. 随机事件
   C. 必然事件 D. 以上都不是

3. 从 5 名女生中任选 2 人，这 2 人都是女生的概率为( ).
   A. 0 B. 1 C. 2 D. 不存在

4. 从 10 个白球中抽出 3 个，则抽出来的 3 个是黑球的概率为( ).
   A. 0 B. 1 C. 2 D. 不存在

5. 某面试考场有 6 张考题为签，编号为 1，2，3，4，5，6，考试时，每个考生任取一张考题签，则某一考生抽中 6 号签的概率为( ).
   A. $\dfrac{1}{2}$ B. $\dfrac{1}{3}$ C. $\dfrac{1}{6}$ D. 1

6. 同时抛掷 3 枚硬币，3 枚出现同一面向上的概率为( ).
   A. $\dfrac{1}{2}$ B. $\dfrac{1}{4}$ C. $\dfrac{1}{8}$ D. $\dfrac{1}{6}$.

7. 一个正方形及其内切圆，随机向正方形内抛一颗豆子，假设豆子落到正方形内，则豆子落到内切圆内的概率为( ).
   A. $\dfrac{2}{\pi}$
   B. $\dfrac{\pi-2}{\pi}$
   C. $\dfrac{\sqrt{2}}{\pi}$
   D. $\dfrac{\pi}{4}$

8. 为调查参加运动会的 1 000 名运动员的年龄情况，从中抽查了 100 名运动员的年龄，就这个问题来说，下列说法中正确的是( ).
   A. 1 000 名运动员是总体 B. 每个运动员是个体
   C. 抽取的 100 名运动员是样本 D. 样本容量是 100

9. 某校有 40 个班, 每班 50 人, 要求每班随机选派 3 人参加"学生代表大会". 在这个问题中样本容量是(　　).

　　A. 40　　　　B. 50　　　　C. 120　　　　D. 150

10. 为了解所加工一批零件的长度, 抽测了其中 200 个零件的长度, 在这个问题中, 200 个零件的长度是(　　).

　　A. 总体　　　　　　　　　　B. 总体容量
　　C. 总体的一个样本　　　　　D. 样本容量

11. 为了了解参加某次知识竞赛的 1 252 名学生的成绩, 决定采用系统抽样的方法抽取一个容量为 50 的样本, 那么从总体中应随机剔除的个体数目为(　　).

　　A. 2　　　　B. 3　　　　C. 4　　　　D. 5

12. 下列说法中错误的个数是(　　).

①总体的个体数不多时宜用简单随机抽样法; ②系统抽样中在总体均分后的每一部分进行抽样时, 采用的是简单随机抽样; ③百货商场的抽奖活动是抽签法; ④整个系统抽样过程中, 每个个体被抽取的机会相等.

　　A. 1　　　　B. 2　　　　C. 3　　　　D. 4

13. 在一次射击练习中, 甲、乙两人前 5 次射击成绩分别为(单位: 环)

甲: 10, 8, 10, 10, 7;

乙: 7, 10, 9, 9, 10.

则这次练习中, 甲、乙两人方差 $s_甲^2$ 与 $s_乙^2$ 的大小关系是(　　).

　　A. $s_甲^2 > s_乙^2$　　　　　　　　B. $s_甲^2 < s_乙^2$
　　C. $s_甲^2 = s_乙^2$　　　　　　　　D. 无法确定

14. 若某校高一年级 8 个班参加合唱比赛的得分为 89, 87, 93, 91, 96, 94, 90, 92, 则这组数据的中位数和平均数分别是(　　).

　　A. 91.5 和 91.5　　　　　　　B. 91.5 和 92
　　C. 91 和 91.5　　　　　　　　D. 92 和 92

15. 某学校组织学生参加英语测试, 成绩的频率分布直方图如图所示, 数据的分组依次为[20, 40), [40, 60), [60, 80), [80, 100]. 若低于 60 分的人数是 15 人, 则该班的学生人数是(　　).

　　A. 45
　　B. 50
　　C. 55
　　D. 60

二、填空题(本题共 15 小题, 每空 2 分, 共 30 分)

16. "小林同学骑自行车从家到学校, 花费了 20 min"是_____事件(随机、不可能、必然).

17. 一运动员在某次射击比赛中, 射击了 5 次, 命中 4 次, 则他的命中率为_____.

18. 若一个袋子中有 12 个白球和 3 个红球，它们除颜色外，其他地方没有差别，现在从袋中随意取出 1 个球，则取到白球的概率为_____。

19. 从 100 张卡片(从 1 号到 100 号)中任取 1 张，取到的卡号恰是 7 的倍数的概率为_____。

20. 某产品分为一等品、二等品、三等品三类，其中一等品和二等品为合格品，三等品为不合格品，现有 100 个产品，其中一等品 30 个、二等品 58 个，其余为三等品，现从中任取一个，是合格品的概率为_____。

21. 四位数 $30m6$（其中十位上的数字 m 可取 $0, 1, \cdots, 9$），则这个四位数能被 3 整除的概率为_____。

22. 有 2 个兴趣小组，甲、乙两位同学各自参加其中一个小组，每位同学参加各个小组的可能性相同，则这两位同学参加同一兴趣小组的概率为_____。

23. 任选一个不大于 20 的正整数，它恰好不是 5 的整数倍的概率为_____。

24. 已知一个样本中的数据为 1, 2, 3, 4, 5，则该样本的标准差为_____。

25. 下表是某班 50 名学生综合能力测试的成绩分布表，则该班成绩的平均成绩为_____。

分数	1	2	3	4	5
人数	5	10	10	20	5

26. 中小学生的视力状况受到社会的关注．某市有关部门从全市 6 万名高一学生中随机抽取 400 名学生，对他们的视力状况进行一次调查统计，将所得到的有关数据绘制成频率分布直方图，如图所示，从左至右五个小组的频率之比为 5∶7∶12∶10∶6，则抽取的这 400 名高一学生中视力在 [3.95, 4.25) 范围内的学生有_____人．

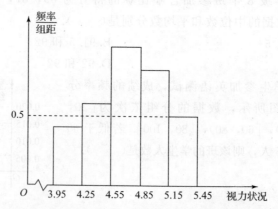

27. 某地区有小学 150 所，中学 75 所，大学 25 所．现采用分层抽样的方法从这些学校中抽取 30 所学校对学生进行视力调查，应从小学中抽取_____所学校，从中学中抽取_____所学校．

28. 高三(1)班共有 56 人，学号依次为 1, 2, 3, …, 56，现用系统抽样的办法抽取一个容量为 4 的样本，已知学号为 6, 34, 48 的同学在样本中，那么还有一个同学的学号应为_____。

29. 防疫站对学生进行身体健康调查，采用分层抽样法抽取，我县一中高三有学生1 600人，抽取一个容量为200的样本，已知女生比男生少抽10人，则该校高三的女生人数应该有_____.

30. 为了研究疫情病毒和人的血型间的关系，在被感染的2 400人中，O型血有800人，A型血有600人，B型血有600人，AB型血有400人. 在这2 400人中，采用分层抽样的方法抽取一个容量为120人的样本，则应从O型血中抽取的人数为_____.

三、解答题（本题共7个小题，共45分）

31. （6分）某校组织一、二、三年级学生代表开会，一、二、三年级学生代表人数分别为15，20，25人，一人从门前经过听到代表发言，那么发言人是二年级或三年级学生代表的概率是多少？

32. （5分）取一个边长为1的正方形及其外接圆，在圆内随机取一点，求该点取自正方形内的概率.

33. （5分）有50张电影票，编号分别为1，2，3，…，50，某人任抽一张，求：
(1)抽到5号电影票的概率；
(2)抽到前5号电影票的概率.

34. （7分）从1，2，3，4，5中任取两个不同的数组成一个两位数，求以下几种情况的概率.
(1)这个两位数大于30；
(2)这个两位数是偶数；
(3)这个两位数能被3整除.

35.（8分）某政府机关有在编人员100人，其中副处级以上干部10人，一般干部70人，工人20人．上级机关为了了解政府机构改革意见，要从中抽取一个容量为20的样本，试确定用何种方法抽取，请具体实施抽取．

36.（6分）某校高一某班的某次数学测试成绩（满分为100分）的统计数据中80～89分那部分的成绩和频率分布直方图都受了不同程度的破坏，但可见部分如图所示，据此解答下列问题：

56，58，62，63，63，65，66，68，69，71，72，72，73，74，75，76，77，78，79（80～89分的数据缺失），95，98．

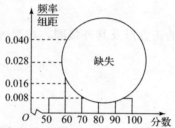

(1) 求分数在[50，60]的频率及全班人数．
(2) 求分数在[80，90]的频数，并计算频率分布直方图中[80，90]的矩形的高．

37.（8分）某工厂甲、乙两个车间包装同一种产品，在自动包装传送带上，每隔30 min抽一包产品，称其重量是否合格，分别记录抽查数据如下（单位：kg）：

甲车间：102，101，99，98，103，98，99；
乙车间：110，115，90，85，75，115，110．

(1) 这种抽样方法是何种抽样方法？
(2) 试根据这组数据说明哪个车间产品较稳定？

参考答案

第5章 指数函数与对数函数

5.1 实数指数幂

5.1.1 有理数指数幂

【课堂基础训练】

一、选择题

1. D 解析：$4^{-3}=\dfrac{1}{4^3}=\dfrac{1}{64}$.

2. C 解析：$\dfrac{1}{\sqrt[5]{a^3}}=\dfrac{1}{a^{\frac{3}{5}}}=a^{-\frac{3}{5}}$.

3. B 解析：$a^{\frac{1}{2}}=\sqrt{a}$.

二、填空题

4. $3^{\frac{1}{3}}$ 解析：$\sqrt[3]{3}=3^{\frac{1}{3}}$.

5. $\left(\dfrac{1}{2},+\infty\right)$ 解析：$y=(2x-1)^{-\frac{1}{2}}=\dfrac{1}{\sqrt{2x-1}}$，则 $2x-1>0$，解得 $x>\dfrac{1}{2}$.

6. $|a|$ 解析：$\sqrt[4]{a^4}=|a|$.

三、解答题

7. (1) $a^{\frac{6}{5}}$ 解析：$(\sqrt[5]{a^3})^2=a^{\frac{6}{5}}$.

(2) $-3a^{-\frac{1}{2}}$ 解析：$\dfrac{-3}{\sqrt{a}}=-3a^{-\frac{1}{2}}$.

8. (1) $\sqrt[3]{a^2}$ 解析：$a^{\frac{2}{3}}=\sqrt[3]{a^2}$.

(2) $\dfrac{1}{\sqrt[5]{a^2}}$ 解析：$a^{-\frac{2}{5}}=\dfrac{1}{\sqrt[5]{a^2}}$.

【课堂拓展训练】

一、选择题

1. C 解析：因为 $(\pm 3)^4=81$，所以 81 的 4 次方根有两个，是 ± 3.

2. C 解析：$y=x^{-2}=\dfrac{1}{x^2}$.

3. C 解析：$\sqrt[3]{a^3}=a$.

二、填空题

4. -5 解析：$(-125)^{\frac{1}{3}}=(-5)^{3\times\frac{1}{3}}=-5$.

5. $\left(-\infty,\dfrac{3}{2}\right)$ 解析：$(3-2x)^{-\frac{3}{4}}=\dfrac{1}{\sqrt[4]{(3-2x)^3}}$，故 $3-2x>0$，解得 $x<\dfrac{3}{2}$.

6. $\dfrac{1}{3}$ 解析：$27^{-\frac{1}{3}}=3^{3\times(-\frac{1}{3})}=3^{-1}=\dfrac{1}{3}$.

三、解答题

7. 1 解析：$\left(\dfrac{2}{3}\right)^y=\left(\dfrac{2}{3}\right)^{-x^2+1}$，$y=-x^2+1$，故 y 的最大值为 1.

5.1.2 实数指数幂

【课堂基础训练】

一、选择题

1. B 解析：由 $(ab)^a=a^a\cdot b^a$，得 $(xy)^{-1}=x^{-1}y^{-1}$.

2. B 解析：$a^{\frac{2}{3}}\cdot a^{-\frac{2}{3}}=a^0=1$.

3. C 解析：$y=x^{\frac{1}{2}}=\sqrt{x}$，故 $x\geqslant 0$.

4. B 解析：因 $(a^\alpha)^\beta=a^{\alpha\beta}$，故 $(x^{\frac{3}{4}})^{\frac{4}{3}}=x^{\frac{3}{4}\times\frac{4}{3}}=x$.

5. C 解析：$(0.01)^{-\frac{3}{2}}=(10)^{-2\times(-\frac{3}{2})}=10^3=1\,000$.

6. D 解析：$a^{\frac{1}{3}}\cdot a^2\cdot\sqrt[3]{a}=a^{\frac{1}{3}+2+\frac{1}{3}}=a^{\frac{8}{3}}$.

7. A 解析：$\sqrt[3]{a^2}=a^{\frac{2}{3}}$.

8. D 解析：$\left(\dfrac{3}{4}\right)^{2x}=\left(\dfrac{3}{4}\right)^3$，$2x=3$，解得 $x=\dfrac{3}{2}$.

9. B 解析：原式 $=\dfrac{7^5}{3^5}\times 1\times\dfrac{3^8}{7^4}=7\times 3^3=7\times 27=189$.

10. A 解析：原式 $=3^{4\times\frac{3}{4}}\times 3^{-3}+\left(\dfrac{1}{2}\right)^{-1}\times 1=1+2=3$.

二、填空题

11. 1 解析：原式 $=a^{\frac{1}{2}+\frac{3}{4}-\frac{1}{3}-\frac{5}{6}-\frac{1}{12}}=a^0=1$.

12. $a^{\frac{5}{3}}$ 解析：原式 $=a^{\frac{1}{3}+\frac{5}{6}+\frac{1}{2}}=a^{\frac{5}{3}}$.

13. 2 解析：$\left(\dfrac{1}{32}\right)^{-\frac{1}{5}}=\left(\dfrac{1}{2}\right)^{-1}=2$.

14. 26 解析：原式 $=3^{3\times\frac{2}{3}}+1+\left(\dfrac{1}{2}\right)^{-4}=9+1+16=26$.

15. 4　解析：$2\sqrt{2} \cdot \sqrt[4]{2} \cdot \sqrt[8]{4} = 2^{1+\frac{1}{2}+\frac{1}{4}+\frac{1}{4}} = 2^2 = 4$.

16. 0　解析：$(0.25)^{-0.5} + \left(\dfrac{1}{27}\right)^{-\frac{1}{3}} - 625^{0.25} = \left(\dfrac{1}{2}\right)^{-1} + \left(\dfrac{1}{3}\right)^{-1} - 5 = 2 + 3 - 5 = 0$.

三、解答题

17.（1）7　解析：两边平方，得 $(x^{\frac{1}{2}} + x^{-\frac{1}{2}})^2 = x + x^{-1} + 2 = 9$，故 $x + x^{-1} = 7$.
　（2）47　解析：$(x + x^{-1})^2 = x^2 + x^{-2} + 2 = 49$，故 $x^2 + x^{-2} = 47$.

18. 200　解析：$3^{3a+2b} = 3^{3a} \times 3^{2b} = (3^a)^3 \times (3^b)^2 = 2^3 \times 5^2 = 8 \times 25 = 200$.

19. $x=2$　解析：$2^{2x} - 2 \cdot 2^x - 8 = 0$，设 $t = 2^x$，则 $t^2 - 2t - 8 = 0$，解得 $t = -2$ 或 4. $2^x = -2$ 不合题意，故舍去，$2^x = 4$，解得 $x = 2$.

20. $[4, 5) \cup (5, +\infty)$　解析：$x - 5 \neq 0$ 且 $x - 4 \geq 0$，解得 $x \geq 4$ 且 $x \neq 5$.

【课堂拓展训练】

一、选择题

1. C　解析：$81^{-\frac{1}{4}} = 3^{4 \times (-\frac{1}{4})} = 3^{-1} = \dfrac{1}{3}$.

2. A　解析：$2^{x-1} = a$，$\dfrac{2^x}{2} = a$，$2^x = 2a$；$2^{y+2} = b$，$2^y \times 2^2 = b$，$2^y = \dfrac{b}{4}$；$2^{x+y} = 2^x \times 2^y = 2a \times \dfrac{b}{4} = \dfrac{1}{2}ab$.

3. A　解析：原式 $= 2^{5 \times \frac{2}{5}} + 2^{-\frac{1}{2} \times (-4)} \times 2^{-1} - 5 = 4 + 2 - 5 = 1$.

4. B　解析：$(a^{\frac{1}{2}} + b^{\frac{1}{2}})(a^{\frac{1}{2}} - b^{\frac{1}{2}}) = (a^{\frac{1}{2}})^2 - (b^{\frac{1}{2}})^2 = a - b$.

5. B　解析：$\sqrt[3]{9} \cdot \sqrt[9]{27} \cdot \sqrt{3} = 3^{\frac{2}{3}} \times 3^{\frac{3}{9}} \times 3^{\frac{1}{2}} = 3^{\frac{2}{3}+\frac{1}{3}+\frac{1}{2}} = 3^{\frac{3}{2}}$.

6. C　解析：$\left(\dfrac{1}{4}\right)^{-\frac{1}{2}} - 625^{0.25} = \left(\dfrac{1}{2}\right)^{-1} - 5 = 2 - 5 = -3$.

二、填空题

7. $\dfrac{11}{3}$　解析：原式 $= \dfrac{2}{3} + 1 + 2 = \dfrac{11}{3}$.

8. $a^{-4}b^{-3}$　解析：原式 $= a^{-4}b^{-3}$.

9. 1　解析：原式 $= \left(\dfrac{2}{3}\right)^{-1} - 1 + \dfrac{1}{2} = \dfrac{3}{2} - 1 + \dfrac{1}{2} = 1$.

三、解答题

10. $x = 2$　解析：$3^{2x} - 5 \cdot 3^x - 36 = 0$，设 $t = 3^x$，则 $t^2 - 5t - 36 = 0$，解得 $t = -4$ 或 9. $3^x = -4$ 不合意题，舍去，$3^x = 9$，得 $x = 2$.

5.2 指数函数

【课堂基础训练】

一、选择题

1. C 解析：在函数 $y=\pi^x$ 中，底数是 π，指数是自变量，系数是 1，故是指数函数．

2. C 解析：指数函数过点 $\left(\dfrac{3}{2}, 27\right)$，代入得 $27=a^{\frac{3}{2}}$，解得 $a=9$，故 $y=9^x$．

3. A 解析：所有指数函数的图像恒过点 $(0, 1)$．

4. D 解析：当 $0<a<1$ 时，指数函数 $y=a^x$ 是减函数；当 $a>1$ 时，指数函数 $y=a^x$ 是增函数．

5. B 解析：当 $x\in(0, 1)$，$\left(\dfrac{3}{2}\right)^0<y<\left(\dfrac{3}{2}\right)^1$，即 $y\in\left(1, \dfrac{3}{2}\right)$．

6. C 解析：$y=a^x$ 中，$a>0$ 且 $a\neq 1$，$y=x+a$ 中，直线自左向右增，且与 y 轴交于正半轴 $(0, a)$ 处，选项 C 中，指数函数是减函数，故 $0<a<1$，直线图像吻合．

7. B 解析：函数 $y=a^x$ 与 $y=\left(\dfrac{1}{a}\right)^x$ 的图像关于 y 轴对称．

8. B 解析：函数 $y=3^{-x}$ 的底数是 $\dfrac{1}{3}$，比 1 小，故指数函数在 **R** 上是减函数．

9. C 解析：由 $16-2^x\geqslant 0$，得 $2^x\leqslant 16$，解得 $x\leqslant 4$．

10. A 解析：$a^0+a^1=6$，解得 $a=5$．

二、填空题

11. $\left(-\infty, \dfrac{1}{3}\right)$ 解析：$5^{3x-1}<1$，$5^{3x-1}<5^0$，$3x-1<0$，$x<\dfrac{1}{3}$．

12. $(1, +\infty)$ 解析：当 $0<a<1$ 时，指数函数 $y=a^x$ 在 **R** 内是减函数；当 $a>1$ 时，指数函数 $y=a^x$ 在 **R** 内是增函数．

13. $(-\infty, 0)$ 解析：$0.2^x>1$，$0.2^x>0.2^0$，$x<0$．

14. $\left(\dfrac{1}{2}\right)^x$ 解析：函数 $y=a^x$ 与 $y=\left(\dfrac{1}{a}\right)^x$ 的图像关于 y 轴对称．

15. $>$ 解析：$\pi>1$，$y=\pi^x$ 在 **R** 上是增函数，$-0.2>-0.3$，故 $\pi^{-0.2}>\pi^{-0.3}$．

16. $m<n$ 解析：$0<\dfrac{1}{3}<1$，$y=\left(\dfrac{1}{3}\right)^x$ 在 **R** 上是减函数，$\left(\dfrac{1}{3}\right)^{-m}<\left(\dfrac{1}{3}\right)^{-n}$，故 $-m>-n$，所以 $m<n$．

三、解答题

17. (1) $(-\infty, 0)\cup(0, +\infty)$ 解析：$5^x-1\neq 0$，$5^x\neq 1$，$x\neq 0$．

    (2) $(-\infty, 3]$ 解析：$27-3^x\geqslant 0$，$3^x\leqslant 27$，$x\leqslant 3$．

18. $\dfrac{1}{4}$ 解析：把 $\left(1, \dfrac{1}{2}\right)$ 代入 $y=a^x$ 得 $\dfrac{1}{2}=a^1$，$a=\dfrac{1}{2}$，$f(2)=\left(\dfrac{1}{2}\right)^2=\dfrac{1}{4}$．

19. $(-4, 7)$ 解析：$2^{-x^2+2x+15} > 2^{-x-13}$，$-x^2+2x+15 > -x-13$，$x^2-3x-28 < 0$，解得 $-4 < x < 7$.

20. 奇函数 解析：函数的定义域是 $\mathbf{R}$，$f(-x)=2^{-x}-2^x=-(2^x-2^{-x})=-f(x)$，故函数是奇函数.

【课堂拓展训练】

一、选择题

1. B 解析：$f(x)=0.2^{-3x}=(0.2^{-3})^x=125^x$，底数 $125 > 1$，所以在 $\mathbf{R}$ 上是增函数.

2. B 解析：$x=1$ 代入 $y=2^{-x}$ 得 $y=2^{-1}=\dfrac{1}{2}$.

3. A 解析：$0.25^0=1$，故过点 $(0, 1)$.

4. B 解析：$y=2^x-3$ 可由 $y=2^x$ 的图像向下平移 3 个单位得到，故不过第二象限.

5. B 解析：$y=\left(\dfrac{2}{3}\right)^x$ 的底数是 $\dfrac{2}{3}$，指数是自变量，系数是 1，故是指数函数.

6. C 解析：$a-1 > 1$，故 $a > 2$.

7. B 解析：$5^{-x}=5^{3x^2}$，$-x=3x^2$，$x=-\dfrac{1}{3}$.

8. C 解析：$x \neq 0$，$y \neq 2^0$，$y \neq 1$，故 $y > 0$ 且 $y \neq 1$.

9. B 解析：$y=2^{|x|}$ 是偶函数，故函数图像关于 y 轴对称.

10. C 解析：$y=2^x$ 的值域是 $(0, +\infty)$，故 $y=2^x+3$ 的值域是 $(3, +\infty)$.

二、填空题

11. $(-\infty, 0)$ 解析：$5^x < 5^0$，$x < 0$.

12. $\mathbf{R}$ 解析：指数函数的定义域是 $\mathbf{R}$.

13. 增 解析：指数函数的底数是 $2^{\frac{1}{3}}=\sqrt[3]{2} > 1$，所以该函数在 $\mathbf{R}$ 上是增函数.

14. $(1, +\infty)$ 解析：$0.3^{2x} > 0.3^{3x-1}$，$2x < 3x-1$，$x > 1$.

15. $>$ 解析：$2^{0.2} > 2^0$，$2^{0.2} > 1$；$0.2^2 < 0.2^0$，$0.2^2 < 1$，故 $2^{0.2} > 0.2^2$.

16. $(0, 6)$ 解析：$y=a^x$ 的图像恒过点 $(0, 1)$，$y=a^x+5$ 的图像恒过点 $(0, 6)$.

三、解答题

17. (1) $(-\infty, 0) \cup (0, +\infty)$ 解析：$2^x-1 \neq 0$，$2^x \neq 1$，$x \neq 0$.

(2) $[-2, +\infty)$ 解析：$9-\left(\dfrac{1}{3}\right)^x \geqslant 0$，$\left(\dfrac{1}{3}\right)^x \leqslant 9$，$3^{-x} \leqslant 3^2$，$x \geqslant -2$.

18. 16 解析：$a^3=8$，$a=2$，$f(4)=2^4=16$.

19. $(-\infty, -3) \cup (1, +\infty)$ 解析：$\left(\dfrac{1}{3}\right)^{x-3} < 3^{x^2+x}$，$3^{-x+3} < 3^{x^2+x}$，$-x+3 < x^2+x$，$x^2+2x-3 > 0$，解得 $x < -3$ 或 $x > 1$.

20. $x=-2$ 或 $x=1$ 解析：$2^{x-3}=\left(\dfrac{1}{2}\right)^{x^2+1}$，$x-3=-x^2-1$，$x^2+x-2=0$，解得 $x=-2$ 或 $x=1$.

5.3 对数

5.3.1 对数的概念

【课堂基础训练】

一、选择题

1. D 解析：由 $a^b=N \Leftrightarrow \log_a N=b$ 知 $2^x=5 \Leftrightarrow \log_2 5=x$.

2. B 解析：由 $a^b=N \Leftrightarrow \log_a N=b$ 知 $4^{-3}=\dfrac{1}{64} \Leftrightarrow \log_4 \dfrac{1}{64}=-3$.

3. A 解析：由 $a^b=N \Leftrightarrow \log_a N=b$ 知 $\log_3 x=2 \Leftrightarrow x=3^2=9$.

4. D 解析：由 $a^{\log_a N}=N$，知 $3^{\log_3 \sqrt{5}}=\sqrt{5}$.

5. A 解析：由 $a^{\log_a N}=N$，知 $10^{\lg 0.01}=0.01$.

6. C 解析：由 $\log_a a^b=b$，知 $\log_{0.1} 10=\log_{0.1} 0.1^{-1}=-1$.

7. A 解析：由 $\log_a a^b=b$，知 $\log_3 3^x=x$，所以 $x=5$.

8. D 解析：$e^{\ln 2}+\lg 1-\ln e=2+0-1=1$.

9. C 解析：$2^{\log_2 \frac{1}{2}}=\dfrac{1}{2}$.

10. A 解析：$\log_2 16-16^{\frac{1}{2}}=4-4=0$.

二、填空题

11. $5^{-3}=\dfrac{1}{125}$.

12. 1；0；1；1 解析：$\log_a 1=0$，$\log_a a=1$.

13. 4；2 解析：$\log_2 16=\log_2 2^4=4$；$\lg 100=\lg 10^2=2$.

14. 10 解析：$2^{1+\log_2 5}=2 \times 2^{\log_2 5}=2 \times 5=10$.

15. 3 解析：$\log_3 3+2^{\log_2 1}+(\sqrt{2}-1)^0=1+1+1=3$.

16. 5 解析：$\log_{15} 1+2\sqrt{(-4)^2}-10^{\lg 3}=0+8-3=5$.

三、解答题

17. 解：由 $a^b=N \Leftrightarrow \log_a N=b$；

$3^x=5 \Leftrightarrow \log_3 5=x$；$27^{\frac{1}{3}}=3 \Leftrightarrow \log_{27} 3=\dfrac{1}{3}$；

$10^x=8 \Leftrightarrow \lg 8=x$；$a^{\frac{3}{2}}=b(a>0$ 且 $a \neq 1) \Leftrightarrow \log_a b=\dfrac{3}{2}$.

18. 解：由 $a^b=N \Leftrightarrow \log_a N=b$；

$\log_3 81=4 \Leftrightarrow 3^4=81$；$\log_2 \dfrac{1}{32}=-5 \Leftrightarrow 2^{-5}=\dfrac{1}{32}$；

lg 100＝2⇔10^2＝100；$\log_9 3=\frac{1}{2}$⇔$9^{\frac{1}{2}}$＝3.

19．解：原式可转化为 $\log_4(x-3)=2$，有 $x-3=16$，得 $x=19$.

20．解：$\log_5 5+\sqrt[3]{(-2)^3}-27^{-\frac{1}{3}}+e^{\ln 3}=1-2-\frac{1}{3}+3=\frac{5}{3}$.

【课堂拓展训练】

一、选择题

1．C　解析：底数大于 0 且不等于 1.

2．D　解析：由 $\begin{cases}a+1>0\\a+1\neq 1\\2-a>0\end{cases}$，得 $\begin{cases}a>-1\\a\neq 0\\a<2\end{cases}$，即 $-1<a<2$，且 $a\neq 0$.

3．B　解析：$\log_2(\log_3 x)=0$，则 $\log_3 x=1$，解得 $x=3$，所以 $2^{-x}=2^{-3}=\frac{1}{8}$.

二、填空题

4．$a=\frac{1}{3}$　解析：$\log_a\frac{1}{27}=3$，则 $a^3=\frac{1}{27}$，则 $a=\frac{1}{3}$.

5．$x=3$　解析：$\lg(3x+1)=1$，则 $3x+1=10$，得 $x=3$.

6．(1) 3　解析：$\log_{20} 1+\lg 1\,000-2\log_3 3+e^{\ln 2}=0+3-2+2=3$.

(2) $\sqrt{2}$　解析：$3^{\log_3\sqrt{2}}=\sqrt{2}$.

三、解答题

7．解：由 $\log_a 5=n$，知 $a^n=5$，又 $a^m=4$，所以 $a^{m+n}=a^m\cdot a^n=4\times 5=20$.

5.3.2　积、商、幂的对数

【课堂基础训练】

一、选择题

1．C　解析：因 $\log_a(M\cdot N)=\log_a M+\log_a N$，所以 A 错．$\log_a 2M=\log_a 2+\log_a M$，所以 B 错．$\log_a\frac{M}{N}=\log_a M-\log_a N$，所以 D 错．$\log_a\sqrt{M}=\log_a M^{\frac{1}{2}}=\frac{1}{2}\log_a M$，所以 C 对.

2．D　解析：$\log_2 16=\log_2 2^4=4$.

3．A　解析：$\log_2 9-\log_2 3=\log_2\frac{9}{3}=\log_2 3$.

4．B　解析：$\log_x\frac{1}{8}=3$，则 $x^3=\frac{1}{8}$，所以 $x=\frac{1}{2}$.

5．C　解析：$\lg 5+\lg 2=\lg 10=1$.

6．D　解析：$\lg ab=\lg a+\lg b=5+3=8$，所以 $ab=10^8$.

7．A　解析：$\log_2 9\cdot\log_3 8=2\log_2 3\cdot 3\log_3 2=6\log_2 3\cdot\log_3 2=6$.

8．B　解析：$\log_2 6=\log_2(2\times 3)=\log_2 2+\log_2 3=1+a$.

— 7 —

9. B　解析：$\lg 50+\lg 2-\lg 0.01=\lg 100-\lg 10^{-2}=2-(-2)=4$.

10. C　解析：$\log_2 25=\dfrac{\lg 25}{\lg 2}=\dfrac{2\lg 5}{\lg 2}=\dfrac{2\lg \dfrac{10}{2}}{\lg 2}=\dfrac{2(\lg 10-\lg 2)}{\lg 2}=\dfrac{2(1-a)}{a}$.

二、填空题

11. 1 000　解析：$\lg x=3$，$x=10^3=1\,000$.

12. 3　解析：$\log_2 32-\log_2 4=\log_2\dfrac{32}{4}=\log_2 8=3$.

13. 2　解析：$\lg 4+2\lg 5=2\lg 2+2\lg 5=2(\lg 10)=2$.

14. 3　解析：$\lg 20+\lg 50=\lg 1\,000=3$.

15. $\dfrac{1}{2}$　解析：$\ln\sqrt{\mathrm{e}}=\ln \mathrm{e}^{\frac{1}{2}}=\dfrac{1}{2}$.

16. 2　解析：$\log_2(\log_3 81)=\log_2 4=2$.

三、解答题

17. (1) $3\lg x+\dfrac{1}{3}\lg y-2\lg z$　解析：$\lg\dfrac{x^3 y^{\frac{1}{3}}}{z^2}=\lg x^3+\lg y^{\frac{1}{3}}-\lg z^2=3\lg x+\dfrac{1}{3}\lg y-2\lg z$.

(2) $\dfrac{2}{5}\lg x+\dfrac{1}{2}\lg y-2\lg z$　解析：$\lg(\sqrt[5]{x^2}\cdot\sqrt{y}\cdot z^{-2})=\lg\sqrt[5]{x^2}+\lg\sqrt{y}+\lg z^{-2}=\lg x^{\frac{2}{5}}+\lg y^{\frac{1}{2}}-2\lg z=\dfrac{2}{5}\lg x+\dfrac{1}{2}\lg y-2\lg z$.

18. 0.631 1　解析：$\log_6 3=\log_6\dfrac{6}{2}=\log_6 6-\log_6 2=1-0.368\,9=0.631\,1$.

19. (1) 20　解析：$10^{2-\lg 5}=\dfrac{10^2}{10^{\lg 5}}=\dfrac{100}{5}=20$.

(2) $\dfrac{2}{3}$　解析：$\log_7\sqrt[3]{49}=\log_7 7^{\frac{2}{3}}=\dfrac{2}{3}$.

20. (1) $b+3a$　解析：$\lg 24=\lg(3\times 8)=\lg 3+\lg 8=\lg 3+3\lg 2=b+3a$.

(2) $3a+2b$　解析：$\lg 72=\lg(8\times 9)=\lg 8+\lg 9=3\lg 2+2\lg 3=3a+2b$.

【课堂拓展训练】

一、选择题

1. D　解析：$\lg 10=1$，所以 A 错．$\ln(\ln \mathrm{e})=\ln 1=0$，所以 B 错．$\lg(-3)^2=\lg 3^2=2$，所以 C 错．

2. B　解析：$\lg\dfrac{3}{2}=\lg\left(\dfrac{2}{3}\right)^{-1}=-\lg\dfrac{2}{3}$.

3. A　解析：由于 $\log_{27}8=\log_{3^3}2^3=\log_3 2$，则 $\log_2 3\cdot\log_{27}8=\log_2 3\cdot\log_3 2=1$，所以

A 对． $\dfrac{\log_2 4}{\log_2 8}=\dfrac{2}{3}$，所以 B 错．$\lg 4 \cdot \lg 8 = 2\lg 2 \cdot 2\lg 3 = 4\lg 2 \cdot \lg 3$，所以 C 错．$\left(\log_5 \dfrac{1}{25}\right)^3 = (-2)^3 = -8$，所以 D 错．

4．C　解析：因为 $2^{\log_2 \frac{1}{2}} = \dfrac{1}{2}$，所以 C 错．

5．A　解析：$\log_5 6 = \dfrac{\lg(2\times 3)}{\lg 5} = \dfrac{\lg 2 + \lg 3}{\lg 10 - \lg 2} = \dfrac{a+b}{1-a}$．

6．B　解析：由 $\log_3 4 \cdot \log_4 8 \cdot \log_8 m = \log_4 16$，得 $\log_3 m = 2$，则 $m = 9$．

7．B　解析：由 $\lg 25 = 2x$，知 $x = \lg 5$．所以 $10^x = 5$．

8．D　解析：$\ln x = 2 - \ln 3 = \ln \mathrm{e}^2 - \ln 3 = \ln \dfrac{\mathrm{e}^2}{3}$，所以 $x = \dfrac{\mathrm{e}^2}{3}$．

9．B　解析：$\log_3 8 - 2\log_3 6 = 3\log_3 2 - 2(\log_3 2 + \log_3 3) = \log_3 2 - 2 = a - 2$．

10．C　解析：$f(-\sqrt{7}) = 16$，$f[f(-\sqrt{7})] = f(16) = \log_2 16 = 4$．

二、填空题

11．-1　解析：$\log_5 0.1 + \log_5 2 = \log_5 0.2 = \log_5 \dfrac{1}{5} = -1$．

12．8　解析：由 $\log_5[\log_3(\log_2 x)] = 0$，知 $\log_3(\log_2 x) = 1$，则 $\log_2 x = 3$，所以 $x = 2^3 = 8$．

13．12　解析：$\log_5 8 \cdot \log_2 9 \cdot \log_3 25 = 3\log_5 2 \cdot 2\log_2 3 \cdot 2\log_3 5 = 12$．

14．$x = 3\mathrm{e}$　解析：由 $\ln x = 1 + \ln 3$，知 $\ln x = \ln 3\mathrm{e}$，所以 $x = 3\mathrm{e}$．

15．24　解析：$2^{3+\log_2 3} = 2^3 \cdot 2^{\log_2 3} = 8 \times 3 = 24$．

16．100　解析：由 $\lg a = 7.463$，$\lg b = 5.463$，知 $\lg a - \lg b = 7.463 - 5.463 = 2$，即 $\lg \dfrac{a}{b} = 2$，所以 $\dfrac{a}{b} = 100$．

三、解答题

17．解：由题知：$\lg a + \lg b = 4$，则 $\lg ab = 4$，所以 $ab = 10^4 = 10\ 000$．

18．解：$\lg^2 x - 3\lg x + 2 = 0$，设 $\lg x = t$，则原方程可化为 $t^2 - 3t + 2 = 0$，解得 $t = 1$ 或 $t = 2$，即 $\lg x = 1$ 或 $\lg x = 2$．所以 $x = 10$ 或 $x = 100$．

19．解：$\log_5 3 \cdot \log_3 25 + (-2\ 023)^{\lg 1} - 0.25^{-\frac{1}{2}} = 2\log_5 3 \cdot \log_3 5 + (-2\ 023)^0 - (0.5)^{-1} = 2 + 1 - 2 = 1$．

20．解：由 $\log_8 27 = a$，得 $\log_8 27 = \log_2 3 = a$，则 $\log_6 16 = \dfrac{\log_2 16}{\log_2 6} = \dfrac{4}{\log_2 2 + \log_2 3} = \dfrac{4}{1+a}$．

5.4　对数函数

【课堂基础训练】

一、选择题

1．C　解析：形如 $y = \log_a x (a > 0$ 且 $a \neq 1)$ 的函数，叫对数函数．

2．A　解析：由题意知 $\log_a \frac{1}{8}=3$，则 $a^3=\frac{1}{8}$，所以 $a=\frac{1}{2}$．

3．B　解析：对数函数恒过点(1，0)．

4．D　解析：因为 $a=0.2$，$0<a<1$，所以在 $(0，+\infty)$ 内是减函数．

5．D　解析：由 $f(4)=2$，知 $\log_a 4=2$，则 $a^2=4$，因为 $a>0$，所以 $a=2$．故 $f(8)=\log_2 8=3$．

6．A　解析：由题意知 $a>0$，$a\neq 1$，所以直线 $y=x-a$ 过第一、三、四象限．

7．A　解析：$y=\log_a x$ 与函数 $y=\log_{\frac{1}{a}} x$ 的图像关于 x 轴对称．

8．B　解析：当 $x=y=0$ 时，$\lg x=\lg y$ 不成立．

9．B　解析：由 $\log_{\frac{1}{3}} a>1$，得 $\log_{\frac{1}{3}} a>\log_{\frac{1}{3}} \frac{1}{3}$，函数 $y=\log_{\frac{1}{3}} x$ 在 $(0，+\infty)$ 是减函数，所以 $0<a<\frac{1}{3}$．

10．C　解析：$y=\log_{0.5} x$ 是减函数，所以 $\log_{0.5} 5<\log_{0.5} 3$，A 错．$\log_{27} 8=\log_3 2$，所以 B 错．$y=\log_3 x$，是增函数，所以 $\log_3 2<\log_3 3$，即 $\log_3 2<1$，所以 C 对．$y=\log_{0.5} x$ 是减函数，所以 $\log_{0.5} 5<\log_{0.5} 1$，即 $\log_{0.5} 5<0$，D 错．

二、填空题

11．1　解析：$f(100)=2\lg 100-3=4-3=1$．

12．$(1，+\infty)$　解析：当 $a>1$，函数 $y=\log_a x$ 在 $(0，+\infty)$ 内为增函数．

13．$(2，+\infty)$　解析：由题意知 $\log_2 x>\log_2 2$，函数 $y=\log_2 x$ 在 $(0，+\infty)$ 内是增函数，所以 $x>2$．

14．$(-\infty，-1)\cup(2，+\infty)$　解析：函数有意义 $x^2-x-2>0$，得 $x<-1$ 或 $x>2$，所以函数 $y=\lg(x^2-x-2)$ 的定义域为 $(-\infty，-1)\cup(2，+\infty)$．

15．$(0，+\infty)$　解析：函数有意义 $3^x-1>0$，得 $x>0$，所以函数 $y=\log_2(3^x-1)$ 的定义域为 $(0，+\infty)$．

16．$[5，6)$　解析：函数有意义 $\begin{cases}6-x>0\\\log_{0.5}(6-x)\geq 0\end{cases}$，得 $5\leq x<6$，所以函数 $y=\sqrt{\log_{0.5}(6-x)}$ 的定义域为 $[5，6)$．

三、解答题

17．解：要使函数有意义，则 $\begin{cases}3-x>0\\2x-1>0\\2x-1\neq 1\end{cases}$，得 $\frac{1}{2}<x<3$，且 $x\neq 1$，所以函数 $y=\log_{(2x-1)}(3-x)$ 的定义域为 $\left(\frac{1}{2}，1\right)\cup(1，3)$．

18．解：设对数函数 $y=\log_a x (a>0$ 且 $a\neq 1)$，由 $f(\sqrt{3}+1)+f(\sqrt{3}-1)=\frac{1}{2}$，知 $\log_a(\sqrt{3}+1)+\log_a(\sqrt{3}-1)=\frac{1}{2}$，整理得 $\log_a(\sqrt{3}+1)(\sqrt{3}-1)=\frac{1}{2}$，

即 $\log_a 2 = \dfrac{1}{2}$，得 $a=4$，所以 $f(x)=\log_4 x$，则 $f(16)=\log_4 16=2$.

19. 解：原方程可转化为 $(x-1)^2=x^2+x-6$，解得 $x=\dfrac{7}{3}$，故原方程的解为 $x=\dfrac{7}{3}$.

20. 解：原不等式可转化为 $\log_{\frac{1}{2}}(4x-3) > \log_{\frac{1}{2}}\dfrac{1}{2}$，则 $\begin{cases} 4x-3>0 \\ 4x-3<\dfrac{1}{2} \end{cases}$，得 $\dfrac{3}{4}<x<\dfrac{7}{8}$，所以原不等式得解集为 $\left(\dfrac{3}{4},\dfrac{7}{8}\right)$.

【课堂拓展训练】

一、选择题

1. C　解析：函数 $f(x)=\left(\dfrac{1}{2}\right)^x$ 在 **R** 上为减函数，A 错．函数 $f(x)=\log_{0.3} x$ 在 $(0,+\infty)$ 内为减函数，B 错．函数 $f(x)=\lg x$ 在 $(0,+\infty)$ 内为增函数，C 对．函数 $f(x)=-x$ 在 **R** 上为减函数，D 错．

2. D　解析：$y=\log_{0.3} x$ 是减函数，所以 $\log_{0.3}\dfrac{1}{3}<\log_{0.3}\dfrac{1}{2}$，A 错．$\log_9 4=\log_3 2$，所以 B 错．$y=\left(\dfrac{4}{5}\right)^x$，是减函数，所以 $\left(\dfrac{4}{5}\right)^{0.8}<\left(\dfrac{4}{5}\right)^{-0.7}$，所以 C 错．$y=\log_2 x$ 是增函数，所以 $\log_2 3>\log_2 2$，即 $\log_2 3>1$，D 对．

3. A　解析：函数有意义，则 $\begin{cases} 1-x>0 \\ \log_2(1-x)\geqslant 0 \end{cases}$，整理得 $\begin{cases} 1-x>0 \\ 1-x\geqslant 1 \end{cases}$，得 $x\leqslant 0$.

4. B　解析：当 $0<a<1$，函数 $y=\log_a x$ 在 $(0,+\infty)$ 内为增函数．

5. C　解析：$y=-\log_a x=\log_{\frac{1}{a}} x$，所以 $0<a<1$，$y=a^x$ 在 **R** 上为减函数，$\dfrac{1}{a}>1$，$y=-\log_a x=\log_{\frac{1}{a}} x$ 在 $(0,+\infty)$ 内为增函数．

6. B　解析：$y=\lg x$ 的定义域为 $(0,+\infty)$；$y=\lg\dfrac{1}{x}=-\lg x(x>0)$，所以 A 错．$y=-\lg\dfrac{1}{x}=\lg x(x>0)$，B 对．$y=\lg x^2=2\lg x(x>0)$，C，D 错．

7. B　解析：函数定义域为 **R**. $t=x^2+1$ 在 $(-\infty,0)$ 内为减函数，在 $(0,+\infty)$ 内为增函数，$f(x)=\log_5 t$ 为增函数，所以 $f(x)=\log_5(x^2+1)$ 的单调增区间是 $(0,+\infty)$.

8. A　解析：$\left(\dfrac{1}{2}\right)^0=1$，$2^{-\frac{1}{3}}<2^0$，则 $0<2^{-\frac{1}{3}}<1$，$\log_2 3>\log_2 2$，则 $\log_2 3>1$．所以 $2^{-\frac{1}{3}}<\left(\dfrac{1}{2}\right)^0<\log_2 3$.

9. D　解析：$\log_a \dfrac{2}{3}<1 \Leftrightarrow \log_a \dfrac{2}{3}<\log_a a$，若 $0<a<1$，$a<\dfrac{2}{3}$，则 $0<a<\dfrac{2}{3}$；若 $a>$

11

1，$a>\dfrac{2}{3}$，则 $a>1$，所以 a 的取值范围是 $a>1$ 或 $0<a<\dfrac{2}{3}$．

10. D　解析：由题意知：$\begin{cases}0<2a-1<1\\3a>1\end{cases}$，解得 $\begin{cases}\dfrac{1}{2}<a<1\\a>\dfrac{1}{3}\end{cases}$，得 $\dfrac{1}{2}<a<1$．

二、填空题

11. $\left(-\infty,\dfrac{1}{2}\right)$　解析：原不等式可转化为 $\left(\dfrac{1}{2}\right)^{x}>\dfrac{\sqrt{2}}{2}$，则 $\left(\dfrac{1}{2}\right)^{x}>\left(\dfrac{1}{2}\right)^{\frac{1}{2}}$，得 $x<\dfrac{1}{2}$．

12. $2+\sqrt{5}$　解析：$|\log_{3}5-2|+\log_{9}25+\left(\dfrac{1}{5}\right)^{-\frac{1}{2}}=2-\log_{3}5+\log_{3}5+\sqrt{5}=2+\sqrt{5}$．

13. $\left[\dfrac{1}{2},1\right)$　解析：函数有意义，则 $\begin{cases}x-x^{2}>0\\2x-1\geqslant0\end{cases}$，解得 $\dfrac{1}{2}\leqslant x<1$，所以函数定义域为 $\left[\dfrac{1}{2},1\right)$．

14. $c<b<a$　解析：$a=\left(\dfrac{1}{3}\right)^{-\frac{5}{4}}>\left(\dfrac{1}{3}\right)^{0}$，即 $a>1$；$0<b=\left(\dfrac{5}{4}\right)^{-\frac{1}{3}}<\left(\dfrac{5}{4}\right)^{0}$，所以 $0<b<1$；$c=\log_{\frac{1}{3}}\dfrac{5}{4}<\log_{\frac{1}{3}}1$，所以 $c<0$；故 $c<b<a$．

15. $(-\infty,1]$　解析：函数有意义 $\begin{cases}2-x>0\\\log_{3}(2-x)\geqslant0\end{cases}$，即 $\begin{cases}2-x>0\\2-x\geqslant1\end{cases}$，得 $x\leqslant1$，故函数定义域为 $(-\infty,1]$．

16. $[3,+\infty)$　解析：函数 $f(x)=\log_{2}x+3(x\geqslant1)$ 在 $[1,+\infty)$ 内为增函数，所以函数值域为 $[3,+\infty)$．

三、解答题

17. 解：由题意知，$x^{2}+(a-1)x+\dfrac{9}{4}>0$ 的解集为 $\mathbf{R}$，则 $\Delta<0$，即 $(a-1)^{2}-4\times\dfrac{9}{4}<0$，得 $-2<a<4$，所以实数 a 的取值范围为 $(-2,4)$．

18. 解：(1) 要使函数有意义，需满足 $x^{2}-5x+6>0$，解得 $x<2$ 或 $x>3$，故函数 $y=\log_{0.5}(x^{2}-5x+6)$ 的定义域为 $(-\infty,2)\cup(3,+\infty)$．

(2) 要使函数有意义，需满足 $\begin{cases}x>0\\\lg x-1\geqslant0\end{cases}$，即 $\begin{cases}x>0\\\lg x\geqslant\lg10\end{cases}$，解得 $x>10$，故函数 $y=\sqrt{\lg x-1}$ 的定义域为 $(10,+\infty)$．

(3) 要使函数有意义，需满足 $\begin{cases}2-x>0\\\log_{2}(2-x)\neq0\end{cases}$，即 $\begin{cases}x<2\\2-x\neq1\end{cases}$，解得 $x<2$ 且 $x\neq1$，故函数 $y=\dfrac{1}{\log_{2}(2-x)}$ 的定义域为 $(-\infty,1)\cup(1,2)$．

19. 解：原方程可转化为 $\log_2(x+1)(x-2)=\log_2 4$，则 $(x+1)(x-2)=4$，即 $x^2-x-6=0$，解得 $x=-2$ 或 $x=3$，经检验 $x=-2$ 不合题意舍去，故原方程的解为 $x=3$.

20. 解：原不等式可转化为 $\begin{cases} 4x-1>0 \\ 2x+3>0 \\ 4x-1>2x+3 \end{cases}$，得 $x>2$，所以 x 的取值范围为 $(2,+\infty)$.

5.5 指数函数与对数函数应用

【课堂基础训练】

一、选择题

1. B 解析：$y=2\,500\times(1+2.5\%)^x=2\,500\times1.025^x$.

2. D 解析：设分裂 x 次，细菌数目为 y，则 $y=2^x$，由题知 $2^x=512$，得 $x=9$. 所以分裂 9 次，180 min，3 h 后，这种细菌可以由一个繁殖成 512 个.

3. C 解析：设 2022 年生产总值为 a，x 年后，生产总值为 y，则 $y=a(1+9\%)^x$. 则 $a(1+9\%)^x=4a$，得 $x=\log_{1.09}4$.

二、填空题

4. $y=a(1+p)^x$.

5. 200×0.85^{10} 解析：设 x 年后，该物质残留量为 y，则 $y=200\times85\%^x$.

三、解答题

6. 解：设 2021 年后的第 x 年的国民生产总值为 y 亿元，则

第 1 年 $y=a\cdot(1+8\%)=1.08a$；

第 2 年 $y=1.08a\cdot(1+8\%)=1.08^2a$；

第 3 年 $y=1.08^2a\cdot(1+8\%)=1.08^3a$.

……

由此可得，第 x 年的国民生产总值为 $y=1.08^x a$；

当 $x=5$ 时，该市的国民生产总值为 $y=1.08^5 a\approx1.47a$.

答：该市 5 年后国民生产总值约是 2021 年的 1.47 倍.

【课堂拓展训练】

一、选择题

1. C 解析：设年增长率为 $p\%$，则 $40(1+p\%)^{10}=80$，得 $(1+p\%)^{10}=2$，所以 2030 的年产量为 $80(1+p\%)^{10}=80\times2=160$.

2. B 解析：由题意知 $y=30\times(1-0.25)^x=30\times0.75^x$.

3. A 解析：$y=100\cdot\log_2(x+1)=100\times\log_2 8=300$.

二、填空题

4. $\log_{1.3}2$　　**解析**：设 x 年后年产值达到 10 000 万元，则 $5\,000\times(1+30\%)^x=10\,000$，则 $x=\log_{1.3}2$.

5. $300\times(1-8\%)^{10}$　　**解析**：设备价值 y 与使用年限 x 的关系式为 $y=300\times(1-8\%)^x$.

三、解答题

6. **解**：由每隔 5 年计算机价格降低 $\dfrac{1}{3}$，即每隔 5 年计算机价格降为原来的 $\dfrac{2}{3}$，则 15 年后价格降为原来的 $\left(\dfrac{2}{3}\right)^3$，设 15 年后价格为 $8\,100\times\left(\dfrac{2}{3}\right)^3=2\,400$（元）．

答：15 年后价格降为 2 400 元．

第5章 指数函数与对数函数单元测试卷 A

一、选择题

1. C　　**解析**：$\log_2 32=\log_2 2^5=5$．

2. D　　**解析**：$4^x=16 \Leftrightarrow \log_4 16=x$．

3. B　　**解析**：$\left(\dfrac{1}{2}\right)^3<\left(\dfrac{1}{2}\right)^x<\left(\dfrac{1}{2}\right)^{-4}$，所以 $-4<x<3$．

4. B　　**解析**：函数有意义，则 $3^x-1\geqslant 0$，即 $3^x\geqslant 3^0$，得 $x\geqslant 0$，所以函数定义域为 $[0,+\infty)$．

5. D　　**解析**：由 $\lg[\lg(\lg x)]=0$，得 $\lg(\lg x)=1$，进而可知 $\lg x=10$，$x=10^{10}$，所以 $x^{-\frac{1}{5}}=10^{10\times(-\frac{1}{5})}=10^{-2}=0.01$．

6. C　　**解析**：$y=x^{\frac{1}{2}}=\sqrt{x}$ 的定义域为 $[0,+\infty)$，$y=x^2$ 的定义域为 $\mathbf{R}$，$y=x^{-2}=\dfrac{1}{x^2}$ 的定义域为 $(-\infty,0)\cup(0,+\infty)$，$y=x^{-\frac{1}{2}}=\dfrac{1}{\sqrt{x}}$ 定义域为 $(0,+\infty)$．故 C 正确．

7. D　　**解析**：$y=\left(\dfrac{1}{2}\right)^x$ 为非奇非偶函数；$y=2^{\log_2 x}=x\,(x>0)$ 为非奇非偶函数；$y=2^x$ 为非奇非偶函数；$y=2^{\log_2 x}=-x$ 在其定义域上为减函数，且为奇函数．所以 D 正确．

8. A　　**解析**：$\lg\dfrac{1}{m}=-\lg m$，所以 $\lg m$ 和 $\lg\dfrac{1}{m}$ 互为相反数，和为 0．所以 A 正确．

9. C　　**解析**：函数 $y=a^x$ 与函数 $y=\log_a x$ 的图像关于直线 $y=x$ 对称．

10. C　　**解析**：因 $\pi>e$，$y=x^{-1}$ 在 $(0,+\infty)$ 内为减函数，所以 $\pi^{-1}<e^{-1}$，A 错；因 $0.8>0.7$，$y=0.3^x$ 在 $\mathbf{R}$ 上为减函数，所以 $0.3^{0.8}<0.3^{0.7}$，B 错；$\log_3 4>\log_3 3$，即 $\log_3 4>1$，$\log_4 3<\log_4 4$，即 $\log_4 3<1$，所以 $\log_3 4>\log_4 3$，C 正确；当 $0<a<1$ 时，$a^3<a^2$，$a>1$ 时，$a^3>a^2$，所以 D 错．

11. B　解析：原不等式可转化为 $\log_{0.6}(3-2x) \geqslant \lg 1$，则 $\begin{cases} 3-2x \leqslant 1 \\ 3-2x > 0 \end{cases}$，解得 $1 \leqslant x < \dfrac{3}{2}$，故原不等式的解集为 $\left[1, \dfrac{3}{2}\right)$.

12. A　解析：$0.2^x > 0$，则 $3+0.2^x > 3$，所以函数 $y=3+0.2^x$ 值域为 $(3, +\infty)$.

13. B　解析：$f(x)=3^{|x|}$，$x \in \mathbf{R}$ 满足 $f(-x)=3^{|-x|}=3^{|x|}=f(x)$，所以为偶函数. $t=|x|$ 在 $(-\infty, 0)$ 内为减函数，在 $(0, +\infty)$ 内为增函数，$f(x)=3^t$ 为增函数，根据复合函数单调性原则"同增异减"，所以函数 $f(x)=3^{|x|}$，$x \in \mathbf{R}$ 在 $(-\infty, 0)$ 为减函数.

14. D　解析：由题意知 $\log_3 x < \log_3 3$，函数 $y=\log_3 x$ 在 $(0, +\infty)$ 内是增函数，所以 $0 < x < 3$.

15. D　解析：$t=x^2+2x-1$ 在 $(-\infty, -1)$ 内为减函数，在 $(-1, +\infty)$ 内为增函数，$y=\left(\dfrac{1}{2}\right)^t$ 为减函数，根据复合函数单调性原则"同增异减"，所以函数 $y=\left(\dfrac{1}{2}\right)^{x^2+2x-1}$ 的单调减区间为 $(-1, +\infty)$.

二、填空题

16. 3　解析：$f(-3)=2^{-3}=\dfrac{1}{8}$，则 $f[f(-3)]=f\left(\dfrac{1}{8}\right)=\log_{\frac{1}{2}} \dfrac{1}{8}=3$.

17. $\dfrac{7}{2}$　解析：$(\sqrt{2}-1)^0 + \sqrt[3]{4^3} - \left(\dfrac{27}{8}\right)^{\frac{1}{3}} = 1+4-\dfrac{3}{2}=\dfrac{7}{2}$.

18. 23　解析：由 $2^x+2^{-x}=5$，可得 $(2^x+2^{-x})^2=25$，整理的 $4^x+2+4^{-x}=25$，即 $4^x+4^{-x}=23$.

19. 20　解析：$3^{2x+y}=(3^x)^2 \times 3^y = 4 \times 5 = 20$.

20. $\left(-\infty, \dfrac{1}{2}\right)$　解析：函数有意义，则 $1-2x > 0$，解得 $x < \dfrac{1}{2}$，故函数定义域为 $\left(-\infty, \dfrac{1}{2}\right)$.

21. $\dfrac{41}{8}$　解析：由题意知：$a^3+5=13$，得 $a=2$，即 $f(x)=2^{2x-1}+5$，故 $f(-1)=2^{-3}+5=\dfrac{41}{8}$.

22. $(-\infty, -1) \cup (-1, +\infty)$　解析：原不等式可转化为 $3^{x^2+1} > 3^{-2x}$，则 $x^2+1 > -2x$，整理 $x^2+2x+1 > 0$，解得 $x < -1$ 或 $x > -1$，故 x 的取值范围是 $(-\infty, -1) \cup (-1, +\infty)$.

23. $(-3, +\infty)$　解析：由题意知，$a+4 > 1$，解得 $a > -3$，故 a 的取值范围是 $(-3, +\infty)$.

24. 3　解析：原式可化为：$\pi^y = (\pi)^{x^2+3}$，即 $y=x^2+3$，所以 y 的最小值为 3.

25. 0　解析：由题意知 $\begin{cases} y-1=0 \\ x-2y=0 \end{cases}$，得 $y=1$，$x=2$，则 $\lg y^x = \lg 1 = 0$.

26. 5 解析：原方程可转化为 $x+1=x^2-2x-9$，整理得 $x^2-3x-10=0$，解得 $x=5$ 或 $x=-2$，$x=-2$ 不合题意舍去，故 x 的值为 5.

27. $[0, 2)$ 解析：函数有意义 $\begin{cases} 3^x-1\geq 0 \\ 4-x^2>0 \end{cases}$，解得 $\begin{cases} x\geq 0 \\ -2<x<2 \end{cases}$，则 $0\leq x<2$，故函数定义域为 $[0, 2)$.

28. $(0, 2)\cup(3, +\infty)$ 解析：原不等式可转化为 $\begin{cases} x>0 \\ x^2+6>5x \end{cases}$，整理得 $\begin{cases} x>0 \\ x^2-5x+6>0 \end{cases}$，解得 $0<x<2$ 或 $x>3$，故原不等式得解集为 $(0, 2)\cup(3, +\infty)$.

29. 第一象限 解析：函数 $y=\log_{\frac{1}{2}}(x+2)$ 图像可看作把函数 $y=\log_{\frac{1}{2}}x$ 图像向左平移 2 个单位而得到．故函数 $y=\log_{\frac{1}{2}}(x+2)$ 图像不经过第一象限．

30. $n+2m$ 解析：$\ln 12=\ln(3\times 4)=\ln 3+2\ln 2=n+2m$.

三、解答题

31. 解：满足原式有意义，可知 $a\geq 1$，所以 $(\sqrt{a-1})^2+\sqrt{(1-a)^2}+\sqrt[3]{(1-a)^3}=(a-1)+(a-1)+(1-a)=a-1$.

32. 解：由 $2^{2x+1}=\left(\dfrac{1}{8}\right)^{-1}$，可得 $2^{2x+1}=2^3$，则 $2x+1=3$，得 $x=1$，所以 $(x-2)^{2022+1}=(1-2)^{2023}=-1$.

33. 解：$\lg 500+\lg\dfrac{8}{5}-\dfrac{1}{2}\lg 64+50(\lg 2+\lg 5)^3=\lg 800-\lg 8+50(\lg 10)^3=\lg 100+50=2+50=52$.

34. 解：要使函数有意义则 $\begin{cases} 2^x-1\neq 0 \\ 8-2^x\geq 0 \end{cases}$，解得 $x\leq 3$ 且 $x\neq 0$. 故函数 $y=(2^x-1)^0+\sqrt{8-2^x}$ 的定义域为 $(-\infty, 0)\cup(0, 3]$.

35. 解：原方程可转化为 $x^2+4=2x+7$，即 $x^2-2x-3=0$，解得 $x=-1$ 或 $x=3$. 经检验：$x=-1$ 或 $x=3$ 都是方程的解．

36. 解：当 $0<a<1$ 时，原不等式可转化为 $4x<x+6$，解得 $x<2$；
当 $a>1$ 时，原不等式可转化为 $4x>x+6$，解得 $x>2$.

37. 解：由 $\lg(x^2-5x+4)<1$，可知 $\lg(x^2-5x+4)<\lg 10$，
则 $\begin{cases} x^2-5x+4>0 \\ x^2-5x+4<10 \end{cases}$ 解得 $-1<x<1$ 或 $4<x<6$.
所以 x 的取值范围是 $(-1, 1)\cup(4, 6)$.

第5章 指数函数与对数函数单元测试卷 B

一、选择题

1. D 解析：原式可转化为 $\left(\dfrac{3}{4}\right)^{2x}=\left(\dfrac{3}{4}\right)^3$，则 $2x=3$，得 $x=\dfrac{3}{2}$.

2. C 解析：$2^{1+\log_2 5}=2\times 2^{\log_2 5}=2\times 5=10$.

3. D 解析：$0<x<1$ 时，$2^x>1$，$0<\left(\dfrac{1}{2}\right)^x<1$，$\log_2 x<0$，所以 $2^x>\left(\dfrac{1}{2}\right)^x>\log_2 x$.

4. A 解析：因为 $5<6$，而 $\log_a 5>\log_a 6$，则函数 $y=\log_a x$ 为减函数，所以 $0<a<1$.

5. C 解析：由 $\log_7[\log_3(\log_2 x)]=0$ 知 $\log_3(\log_2 x)=1$，则 $\log_2 x=3$，进而可得 $x=2^3=8$，所以 $x^{-\frac{1}{2}}=8^{-\frac{1}{2}}=\dfrac{\sqrt{2}}{4}$.

6. C 解析：方程 $2x^2-7x+3=0$ 的解为 $x=3$ 或 $x=\dfrac{1}{2}$，因为 $y=a^x$ 是减函数，所以 $a=\dfrac{1}{2}$.

7. D 解析：①②③都对.

8. C 解析：$\log_5 27=\dfrac{\log_3 27}{\log_3 5}=\dfrac{3}{a}$.

9. D 解析：$y=\sqrt{x^2}=|x|$，$y=(\sqrt{x})^2=x(x\geqslant 0)$，所以 A 错. $|y|=|x|\Leftrightarrow y=\pm x$，所以 B 错. $y=\log_a x^2=2\log_a x(x\neq 0)$，$y=2\log_a x(x>0)$，所以 C 错. $y=\log_a a^x=x(x\in\mathbf{R})$，所以 D 正确.

10. C 解析：函数有意义 $16-2^x\geqslant 0$，则 $2^x\leqslant 16$，解得 $x\leqslant 4$，故函数定义域为 $(-\infty,4]$.

11. A 解析：函数有意义 $\begin{cases}2x-1>0\\2x-1\neq 1\\3x-2>0\end{cases}$，解得 $x>\dfrac{2}{3}$ 且 $x\neq 1$，故函数的定义域为 $\left(\dfrac{2}{3},1\right)\cup(1,+\infty)$.

12. D 解析：$y=5^{\frac{1}{2-x}}$ 的值域为 $(0,1)\cup(1,+\infty)$. $y=\sqrt{1-2x}$ 的值域为 $[0,+\infty)$. $y=\sqrt{\left(\dfrac{1}{2}\right)^x-1}$ 的值域为 $[0,+\infty)$. $y=\left(\dfrac{1}{3}\right)^{1-x}$ 的值域为 $(0,+\infty)$. 故 D 正确.

13. B 解析：$\sqrt{1-2\lg a+10^{2\lg(\lg a)}}=\sqrt{1-2\lg a+(\lg a)^2}=\sqrt{(1-\lg a)^2}=|1-\lg a|=|\lg a-1|$.

14. C 解析：$\log_a \dfrac{1}{2}>1\Leftrightarrow \log_a \dfrac{1}{2}>\log_a a$，若 $0<a<1$，$a>\dfrac{1}{2}$，则 $\dfrac{1}{2}<a<1$，若 $a>1$，$a<\dfrac{1}{2}$，则 $a\in\phi$，所以 a 的取值范围是 $\dfrac{1}{2}<a<1$.

15. C 解析：由 $x^2-3x+2>0$，得 $x<1$ 或 $x>2$，故函数定义域 $(-\infty,1)\cup(2,+\infty)$. $t=x^2-3x+2$ 在 $(-\infty,1)$ 内为减函数，在 $(2,+\infty)$ 内为增函数，$y=\log_{\frac{1}{2}}t$ 为减函数，根据复合函数单调性原则"同增异减"，所以函数 $\log_{\frac{1}{2}}(x^2-3x+2)$ 的单调增区间为 $(-\infty,1)$.

二、填空题

16. 16 解析：由 $\log_2[\log_2(\log_2 x)] = 1$ 知 $\log_2(\log_2 x) = 2$，则 $\log_2 x = 4$，进而可得 $x = 2^4 = 16$.

17. 22 解析：$10^{1+\lg 2} + (x-1)^0 - 8^{\frac{1}{3}} - \ln e + 0.5^{-2} = 20 + 1 - 2 - 1 + 4 = 22$.

18. 3 解析：$\log_2 6 \cdot \log_6 8 = \log_2 6 \cdot 3\log_6 2 = 3$.

19. $y = \left(\dfrac{1}{3}\right)^x$ 解析：设指数函数解析式为 $y = a^x (a > 0$，且 $a \neq 1)$，则 $a^2 = \dfrac{1}{9}$，因为 $a > 0$，所以 $a = \dfrac{1}{3}$，故该指数函数的解析式为 $y = \left(\dfrac{1}{3}\right)^x$.

20. $(-\infty, 1) \cup (1, 2)$ 解析：函数有意义 $\begin{cases} 2-x > 0 \\ \log_2(2-x) \neq 0 \end{cases}$，得 $x < 2$，且 $x \neq 1$，所以函数 $y = \dfrac{1}{\log_2(2-x)}$ 的定义域为 $(-\infty, 1) \cup (1, 2)$.

21. $\dfrac{3}{2}$ 解析：因 $f(x) = a^x (a > 1)$，所以函数为增函数，则 $a^2 - a = \dfrac{a}{2}$，解得 $a = \dfrac{3}{2}$.

22. $x = 0$ 或 $x = 3$ 解析：原不等式可转化为 $\left(\dfrac{1}{3}\right)^{x^2-x} = \left(\dfrac{1}{3}\right)^{2x}$，整理得 $x^2 - 3x = 0$，解得 $x = 0$ 或 $x = 3$，故 x 的值为 $x = 0$ 或 $x = 3$.

23. $a > b > c$ 解析：$a = 2^{0.3} > 2^0$，即 $a > 1$；$0 < b = (0.3)^2 < (0.3)^0$，所以 $0 < b < 1$；$c = \log_{0.3} 2 < \log_{0.3} 1$，所以 $c < 0$；故 $a > b > c$.

24. 12 解析：由 $\log_a 2 = m$，$\log_a 3 = n$，得 $a^m = 2$，$a^n = 3$，则 $a^{2m+n} = (a^m)^2 \cdot a^n = 4 \times 3 = 12$.

25. $(0, 2)$ 解析：若 $1 + \log_{0.5} x > 0$，则 $\log_{0.5} x > -1$，进而可得 $\log_{0.5} x > \log_{0.5} 2$，解得 $0 < x < 2$，所以 x 的取值范围是 $(0, 2)$.

26. 0 或 1 解析：原方程可转化为 $(5^x)^2 - 6 \cdot 5^x + 5 = 0$，解得 $5^x = 1$，或 $5^x = 5$，则 $x = 0$ 或 $x = 1$，所以 x 的值为 0 或 1.

27. $-\dfrac{1}{2}$ 解析：当 $x < 0$ 时，有 $f(x) = 2^x$，则 $f(-1) = 2^{-1} = \dfrac{1}{2}$，又因为 $f(x)$ 是定义域在 $\mathbf{R}$ 上的奇函数，则 $f(-1) = -f(1) = \dfrac{1}{2}$. 所以 $f(1) = -\dfrac{1}{2}$.

28. $(-\infty, 1)$ 解析：$t = x^2 - 2x + 1$ 在 $(-\infty, 1)$ 内为减函数，在 $(1, +\infty)$ 内为增函数，$y = 2^t$ 在其定义域上为增函数，根据复合函数单调性原则"同增异减"，所以函数 $f(x) = 2^{x^2-2x+1}$ 的单调减区间为 $(-\infty, 1)$.

29. $(2, 2)$ 解析：当 $x - 1 = 1$，即 $x = 2$ 时，$y = \log_a 1 + 2 = 2$，所以函数过定点 $(2, 2)$.

30. $\dfrac{a+b}{2-a}$ 解析：由题意知：$\log_{18} 9 = a$，$\log_{18} 5 = b$，则 $\log_{36} 45 = \dfrac{\log_{18} 45}{\log_{18} 36} = \dfrac{\log_{18} 9 + \log_{18} 5}{2 - \log_{18} 9} = \dfrac{a+b}{2-a}$.

三、解答题

31. 解：$\dfrac{\sqrt{a}\cdot\sqrt[4]{a^3}}{\sqrt[3]{a}\cdot\sqrt[6]{a^5}\cdot\sqrt[12]{a}}(a>0)=\dfrac{a^{\frac{1}{2}}\cdot a^{\frac{3}{4}}}{a^{\frac{1}{3}}\cdot a^{\frac{5}{6}}\cdot a^{\frac{1}{12}}}=\dfrac{a^{\frac{1}{2}+\frac{3}{4}}}{a^{\frac{1}{3}+\frac{5}{6}+\frac{1}{12}}}=\dfrac{a^{\frac{5}{4}}}{a^{\frac{5}{4}}}=1.$

32. 解：$(0.25)^{-0.5}+\left(\dfrac{1}{27}\right)^{-\frac{1}{3}}-625^{0.25}+\log_2 8-2\log_{0.5}1=(2^{-2})^{-\frac{1}{2}}+(3^{-3})^{-\frac{1}{3}}-(5^4)^{\frac{1}{4}}+\log_2 2^3-0=2+3-5+3-0=3.$

33. 解：因函数 $f(x)=\dfrac{1}{2^x+1}+a$ 的定义域为 $\mathbf{R}$，且为奇函数，则 $f(0)=0$，所以 $\dfrac{1}{2^0+1}+a=0$，得 $a=-\dfrac{1}{2}$. 所以 $f(x)=\dfrac{1}{2^x+1}-\dfrac{1}{2}$，

所以 $f(1)=\dfrac{1}{2^1+1}-\dfrac{1}{2}=-\dfrac{1}{6}$.

34. 解：$\left(\dfrac{1}{2}\right)^{x^2-2x-15}>2^{-x-13}$ 可转化为 $\left(\dfrac{1}{2}\right)^{x^2-2x-15}>\left(\dfrac{1}{2}\right)^{x+13}$，则 $x^2-2x-15<x+13$，整理得 $x^2-3x-28<0$，得 $-4<x<7$.

所以 x 的取值范围 $(-4,7)$.

35. 解：原不等式可化为 $\begin{cases}x^2+2x+3>0\\3x+5>0\\x^2+2x+3>3x+5\end{cases}$，解得 $\begin{cases}x\in\mathbf{R}\\x>-\dfrac{5}{3}\\x<-1\text{ 或 }x>2\end{cases}$，

所以 $-\dfrac{5}{3}<x<-1$ 或 $x>2$. 原不等式的解集为 $\left(-\dfrac{5}{3},-1\right)\cup(2,+\infty)$.

36. 解：(1) $9^x-2\cdot 3^{x+1}-27=0$，原方程可化为 $(3^x)^2-6\cdot 3^x-27=0$，解得 $3^x=9$ 或 $3^x=-3$(舍)，进而 $x=2$.

(2) $\lg(x^2-2x-3)-\lg(x+1)=1$，

原方程可化为 $\lg\dfrac{x^2-2x-3}{x+1}=\lg 10$，

即 $\dfrac{x^2-2x-3}{x+1}=10$，整理得 $x^2-12x-13=0$，

解得 $x=-1$ 或 $x=13$，

经检验，$x=-1$ 是原方程的增根，舍去.

所以原方程的根为 $x=13$.

37. 解：由题意知 $\Delta=0$，即 $(-2)^2-4[\lg(c^2-b^2)-2\lg a+1]=0$，整理得 $\lg(c^2-b^2)=2\lg a$，即 $c^2=b^2+a^2$，

所以三角形 ABC 是直角三角形.

第6章 直线和圆的方程

6.1 两点间的距离公式和线段的中点坐标公式

6.1.1 数轴上的距离公式与中点公式

【课堂基础训练】

一、选择题

1. D　解析：数轴上点的坐标用一个数表示.
2. C　解析：数轴上右边的数比左边的大.
3. D　解析：$x = \dfrac{x_1 + x_2}{2} = \dfrac{3-6}{2} = -\dfrac{3}{2}$.

二、填空题

4. $|AB| = |n - m|$.

5. -4 或 0　解析：可以向左也可以向右移动.

6. 2 或 8　解析：$A(3)$ 或 (-3)，$B(-5)$ 或 (5)，所以 A，B 两点之间的距离为 2 或 8.

【课堂拓展训练】

一、选择题

1. B　解析：$|AB| = |-5-0| = 5$.
2. C　解析：$|AB| = |m-4| = 2$，$m-4 = \pm 2$，所以 $m = 6$ 或 2.
3. B　解析：B 是点 A 和 C 的中点.

二、填空题

4. 6　解析：$5 = \dfrac{2+m}{2}$，解得 $m = 8$，$|AB| = |m-2| = 6$.

5. 16　解析：由题意可知① $\dfrac{a+b}{2} = 10$，② $\dfrac{b+c}{2} = 8$，③ $\dfrac{a+c}{2} = -2$，三式相加得 $a + b + c = 10 + 8 - 2 = 16$.

6. 解析：$(1) a = -2$，$b = 6$；$(2) 2$. $|a+2| + |b-6| = 0$ 时，必有 $a+2 = 0$ 且 $b-6 = 0$，所以 $a = -2$，$b = 6$. 与 A，B 两点距离相等的点即为 AB 中点，所以 $x = \dfrac{-2+6}{2} = 2$.

6.1.2 平面直角坐标系中的距离公式与中点公式

【课堂基础训练】

一、选择题

1. C　解析：由于点 $P(-5, 0)$ 和原点 $(O, 0)$ 都在 x 轴上，因此 $|PO| = |-5-0| =$

5，故选 C. 注意：使用两点间的距离公式也可求得 $|PO|=\sqrt{(0+5)^2+(0-0)^2}=5$.

2．D 解析：点 $P(x,y)$ 关于 x 轴的对称点是 $(x,-y)$，关于 y 轴的对称点是 $(-x,y)$，关于坐标原点的对称点是 $(-x,-y)$，故选 D.

3．B 解析：因为 $A(-3,4)$，$B(2,3)$，所以线段 AB 的中点是 $\left(\dfrac{-3+2}{2},\dfrac{4+3}{2}\right)$，即 $\left(-\dfrac{1}{2},\dfrac{7}{2}\right)$，故选 B.

4．A 解析：因为 $A(-2,5)$，$B(2,3)$，所以由两点间的距离公式可得 $|AB|=\sqrt{(2+2)^2+(3-5)^2}=2\sqrt{5}$，故选 A.

5．B 解析：点 $P(x,y)$ 关于 x 轴的对称点是 $(x,-y)$，所以点 $M(3,4)$ 关于 x 轴对称点的坐标为 $(3,-4)$，故选 B.

6．C 解析：由两点间的距离公式可得 $|AB|=\sqrt{(a-0)^2+(3-5)^2}=2\sqrt{2}$，解得 $a=-2$ 或 $a=2$．故选 C.

7．C 解析：圆心为 AB 中点，由中点公式可得 $\left(\dfrac{-3+1}{2},\dfrac{4-3}{2}\right)$，即 $\left(-1,\dfrac{1}{2}\right)$．故选 C.

8．A 解析：由点 C 在 AB 的延长线上，且 $|AB|=|BC|$ 可知 B 为 AC 的中点，设点 $C(x,y)$，由中点公式得 $6=\dfrac{-3+x}{2}$，$7=\dfrac{5+y}{2}$，解得 $x=15$，$y=9$．故选 A.

9．D 解析：M 是 x 轴上一点，设 $M(x,0)$，$|MN|=\sqrt{(x-2)^2+(0-5\sqrt{3})^2}=10$，解得 $x-2=\pm 5$，所以 $x=7$ 或 -3，即 $M(7,0)$ 或 $(-3,0)$．故选 D.

10．B 解析：解法一：这道题可以不求 M' 坐标，由题意可知原点为 MM' 的中点，$|MM'|=2|MO|=2\sqrt{2^2+(-3)^2}=2\sqrt{13}$．解法二：$M'$ 坐标 $(-2,3)$，$|MM'|=\sqrt{(2+2)^2+(-3-3)^2}=\sqrt{52}=2\sqrt{13}$．故选 B.

二、填空题

11．2 解析：两点间距离公式 $|AB|=\sqrt{(3-3)^2+(2-4)^2}=2$.

12．$\left(\dfrac{5}{2},-\dfrac{9}{2}\right)$ 解析：由中点坐标公式得 $\left(\dfrac{3+2}{2},\dfrac{-4-5}{2}\right)$，即 $\left(\dfrac{5}{2},-\dfrac{9}{2}\right)$.

13．-4 或 8 解析：由两点间距离公式得 $|AB|=\sqrt{(a-2)^2+(-5-3)^2}=10$，解得 $a-2=\pm 6$，即 $a=-4$ 或 $a=8$.

14．$(7,9)$ 解析：由点 A 关于点 P 的对称点 B 可知 P 为 AB 中点，设 $B(x,y)$，由中点公式得 $P\left(\dfrac{-3+x}{2},\dfrac{1+y}{2}\right)$，即 $\dfrac{-3+x}{2}=2$，$\dfrac{1+y}{2}=5$，解得 $x=7$，$y=9$．即 $B(7,9)$.

15．-6 解析：线段 PQ 的中点在 x 轴上，说明 $6+b=0$，所以 $b=-6$.

16．1 或 3 解析：由两点间距离公式 $|AB|=\sqrt{(m-5)^2+(-1-m)^2}=2\sqrt{5}$，两边平

方$(m-5)^2+(-1-m)^2=20$，打开括号整理得$m^2-4m+3=0$，解得$m=1$或$m=3$.

三、解答题

17. 解析：由两点间距离公式$|PQ|=\sqrt{(a-2)^2+(4+1)^2}=\sqrt{41}$，解得$a-2=\pm 4$，所以$a=-2$或$a=6$.

18. 解析：设四等分点分别为A、B、C三点，则B为PQ的中点，有$B\left(\dfrac{-4+2}{2},\dfrac{3-5}{2}\right)$，即$B(-1,-1)$；$A$为$PB$中点，$A\left(\dfrac{-4-1}{2},\dfrac{3-1}{2}\right)$，即$A\left(-\dfrac{5}{2},1\right)$；$C$为$BQ$中点，$C\left(\dfrac{-1+2}{2},\dfrac{-1-5}{2}\right)$，即$C\left(\dfrac{1}{2},-3\right)$，所以线段$PQ$四等分点坐标分别为$A\left(-\dfrac{5}{2},1\right)$，$B(-1,-1)$，$C\left(\dfrac{1}{2},-3\right)$.

19. 解析：设点D的坐标为(x,y)，因为平行四边形的两条对角线的中点相同，所以它们的坐标也相同，于是由线段的中点公式有$\begin{cases}\dfrac{2+x}{2}=\dfrac{1+5}{2}\\\dfrac{-5+y}{2}=\dfrac{0+2}{2}\end{cases}$，解得$\begin{cases}x=4\\y=7\end{cases}$. 因此，顶点$D$的坐标是$(4,7)$.

20. 解析：点C是AB的中点，有$m=\dfrac{1-7}{2}=-3$，$n=\dfrac{1-6}{2}=-\dfrac{5}{2}$，所以$m+n=-\dfrac{11}{2}$.

【课堂拓展训练】

一、填空题

1. $(1,0)$ 解析：设点$A(-3,2)$关于点$M(-1,1)$的对称点的坐标为(x,y)，则由中点公式可得$\dfrac{-3+x}{2}=-1$，$\dfrac{2+y}{2}=1$，解得$x=1$，$y=0$，故所求对称点为$(1,0)$.

2. $\dfrac{1}{2}$ 解析：由$|AB|=|BC|$得$\sqrt{(1-a)^2+(-1-3)^2}=\sqrt{(a-4)^2+(3-5)^2}$，两边平方整理得$a=\dfrac{1}{2}$.

3. $(2,1)$ 解析：设点B关于AC中点的对称点为$D(x,y)$，由题意可知，AC与BD中点重合，则有，$\begin{cases}\dfrac{1+4}{2}=\dfrac{3+x}{2}\\\dfrac{-2+3}{2}=\dfrac{0+y}{2}\end{cases}$，解得$\begin{cases}x=2\\y=1\end{cases}$，所以$D(2,1)$.

4. 5 解析：AB的中点坐标$D\left(\dfrac{-1+1}{2},\dfrac{2-4}{2}\right)$，即$D(0,-1)$，$|CD|=\sqrt{(3-0)^2+(3+1)^2}=5$.

5. 12 解析：解法一：点 $M(8,6)$ 关于 x 轴的对称点为 $M'(8,-6)$，则 $|MM'|=6-(-6)=12$；解法二：$|MM'|$ 为 M 到 x 轴距离的二倍 $6\times2=12$；解法三：两点间距离公式 $|MM'|=\sqrt{(8-8)^2+(6+6)^2}=12$.

6. 4，1 解析：N 为 MM' 的中点，由中点公式得 $\mu=\dfrac{3+5}{2}$，$4=\dfrac{\lambda+7}{2}$，解得 $\mu=4$，$\lambda=1$.

二、解答题

7 解析：用两点间距离求三边长度．$|AB|=\sqrt{(-1-1)^2+(3+1)^2}=2\sqrt{5}$，$|AC|=\sqrt{(-1-3)^2+(3-0)^2}=5$，$|BC|=\sqrt{(3-1)^2+(0+1)^2}=\sqrt{5}$．$|AB|^2+|BC|^2=|AC|^2$，所以 $\triangle ABC$ 为直角三角形．

8. 由于点 P 在 y 轴上，因此可设点 P 的坐标为 $(0,y)$．又因为 $|PA|=10$，$A(-4,3)$，所以 $\sqrt{(-4-0)^2+(3-y)^2}=10$，即有 $(y-3)^2=84$，解得 $y=3\pm2\sqrt{21}$，故点 P 的坐标为 $(0,3+2\sqrt{21})$ 或 $(0,3-2\sqrt{21})$．

9. 由于点 B 在直线 $y=x$ 上运动，因此可设点 B 的坐标为 (a,a)．又因为 $|AB|=\sqrt{10}$，$A(2,0)$，所以 $\sqrt{(a-2)^2+a^2}=\sqrt{10}$，解得 $a=3$ 或 $a=-1$，故点 B 的坐标为 $(3,3)$ 或 $(-1,-1)$．

10. 解析：设 $\triangle ABC$ 的三顶点的坐标 $A(x_1,y_1)$，$B(x_2,y_2)$，$C(x_3,y_3)$，由中点公式可得 $-1=\dfrac{x_1+x_2}{2}$，$4=\dfrac{x_2+x_3}{2}$，$-2=\dfrac{x_1+x_3}{2}$，解得 $x_1=-7$，$x_2=5$，$x_3=3$，同理，$1=\dfrac{y_1+y_2}{2}$，$-1=\dfrac{y_2+y_3}{2}$，$5=\dfrac{y_1+y_3}{2}$，解得 $y_1=7$，$y_2=-5$，$y_3=3$．所以 $\triangle ABC$ 的三顶点的坐标为 $A(-7,7)$，$B(5,-5)$，$C(3,3)$．

6.2 直线的方程

6.2.1 直线的倾斜角和斜率

【课堂基础训练】

一、选择题

1. B 解析：因为 $\tan 45°=1$，故选 B.

2. C 解析：因为斜率 $k=\tan 60°=\sqrt{3}$，故选 C.

3. C 解析：因为斜率 $k=\dfrac{y_2-y_1}{x_2-x_1}(x_1\neq x_2)$，将 $(-2,4)$ 和 $(4,4)$ 坐标代入得 $k=\dfrac{4-4}{4-(-2)}=0$，故选 C.

4. A 解析：因为斜率将 $k=\dfrac{y_2-y_1}{x_2-x_1}(x_1\neq x_2)$，将点 $(6,1)$ 和点 $(3,7)$ 坐标代入得

$k=\dfrac{7-1}{3-6}=-2$,故选 A.

5. A　解析：点$(-3,1)$和点$(-3,4)$横坐标相等，直线垂直于x轴，斜率不存在．故选 A．

6. A　解析：因为斜率将$k=\dfrac{y_2-y_1}{x_2-x_1}(x_1\neq x_2)$，将点$M(-2,m)$，$N(m,4)$坐标代入得$k=\dfrac{4-m}{m+2}=1$，得$m+2=4-m$，即$2m=2$，所以$m=1$，故选 A．

7. D　解析：因为$(-4,1)$与$(-4,-1)$横坐标相等，直线垂直于x轴，斜率不存在．故选 D．

8. B　解析：斜率$k=\tan\alpha$，$\tan 30°=\dfrac{\sqrt{3}}{3}$说明已知直线的倾斜角是$30°$，直线$l$倾斜角是斜率为$\dfrac{\sqrt{3}}{3}$的直线的倾斜角的$2$倍，说明直线$l$的倾斜角为$60°$，斜率$k=\tan 60°=\sqrt{3}$，故选 B．

9. D　解析：倾斜角是$90°$的直线没有斜率，所以 A 错；倾斜角是锐角时斜率为正，倾斜角为钝角时斜率为负，所以 B 错；平行于x轴的直线倾斜角就是$0°$，所以 C 错；两条直线的斜率相等，它们的倾斜角也相等，D 正确．

10. C　解析：由倾斜角的定义可知：直线l向上的方向与x轴正方向所成的最小正角α称为直线l的倾斜角，所以直线l经过第二、四象限，则直线l的倾斜角为钝角，故选 C．

二、填空题

11. $\dfrac{\sqrt{3}}{3}$　解析：$\tan 30°=\dfrac{\sqrt{3}}{3}=k$．

12. $-\sqrt{3}$　解析：$k=\tan 120°=-\sqrt{3}$．

13. $135°$　解析：$\tan 135°=-1$．

14. $45°$　解析：$\tan 45°=1$．

15. $0°$，0　解析：若直线l与x轴平行或重合，我们规定倾角$\alpha=0°$，$k=\tan 0°=0$．

16. $90°$，不存在　解析：直线垂直于x轴，倾斜角为$90°$，斜率不存在．

三、解答题

17. 解析：直线过一、二、四象限，倾斜角为钝角，$90°<\alpha<180°$，斜率$k=\tan\alpha<0$．

18. 1　解析：利用$k_{AB}=k_{AC}$，代入三点坐标即可求得m的值；

解：因为A、B、C三点共线，所以$k_{AB}=k_{AC}$，即$\dfrac{3-2}{-2-1}=\dfrac{m-2}{4-1}$，解得$m=1$．

19. -2　解析：由斜率公式$k=\tan\alpha=\dfrac{y_2-y_1}{x_2-x_1}(x_1\neq x_2)$得$\tan\dfrac{\pi}{6}=\dfrac{\sqrt{3}}{3}=\dfrac{0-\sqrt{3}}{a-1}$，解得$a=-2$．

20. 直线 l_1 的倾斜角为 $30°$，$\tan 30°=\dfrac{\sqrt{3}}{3}$，直线 $l_2 \perp l_1$，所以直线 l_2 的倾斜角为 $30°+90°=120°$，而 $\tan 120°=-\sqrt{3}$，所以直线 l_1 的斜率为 $\dfrac{\sqrt{3}}{3}$，l_2 的斜率为 $-\sqrt{3}$.

【课堂拓展训练】

一、填空题

1. $m=\sqrt{3}-1$　解析：由斜率公式 $k=\tan \alpha=\dfrac{y_2-y_1}{x_2-x_1}(x_1\neq x_2)$ 得 $k=\sqrt{3}=\dfrac{-1-m}{1-2}$，解得 $m+1=\sqrt{3}$，得 $m=\sqrt{3}-1$.

2. 当 $0°\leqslant\alpha<135°$ 时，倾斜角为 $\alpha+45°$；当 $135°\leqslant\alpha<180°$ 时，倾斜角为 $\alpha-135°$　解析：要考虑到当倾斜角大于 $135°$ 时，再将直线绕坐标原点逆时针方向转 $45°$，倾斜角就成了锐角.

3. $90°<\alpha<180°$　解析：直线 l 经过第二、四象限，倾斜角为钝角，所以 $90°<\alpha<180°$.

4. 0　解析：等边三角形中，$\angle C$ 的平分线所在的直线与直线 AB 垂直，直线 AB 平行于 y 轴，$\angle C$ 的平分线所在的直线就垂直于 y 轴，倾斜角为 $0°$，斜率为 0.

5. $60°$ 或 $120°$，$\sqrt{3}$ 或 $-\sqrt{3}$　解析：直线 l 向上的方向与 y 轴正方向成 $30°$ 角，应该考虑到在 y 轴左侧 $30°$ 还是右侧 $30°$，所以倾斜角为 $60°$ 或 $120°$；对应的斜率为 $\sqrt{3}$ 或 $-\sqrt{3}$.

6. $135°$　解析：$\tan \alpha=\dfrac{y_2-y_1}{x_2-x_1}(x_1\neq x_2)$，所以 $\tan \alpha=\dfrac{3-0}{-3-0}=-1$，由 $\tan 135°=-1$，得 $\alpha=135°$.

二、解答题

7. $(0,-1)$　解析：点 Q 在 y 轴上，设点 $Q(0,b)$，由斜率公式得 $\dfrac{b-1}{0-(-2)}=\tan 135°=-1$，解得 $b=-1$，所以点 Q 坐标为 $(0,-1)$.

8. $k_{AB}=0$ 倾斜角为 $0°$，k_{BC} 不存在，倾斜角为 $90°$，$k_{AC}=-1$，倾斜角为 $135°$，钝角　解析：$k_{AB}=\dfrac{1-1}{1-(-1)}=0$，倾斜角为 $0°$；B、C 两点横坐标相同，所以 k_{BC} 不存在，倾斜角为 $90°$；$k_{AC}=\dfrac{-1-1}{1-(-1)}=-1$，倾斜角为 $135°$，钝角.

9. $D\left(-\dfrac{3}{2},\dfrac{5}{2}\right)$，$|AD|=\dfrac{5}{2}\sqrt{2}$　解析：BC 边的中点为 D，由中点公式可得 $D\left(\dfrac{2-5}{2},\dfrac{-3+m}{2}\right)$，即 $\left(-\dfrac{3}{2},\dfrac{-3+m}{2}\right)$. 直线 AD 的倾斜角为 $\dfrac{\pi}{4}$，斜率为 1，由斜率公式，得 $1=\dfrac{\dfrac{-3+m}{2}-5}{-\dfrac{3}{2}-1}$，解得 $m=8$，$D\left(-\dfrac{3}{2},\dfrac{5}{2}\right)$. 由两点间距离公式，得 $|AD|=$

$$\sqrt{\left(1+\frac{3}{2}\right)^2+\left(5-\frac{5}{2}\right)^2}=\frac{5}{2}\sqrt{2}.$$

10. 斜率 $k=-1$，倾斜角为 $135°$　**解析**：与 x 轴和 y 轴分别交于 A、B 两点，设 $A(a，0)$，$B(0，b)$，由中点公式可得 $\frac{a+0}{2}=-1$，$\frac{0+b}{2}=-1$，解得 $a=-2$，$b=-2$，所以 $A(-2，0)$，$B(0，-2)$，斜率 $k=\frac{-2-0}{0-(-2)}=-1$，又因为 $\tan 135°=-1$，所以倾斜角为 $135°$.

6.2.2　直线的点斜式、斜截式方程

【课堂基础训练】

一、选择题

1. A　**解析**：已知点和斜率，代入点斜式方程，得 $y-3=2(x-2)$，整理得 $2x-y-1=0$，故选 A.

2. B　**解析**：直线与 x 轴平行，斜率为 0，代入点斜式方程，得 $y-5=0(x-1)$，整理得 $y-5=0$，即 $y=5$，故选 B.

3. C　**解析**：过点 $A(0，3)$ 和 $B(2，1)$ 的直线斜率 $k=\frac{1-3}{2-0}=-1$，代入点斜式、斜截式方程均可，过点 $A(0，3)$ 可知直线的纵截距 $b=3$，得 $y=-x+3$，即 $x+y-3=0$，故选 C.

4. A　**解析**：根据已知条件，代入斜截式方程，得 $y=2x+3$，即 $2x-y+3=0$，故选 A.

5. D　**解析**：由已知条件倾斜角为 $45°$，可得斜率 $k=\tan 45°=1$，代入点斜式方程得 $y-2=1(x-0)$，即 $x-y+2=0$；也可根据直线经过点 $(0，2)$，知纵截距 $b=2$，也可代入斜截式方程，得 $y=x+2$，即 $x-y+2=0$，故选 D.

6. C　**解析**：直线方程 $3y=-2x+1$ 可化为 $y=-\frac{2}{3}x+\frac{1}{3}$，由斜截式方程可知纵截距为 $\frac{1}{3}$，故选 C.

7. C　**解析**：若一条直线的斜率不存在，则直线必垂直于 x 轴，所以倾斜角为 $90°$，故选 C.

8. B　**解析**：$k>0$ 说明直线的倾斜角为锐角，$b<0$ 说明直线交于 y 轴负半轴，通过画图即可判定；也可根据方程 $y=kx+b$，因为 $k>0$，$b<0$，当 $x<0$ 时，必有 $y<0$，所以直线必不过第二象限，故选 B.

9. C　**解析**：可将点 $A(-1，2)$ 坐标代入下面四个方程，只有 C 成立，故选 C.

10. A　**解析**：倾斜角为 $\frac{\pi}{3}$，可知斜率 $k=\tan\frac{\pi}{3}=\sqrt{3}$，在 x 轴上截距为 3，说明直线过点 $(3，0)$，代入点斜式方程，得 $y-0=\sqrt{3}(x-3)$，即 $y=\sqrt{3}x-3\sqrt{3}$，故选 A.

二、填空题

11. $x=0$　　**解析：** 经过点 $A(0,5)$ 且与 x 轴垂直的直线为 y 轴，所以方程为 $x=0$。

12. $m\geqslant 0$　　**解析：** 斜率为 $-\dfrac{1}{2}$，倾斜角为钝角，因为 m 为纵截距，直线不经过第三象限，必须 $m\geqslant 0$。

13. 3，$-\dfrac{1}{2}$　　**解析：** 斜截式方程的两个系数分别为斜率和纵截距，所以斜率 $k=3$，纵截距 $b=-\dfrac{1}{2}$。

14. 1，$45°$　　**解析：** 直线的点斜式方程为 $y+4=x-3$，得 $y+4=1(x-3)$，所以斜率 $k=1$，$\tan 45°=1$，倾斜角为 $45°$。

15. $\sqrt{3}$，$60°$　　**解析：** 由点斜式方程 $y-y_0=k(x-x_0)$ 可知，直线 $y-2=\sqrt{3}(x+1)$ 的斜率为 $\sqrt{3}$，$\tan\dfrac{\pi}{3}=\sqrt{3}$，所以倾斜角为 $60°$。

16. $x=0$，$y=0$　　**解析：** y 轴上所有点的横坐标都为 0，所以方程为 $x=0$；x 轴上所有点的纵坐标都为 0，所以方程为 $y=0$。

三、解答题

17. 解析： 直线的倾斜角 $\alpha=\dfrac{3}{4}\pi$，斜率 $k=\tan\dfrac{3\pi}{4}=-1$，又知直线 l 经过点 $A(-3,-2)$，代入点斜式方程，得 $y+2=-1(x+3)$，整理得 $x+y+5=0$。

18. 解析： 直线在 y 轴上的截距为 2，说明直线过 $(0,2)$，又知直线 l 经过点 $A(-4,3)$，由斜率公式 $k=\dfrac{y_2-y_1}{x_2-x_1}(x_1\neq x_2)$ 可得 $k=\dfrac{3-2}{-4-0}=-\dfrac{1}{4}$，代入斜截式方程得 $y=-\dfrac{1}{4}x+2$，即 $x+4y-8=0$。

19. 解析： 要求 AB 边上中线所在直线的方程，先求 AB 中点坐标，利用中点坐标公式，AB 中点 $D\left(\dfrac{3+3}{2},\dfrac{0+4}{2}\right)$，即 $D(3,2)$，CD 为 AB 边上的中线，直线 CD 的斜率为 $k=\dfrac{5-2}{0-3}=-1$，代入斜截式方程得 $y=-x+5$，即 $x+y-5=0$。

20. 解析： 先求 PQ 中点 M 坐标，根据中点坐标公式得 $M\left(\dfrac{3-1}{2},\dfrac{2+4}{2}\right)$，即 $M(1,3)$，直线 l 的斜率为 $-\sqrt{3}$，代入点斜式方程得 $y-3=-\sqrt{3}(x-1)$，即 $\sqrt{3}x+y-3-\sqrt{3}=0$。

【课堂拓展训练】

一、填空题

1. $120°$　　**解析：** 由直线方程 $\sqrt{3}x+y-1=0$，得 $y=-\sqrt{3}x+1$，即为斜截式方程，可

以得到斜率 $k=-\sqrt{3}=\tan 120°$,因此倾斜角为 $120°$.

2. $3x-2y=0$ 或 $x+y-5=0$ **解析**:直线在 x 轴、y 轴上的截距相等包含两种情况:(1)当直线过原点时,$a=b=0$,直线方程为 $y=kx$,将 $P(2,3)$ 坐标代入上式,$2k=3$,得 $k=\dfrac{3}{2}$,所以直线方程为 $y=\dfrac{3}{2}x$,即 $3x-2y=0$.(2)当直线不过原点时,如果在 x 轴、y 轴上的截距相等,说明直线过点 $(0,a)$,$(a,0)$,斜率 $k=\dfrac{0-a}{a-0}=-1$,代入斜截式方程得直线方程为 $y=-x+a$,将 $P(2,3)$ 坐标代入上式得 $3=-2+a$,解得 $a=5$,所以直线方程为 $y=-x+5$,即 $x+y-5=0$.

3. $\sqrt{3}x-3y-9-3\sqrt{3}=0$(或写成 $x-\sqrt{3}y-3\sqrt{3}-3=0$) **解析**:直线的倾斜角为 $30°$,可求斜率 $k=\tan 30°=\dfrac{\sqrt{3}}{3}$,直线过点 $A(3,-3)$,代入点斜式方程得 $y+3=\dfrac{\sqrt{3}}{3}(x-3)$,整理得 $\sqrt{3}x-3y-9-3\sqrt{3}=0$,同除以 $\sqrt{3}$ 得 $x-\sqrt{3}y-3\sqrt{3}-3=0$.

4. $\sqrt{3}x+3y+12=0$,也可写成 $x+\sqrt{3}y+4\sqrt{3}=0$ **解析**:直线的倾斜角为 $\dfrac{5\pi}{6}$,可求得斜率 $k=\tan\dfrac{5\pi}{6}=-\dfrac{\sqrt{3}}{3}$,且在 y 轴上的截距是 -4,代入斜截式方程得 $y=-\dfrac{\sqrt{3}}{3}x-4$,即 $\sqrt{3}x+3y+12=0$,也可写成 $x+\sqrt{3}y+4\sqrt{3}=0$.

5. $x-2y-2=0$ **解析**:直线在 x 轴、y 轴的截距分别为 2 和 -1,可以理解为直线过两点 $(2,0)$,$(0,-1)$,由两点坐标求斜率 $k=\dfrac{-1-0}{0-2}=\dfrac{1}{2}$,代入截距式方程 $y=\dfrac{1}{2}x-1$,即 $x-2y-2=0$.

6. $y=2$,$x=-1$ **解析**:平行于 x 轴的直线斜率为 0,代入点斜式 $y-2=0(x+1)$,即 $y=2$.平行于 y 轴的直线,斜率不存在,所有点横坐标相同,所以有 $x=-1$.

二、解答题

7. **解析**:已知直线 l 经过原点,设直线方程为 $y=kx$,倾斜角的正弦值为 $\dfrac{\sqrt{2}}{2}$,$\sin\alpha=\dfrac{\sqrt{2}}{2}$,可得 $\alpha=45°$ 或 $135°$,得 $\tan\alpha=\pm1$,即斜率 $k=\pm1$,可求得直线 l 的方程为 $y=\pm x$.

8. **解析**:(1)当横截距和纵截距都是 0 时,设所求直线方程为 $y=kx$,将 $(2,1)$ 代入可得 $k=\dfrac{1}{2}$,此时直线方程为 $y=\dfrac{1}{2}x$,即 $x-2y=0$.(2)当横截距和纵截距都不是 0 时,在 x 轴上的截距等于在 y 轴上的截距的 2 倍,直线过 $(2b,0)$,$(0,b)$,斜率 $k=\dfrac{b-0}{0-2b}=-\dfrac{1}{2}$,代入点斜式方程得 $y-1=-\dfrac{1}{2}(x-2)$,即 $x+2y-4=0$,综上所述,所求直线方程为 $x-2y=0$ 或 $x+2y-4=0$.

9. 解析：因为 $\cos\alpha = -\dfrac{3}{5}$，而 $0 \leqslant \alpha < \pi$，所以 $\sin\alpha = \sqrt{1-\cos^2\alpha} = \sqrt{1-\left(-\dfrac{3}{5}\right)^2} = \dfrac{4}{5}$，于是直线 l 的斜率 $k = \tan\alpha = \dfrac{\sin\alpha}{\cos\alpha} = -\dfrac{4}{3}$，又直线 l 经过点 $P(-4, 2)$，所以直线 l 的方程为 $y - 2 = -\dfrac{4}{3}(x+4)$，即 $4x + 3y + 10 = 0$.

10. 解析：如图所示．

由直线方程 $y = \sqrt{3}(x-1)$ 可知斜率为 $\sqrt{3}$，得直线的倾斜角为 $60°$，且经过点 $(1, 0)$，由图可知，直线 l 的倾斜角为 $30°$ 或 $90°$，所以直线 l 的方程为 $x = 1$ 或 $y = \dfrac{\sqrt{3}}{3}(x-1)$，也可写成 $x - 1 = 0$ 或 $x - \sqrt{3}y - 1 = 0$.

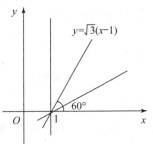

6.2.3 直线的一般式方程

【课堂基础训练】

一、选择题

1. A　解析：直线的斜截式方程 $y = 4x + 5$ 化为一般式方程，移项得 $4x - y + 5 = 0$，故选 A.

2. A　解析：直线的点斜式方程为 $y + 1 = -3(x - 2)$，整理得 $y + 1 = -3x + 6$，即 $3x + y - 5 = 0$，故选 A.

3. B　解析：直线 $\sqrt{3}x - y + 5 = 0$ 可化为斜截式 $y = \sqrt{3}x + 5$，斜率为 $\sqrt{3}$，所以倾斜角为 $60°$．故选 B.

4. C　解析：直线的方程 $2x - y + 3 = 0$ 可化为斜截式 $y = 2x + 3$，所以斜率和纵截距分别为 2 和 3．故选 C.

5. C　解析：可将点 $M(1, 3)$ 坐标分别代入 A，B，C，D 四个方程，只有 C 方程成立．故选 C.

6. A　解析：垂直于 x 轴的直线没有斜率，所有点横坐标相同，所以 $x = 1$．故选 A.

7. B　解析：直线方程为 $Ax + By + C = 0$，当 $A > 0$，$B > 0$，$C > 0$ 时斜率 $k = -\dfrac{A}{B} < 0$，倾斜角为钝角，纵截距 $b = -\dfrac{C}{B} < 0$，所以直线不过一象限，故选 B.

8. A　解析：$y - 3 = 0$ 是平行于 x 轴的直线，斜率是 0，纵截距是 3．故选 A.

9. C　解析：直线 l 的斜率为正，说明倾斜角为锐角，又在 y 轴上的截距为负，直线不过二象限．故选 C.

10. C　解析：直线 l 经过一、二、三象限，说明倾斜角是锐角，斜率为正，纵截距必为正．故选 C.

二、填空题

11. $y=-2x-\dfrac{5}{2}$　解析：直线的一般式方程为 $4x+2y+5=0$，移项 $2y=-4x-5$，所以 $y=-2x-\dfrac{5}{2}$，即为斜截式方程．

12. 9　解析：由直线方程 $x-2y+6=0$ 可得当 $y=0$ 时，$x=-6$；当 $x=0$ 时，$y=3$．可知横截距为 -6，纵截距为 3，直线 $x-2y+6=0$ 与两坐标轴所围成的三角形面积是 $\dfrac{1}{2}\times(3\times 6)=9$．

13. -4　解析：将 $(2,-3)$ 代入 $mx-y+5=0$ 得 $2m+3+5=0$，$2m=-8$，所以 $m=-4$．

14. $x-2y+5=0$　解析：由方程 $y-2=\dfrac{1}{2}(x+1)$，得 $2y-4=x+1$，所以 $x-2y+5=0$．

15. $\dfrac{5}{3}$　解析：由直线方程 $y=3x-5$ 得，当 $y=0$ 时，$x=\dfrac{5}{3}$，所以直线在 x 轴上的截距为 $\dfrac{5}{3}$．

16. -3　解析：由直线方程 $3x-2y-6=0$ 得，当 $x=0$ 时，$y=-3$，所以纵截距为 -3．

三、解答题

17. 解析：由直线 l_1：$y=-x-2$ 可知斜率为 -1，在 y 轴上的截距 -2；由 l_2：$y=x+2$ 得斜率为 1，在 y 轴上的截距为 2．图略．

18. 解析：直线 $Ax+By-1=0$ 经过一、二、四象限，则倾斜角为钝角，斜率为负，$k=-\dfrac{A}{B}<0$，$\dfrac{A}{B}>0$，所以 A、B 同号．

19. 解析：直线 l：$(a+1)x+y+2=0$ 不经过第二象限，说明倾斜角为锐角，斜率为正，纵截距为负，方程可化为 $y=-(a+1)x-2$，$-(a+1)>0$，即 $a+1<0$，所以 $a<-1$．

20. 解析：由 $K_{AB}=\dfrac{-4-6}{-1+5}=-\dfrac{5}{2}$，得 AB 所在的直线的方程为 $y-6=-\dfrac{5}{2}(x+5)$，即 $5x+2y+13=0$；同理，由 $K_{AC}=\dfrac{2-6}{3+5}=-\dfrac{1}{2}$，得直线 AC 所在的直线的方程为 $x+2y-7=0$；由 $K_{BC}=\dfrac{2+4}{3+1}=\dfrac{3}{2}$，得直线 BC 所在的直线的方程为 $3x-2y-5=0$．

【课堂拓展训练】

一、填空题

1. 4　解析：由直线方程 $(m-2)x-y+m-3=0$，得 $y=(m-2)x+m-3$，可知斜

率 $k=m-2=2$，所以 $m=4$.

2. $x+\sqrt{3}y-1=0$　**解析**：直线 l 的倾斜角为 $\dfrac{\pi}{6}$，得斜率 $k=-\dfrac{\sqrt{3}}{3}$，在 x 轴上的截距为 1，可知直线过点 $(1,0)$，代入点斜式方程 $y-0=-\dfrac{\sqrt{3}}{3}(x-1)$，即 $x+\sqrt{3}y-1=0$.

3. $x-3y+6=0$　**解析**：由 $y-4=\dfrac{1}{3}(x-6)$，得 $3y-12=x-6$，即 $x-3y+6=0$.

4. $135°$，$x+y-2=0$　**解析**：由两点坐标求斜率的公式 $k=\dfrac{y_2-y_1}{x_2-x_1}(x_1\neq x_2)=\dfrac{-2-3}{4+1}=-1$，代入点斜式方程得 $y-3=-(x+1)$，即 $x+y-2=0$.

5. $\dfrac{5}{2}$，$\dfrac{5}{3}$　**解析**：由直线的方程 $2x+3y-5=0$ 可得，当 $y=0$ 时，$x=\dfrac{5}{2}$，当 $x=0$ 时，$y=\dfrac{5}{3}$，所以横截距和纵截距分别为 $\dfrac{5}{2}$ 和 $\dfrac{5}{3}$，斜率 $k=-\dfrac{A}{B}=-\dfrac{2}{3}$.

6. $3x-2y+6=0$　**解析**：由题意可知，直线过两点 $(-2,0)$ 和 $(0,3)$ 可得斜率 $k=\dfrac{3-0}{0+2}=\dfrac{3}{2}$，代入斜截式方程得 $y=\dfrac{3}{2}x+3$，即 $3x-2y+6=0$.

二、解答题

7. $k=6$，$b=-19$　**解析**：由直线方程 $kx-y+b=0$，得 $y=kx+b$，k 为斜率，b 为纵截距. 用两点坐标求斜率，$k=\dfrac{-1-5}{3-4}=6$，即 $y=6x+b$，将 $P_2(3,-1)$，代入 $-1=6\times 3+b$，所以 $b=-19$.

8. **解析**：直线与 x 轴交点到原点距离为 3，有两个点 $(-3,0)$ 和 $(3,0)$，分别代入点斜式方程 $y-0=-2(x+3)$ 和 $y-0=-2(x-3)$，即两条直线方程为 $2x+y+6=0$ 和 $2x+y-6=0$.

9. **解析**：先求两条直线的交点，解方程组 $\begin{cases}x-3y+4=0\\x-y-4=0\end{cases}$，解得 $\begin{cases}x=8\\y=4\end{cases}$，即交点坐标 $(8,4)$，代入点斜式方程得 $y-4=2(x-8)$，即 $2x-y-12=0$.

10. **解析**：设 AB，BC，AC 三边的中点分别为 D，E，F. 由中点坐标公式可得 $D(4,0)$，$E\left(3,-\dfrac{3}{2}\right)$，$F\left(1,\dfrac{1}{2}\right)$. 直线 CD 的斜率为 $k_{CD}=\dfrac{-1-0}{0-4}=\dfrac{1}{4}$，方程为 $y=\dfrac{1}{4}x-1$，即 $x-4y-4=0$；直线 AE 的斜率 $k_{AE}=\dfrac{2+\dfrac{3}{2}}{2-3}=-\dfrac{7}{2}$，方程为 $y-2=-\dfrac{7}{2}(x-2)$，即 $7x+2y-18=0$；直线 BF 的斜率 $k_{BF}=\dfrac{-2-\dfrac{1}{2}}{6-1}=-\dfrac{1}{2}$，方程为 $y+2=-\dfrac{1}{2}(x-6)$，即 $x+2y-2=0$. 所以三边所在直线的方程为 $x-4y-4=0$，$7x+2y-18=0$，$x+$

$2y-2=0$.

6.3.1 两条直线平行

【课堂基础训练】

一、选择题

1. B 解析：因为直线 $y=kx+3$ 与直线 $y=-3x+4$ 平行，所以斜率是相等的，都是 -3，故选 B.

2. C 解析：因为直线 L 与直线 $y=-x+1$ 平行，所以斜率 $k=-1$，又因为 $\tan\frac{3\pi}{4}=-1$，所以 $\alpha=\frac{3\pi}{4}$，故选 C.

3. B 解析：判断两条直线的位置关系时先把直线化成截距式，分别是 $y=-\frac{3}{4}x+\frac{5}{4}$ 和 $y=-\frac{3}{4}x+\frac{7}{8}$，由此可以看出 k 值是相等的，但是 b 值不相等，所以两条直线的位置关系是平行，故选 B.

4. A 解析：判断两条直线的位置关系时先把直线化成截距式，分别是 $y=-3x-a$ 和 $y=-\frac{1}{3}x+\frac{1}{3}$，由此可以看出 k 值不相等，所以两条直线的位置关系是相交，故选 A.

5. B 解析：直线 $x=1$ 与 $x=-2$ 都是没有斜率的直线，都垂直于 x 轴(也可以说是平行于 y 轴)，所以两条直线的位置关系是平行，故选 B.

6. A 解析：过点 $P(-1,3)$ 且与直线 $y=4x+3$ 平行的直线方程可以设为 $y=4x+b$，把点 $P(-1,3)$ 代入 $y=4x+b$ 得 $3=-4\times(-1)+b$，解得 $b=7$，所求直线方程为 $y=4x+7$，故选 A.

7. D 解析：设 $P(0,y)$，因为 $l_1\parallel l_2$，所以有 $\frac{y-1}{0+1}=2$，解得 $y=3$，故选 D.

8. B 解析：当两直线 l_1，l_2 的斜率 k_1，k_2 都存在时，$l_1\parallel l_2 \Leftrightarrow k_1=k_2$ 且 $b_1\neq b_2$，直线 l_1 只有斜率无法确定截距，不能判断 l_1 与 l_2 就是平行的，故①是错的.

9. A 解析：由于直线 $l_1:x-y-1=0$ 与直线 $l_2:x+ay-2=0$ 平行，则有 $1\times a-(-1)\times 1=0$，即 $a=-1$，故选 A.

10. B 解析：因为直线 $mx+2y+m=0$ 与直线 $3mx+(m-1)y+7=0$ 平行，所以 $m(m-1)=3m\times 2$，所以 $m=0$ 或 7，经检验，都符合题意，故选 B.

二、填空题

11. -2 解析：因为直线 $2x+y+1=0$ 化为斜截式为 $y=-2x-1$，斜率 $k=-2$，直线 l 与直线 $2x+y+1=0$ 平行，所以直线 l 的斜率为 -2.

12. $x-y-3=0$ 解析：设与直线 $y=x+1$ 平行的直线 l 的方程为 $y=x+b$，直线 l 在 y 轴上的截距为 -3，即 $b=-3$，所以直线 l 的方程为 $y=x-3$. 即 $x-y-3=0$.

13. $3x-2y+9=0$ 解析：设过点 $P(-1,3)$ 且与直线 $3x-2y+4=0$ 平行的直线方

程为 $3x-2y+m=0$，把点 $P(-1,3)$ 代入得 $3\times(-1)-2\times3+m=0$，解得 $m=9$．所以所求直线方程为 $3x-2y+9=0$．

14. 4　解析：由题意得：$\tan 45°=\dfrac{a+1}{3+2}=1$，解得 $a=4$．

15. $x=3$　解析：直线 $x=-2$ 是垂直于 y 轴的特殊直线，此直线的斜率不存在，所以过点$(3,1)$且平行于直线 $x=-2$ 的直线方程为 $x=3$．

16. $y=4$　解析：平行于 x 轴的直线是斜率为 0 的特殊直线，所以过点$(-3,4)$且平行于 x 轴的直线的方程为 $y=4$．

三、解答题

17. 解：(1)分别将直线 l_1：$x+y=0$，l_2：$2x-3y+1=0$ 化成斜截式：l_1：$y=-x$．

l_2：$y=\dfrac{2}{3}x+\dfrac{1}{3}$．

由此可知 $k_1\neq k_2$，所以这两条直线的位置关系是相交．

(2)将 l_2：$2x+2y+4=0$ 化成斜截式：$y=-x-2$．

由此可知这两条直线重合．

(3)分别将直线 l_1：$4x=3y$，l_2：$4x-3y+1=0$ 化成斜截式：

l_1：$y=\dfrac{4}{3}x$，l_2：$y=\dfrac{4}{3}x+\dfrac{1}{3}$．

由此可知，$k_1=k_2$，且 $b_1\neq b_2$，所以这两条直线的位置关系是平行．

18. 解：设与直线 $x-2y+1=0$ 平行的直线 l 的方程为 $x-2y+m=0$，

由已知直线 l 经过点 $P(0,-1)$，把 $P(0,-1)$ 代入得 $0-2\times(-1)+m=0$，

解得 $m=-2$，所以直线 l 的方程为 $x-2y-2=0$．

19. 解：(1)由 $k_{AB}=\dfrac{m-3}{2m^2}=\tan 135°=-1$，解得 $m=-\dfrac{3}{2}$，或 $m=1$．

(2)令 $\dfrac{m-3}{2m^2}=\dfrac{9+3}{-4-2}=-2$，解得 $m=\dfrac{3}{4}$，或 $m=-1$．

20. 解析：因为 $MN\parallel PQ$，所以 $k_{MN}=k_{PQ}$，即 $\dfrac{4-(-1)}{-3-2}=\dfrac{2-2m}{m-3}$，解得 $m=-1$．

【课堂拓展训练】

一、填空题

1. $3x-y-6=0$　解析：设经过点$(2,0)$且与直线 $y=3x+2$ 平行的直线 l 的方程为 $y=3x+b$，把点$(2,0)$代入得 $0=3\times2+b$，解得 $b=-6$，所以直线 l 的方程为 $y=3x-6$．即 $3x-y-6=0$．

2. 相交　解析：直线 $x=3$ 没有斜率，直线 $x-y+1=0$ 的斜率为 1，两条直线的斜率不相等，所以它们的位置关系是相交．

3. $x-3y+3=0$　解析：设过点 $P(0,1)$ 且与直线 $x-3y+7=0$ 平行的直线方程为 $x-3y+m=0$，把点 $P(0,1)$ 代入得 $0-3+m=0$，解得 $m=3$．所以，所得直线方程为

$x-3y+3=0$.

4. $30°$（或 $\frac{\pi}{6}$）　解析：因为 $\tan 30°=\frac{\sqrt{3}}{3}$，所以 $\alpha=30°$.

5. 平行　解析：分别将直线 $x+y-1=0$ 与直线 $x+y-2=0$ 化成斜截式：$y=-x+1$ 和 $y=-x+2$，由此可以看出 k 值相等但 b 值不相等，因此位置关系是平行.

6. 0　解析：因为 $l_1 \parallel l_2$，且 $k_2=\frac{1-2}{1-0}=-1$，所以 $k_1=\frac{4-1}{-3-m}=-1$，得 $m=0$.

二、解答题

7. 解：因为 $\tan 120°=-\sqrt{3}$，即 $k=-\sqrt{3}$.

所以过点 $(2,-1)$ 的直线方程为 $y-(-1)=-\sqrt{3}(x-2)$，

即 $\sqrt{3}x+y+1-2\sqrt{3}=0$.

8. 解：由 $A(-3,0)$，$B(1,4)$，得 $k_{AB}=\frac{4-0}{1+3}=1$，则过 $C(3,-2)$，平行于直线 AB 的直线的斜率也为 1，所以所求直线方程为 $y-(-2)=x-3$，即 $x-y-5=0$.

9. 解：直线 $2x-y+2=0$ 化成斜截式为 $y=2x+2$，则 $k=2$，

又因为过点 $A(-2,m)$，$B(m,1)$ 的直线与直线 $2x-y+2=0$ 平行，

所以有 $2=\frac{1-m}{m+2}$，解得 $m=-1$.

10. 解：因为直线 $ax+(1-b)y+5=0$ 和 $(1+a)x-y-b=0$ 同时平行于直线 $x-2y+3=0$，则有 $\begin{cases}-\dfrac{a}{1-b}=\dfrac{1}{2}\\ 1+a=\dfrac{1}{2}\end{cases}$，解得 $\begin{cases}a=-\dfrac{1}{2}\\ b=0\end{cases}$.

6.3.2　两条直线相交

【课堂基础训练】

一、选择题

1. B　解析：当两直线 l_1，l_2 的斜率 k_1，k_2 都存在且不重合时，$l_1 \parallel l_2 \Leftrightarrow k_1=k_2$，$l_1 \perp l_2 \Leftrightarrow k_1 k_2=-1$，故①③正确；当两直线都与 x 轴垂直时，其斜率不存在，但它们也平行，故②错；当两直线中一条直线与 x 轴平行（或重合），另一条直线与 x 轴垂直时，它们垂直，但一条直线斜率为零，另一条直线斜率不存在，故④错.

2. C　解析：斜率不存在的直线倾斜角都为 $90°$，且不重合，则两条直线的位置关系是平行，故选 C.

3. B　解析：若求直线 $x+y-1=0$ 与直线 $x-y-5=0$ 的交点坐标，只需联立方程组 $\begin{cases}x+y-1=0\\ x-y-5=0\end{cases}$，解得 $\begin{cases}x=3\\ y=-2\end{cases}$，所以交点坐标为 $(3,-2)$，故选 B.

4. B　解析：若求直线 $x-1=0$ 与直线 $y=5$ 的交点坐标，只需联立方程组 $\begin{cases}x-1=0\\ y=5\end{cases}$，

解得 $\begin{cases} x=1 \\ y=5 \end{cases}$，所以交点坐标是(1，5)，故选 B．

5．D 解析：若直线 $y=kx+b$ 与直线 $y=3x-1$ 垂直，则有 $3k=-1$，解得 $k=-\dfrac{1}{3}$，故选 D．

6．B 解析：与直线 $x+y-1=0$ 垂直的直线方程可以设为 $x-y+m=0$，且经过点 $A(1，4)$，把点$(1，4)$代入得 $1-4+m=0$，解得 $m=3$，所以所求方程为 $x-y+3=0$，故选 B．

7．D 解析：直线 $x=1$ 是特殊的直线，倾斜角为 $90°$，与其垂直的直线也是特殊直线，倾斜角为 $0°$，且经过点 $A(-3，2)$，所以直线方程为 $y=2$，故选 D．

8．D 解析：判断两条直线是否垂直的依据是：$l_1 \perp l_2 \Leftrightarrow k_1 \cdot k_2 = -1$，只有 D 选项符合，故选 D．

9．A 解析：若求直线 $l_1：2x-y-5=0$ 与 $l_2：x-3y-10=0$ 的交点坐标，只需联立方程组 $\begin{cases} 2x-y-5=0 \\ x-3y-10=0 \end{cases}$，解得 $\begin{cases} x=1 \\ y=-3 \end{cases}$，所以交点坐标为$(1，-3)$，故选 A．

10．A 解析：两条直线是否垂直的依据是：$l_1 \perp l_2 \Leftrightarrow k_1 \cdot k_2 = -1$，由题意知：$-\dfrac{1}{m} \times -\dfrac{2m-15}{3} = -1$，解得 m 的值为 3，故选 A．

二、填空题

11．$(2，3)$ 解析：若求直线 $x=2$ 与直线 $y=x+1$ 的交点坐标，只需把 $x=2$ 代入直线 $y=x+1$ 中，解得 $y=3$．故交点坐标为$(2，3)$．

12．$2x+3y-5=0$ 解析：设过点$(1，1)$与直线 $3x-2y+5=0$ 垂直的直线方程为 $2x+3y+m=0$，把点$(1，1)$代入，解得 $m=-5$．所以所求方程为 $2x+3y-5=0$．

13．$x+y-1=0$ 解析：由题意得 $\begin{cases} x+3y-3=0 \\ x-2y+2=0 \end{cases}$，解得 $\begin{cases} x=0 \\ y=1 \end{cases}$，则交点为$(0，1)$，所以斜率为$-1$的直线方程为 $x+y-1=0$．

14．3 解析：若直线 $y=3x+1$ 与直线 $x+ay+2=0$ 垂直，则有 $-\dfrac{1}{a} \times 3 = -1$，解得 $a=3$，则实数 a 的值为 3．

15．$\dfrac{7}{3}$ 解析：由题意知 $\dfrac{m-2}{3-m} \times (-2) = -1$，解得 $m=\dfrac{7}{3}$，则 m 的值为 $\dfrac{7}{3}$．

16．1 或 6 解析：由题意可知 $k_{AB}=\dfrac{m-3}{6}$，$k_{MN}=4-m$，因为 $l_1 \perp l_2$，所以 $\dfrac{m-3}{6} \times (4-m) = -1$，整理得 $m^2-7m+6=0$，所以 $m=1$ 或 6．

三、解答题

17． 判断下列直线的位置关系：

(1)**解**：将两条直线分别化成截距式为 l_1：$y=-3x+4$，l_2：$y=-\dfrac{1}{3}x+\dfrac{4}{3}$，由此可知 $3\times\left(-\dfrac{1}{3}\right)=-1$，所以这两条直线互相垂直.

(2)**解**：将直线 l_2 化成斜截式为 $y=-3x-\dfrac{5}{2}$，且 l_1：$y=-3x-1$，由此可知斜率相等，截距不相等，所以两条直线的位置关系是平行.

(3)**解**：直线 l_1：$2x+1=0$ 的斜率不存在，直线 l_2：$2y+3=0$ 斜率为 0，所以这两条特殊直线的位置关系是垂直.

18.**解**：由题意得 $\begin{cases}3x+y+8=0\\2x+y+5=0\end{cases}$，解得 $\begin{cases}x=-3\\y=1\end{cases}$. 则交点坐标为 $(-3,1)$，设与直线 $x-y+1=0$ 垂直的直线方程为 $x+y+m=0$，把点 $(-3,1)$ 代入解得 $m=2$. 所以所求直线方程为 $x+y+2=0$.

19.**解**：由题意知 $K_{AB}=\dfrac{-1-3}{4-2}=-2$，所以线段 AB 的垂直平分线所在的直线的斜率为 $\dfrac{1}{2}$，点 $A(2,3)$ 与 $B(4,-1)$ 的中点 $(3,1)$ 在线段 AB 的垂直平分线所在的直线上，所以所求直线方程为 $y-1=\dfrac{1}{2}(x-3)$，即 $x-2y-1=0$.

20.**解**：因为点 $A(1,m)$ 在两直线上，所以 $\begin{cases}a+4m-2=0，①\\2-5m+b=0，②\end{cases}$

又两直线垂直，得 $2a-4\times 5=0$，③

由①②③，得 $a=10$，$m=-2$，$b=-12$.

【课堂拓展训练】

一、填空题

1.$3x-y+2=0$ **解析**：在 y 轴上的截距为 2，设垂直于 $x+3y=0$ 的直线的方程为 $3x-y+m=0$，又因为此直线在 y 轴上的截距为 2，把点 $(0,2)$ 代入得 $m=2$，所以所求直线方程为 $3x-y+2=0$.

2.2 或 0 **解析**：若直线 $3x+my+5=0$ 与直线 $mx+(1-2m)y-3=0$ 垂直，则 $-\dfrac{3}{m}\times\dfrac{m}{2m-1}=-1$，解得 $m=2$ 或 0.

3.$(-2,1)$ **解析**：设点 P 的对称点为 $Q(x,y)$，P、Q 关于直线 $y=x$ 的对称，所以直线 PQ 与直线 $y=x$ 垂直，设直线 PQ 的方程为 $y=-x+m$，把点 $P(1,-2)$ 代入得 $m=-1$，直线 PQ 的方程为 $y=-x-1$，由题意得 $\begin{cases}y=-x-1\\y=x\end{cases}$，解得 $\begin{cases}x=-\dfrac{1}{2}\\y=-\dfrac{1}{2}\end{cases}$，所以点

$M\left(-\dfrac{1}{2},-\dfrac{1}{2}\right)$ 是 PQ 的中点，所以有 $\begin{cases} x+1=-\dfrac{1}{2}\times 2 \\ y-2=-\dfrac{1}{2}\times 2 \end{cases}$，解得 $\begin{cases} x=-2 \\ y=1 \end{cases}$，即点 Q 坐标为 $(-2,1)$.

4. $x+y-4=0$ **解析**：由题意知，点 P、Q 关于直线 l 对称，则直线 PQ 与直线 l 垂直，且线段 PQ 的中点在直线 l 上，因为线段 PQ 坐标为 $(1,3)$，直线 PQ 的斜率 $k_{PQ}=1$，所以直线 l 的斜率 $k_l=-1$，故直线 l 的方程为 $x+y-4=0$.

5. $\dfrac{5}{2}$ **解析**：由题意得 $AD\perp BC$，则有 $k_{AD}\cdot k_{BC}=-1$，

所以有 $\dfrac{1-2}{m-2}\cdot\dfrac{3-1}{4-0}=-1$，解得 $m=\dfrac{5}{2}$.

6. $2,-\dfrac{9}{8}$ **解析**：当 $l_1\perp l_2$ 时，$k_1k_2=-1$，所以 $-\dfrac{b}{2}=-1$，得 $b=2$.

当 $l_1\parallel l_2$ 时，$k_1=k_2$，所以有 $\Delta=(-3)^2+4\times 2b=0$，得 $b=-\dfrac{9}{8}$.

二、解答题

7. **解**：由 $\begin{cases} 3x+y-1=0 \\ x+2y-7=0 \end{cases}$，得交点 $(-1,4)$.

因为所求直线与 $3x+y-1=0$ 垂直，

所以所求直线斜率 $k=\dfrac{1}{3}$，得 $y-4=\dfrac{1}{3}(x+1)$，

即 $x-3y+13=0$.

8. **解**：设点 $P(2,3)$ 关于直线 $x+y+2=0$ 的对称点 $Q(x,y)$，过点 $P(2,3)$ 且与直线 $x+y+2=0$ 垂直的直线方程为 $x-y+1=0$，由 $\begin{cases} x+y+2=0 \\ x-y+1=0 \end{cases}$，解得 $\begin{cases} x=-\dfrac{3}{2} \\ y=-\dfrac{1}{2} \end{cases}$，所以点 $\left(-\dfrac{3}{2},-\dfrac{1}{2}\right)$ 是点 P 与其对称点的中点，所以有 $\begin{cases} x+2=-3 \\ y+3=-1 \end{cases}$，解得 $\begin{cases} x=-5 \\ y=-4 \end{cases}$，所以，点 Q 的坐标为 $(-5,-4)$.

9. **解**：由题意知，直线 MN 过点 $M(0,-1)$ 且与直线 $x+2y-3=0$ 垂直，其方程为 $2x-y-1=0$. 又因为直线 MN 与直线 $x-y+1=0$ 的交点为 N，联立方程组 $\begin{cases} 2x-y-1=0 \\ x-y+1=0 \end{cases}$，解得 $\begin{cases} x=2 \\ y=3 \end{cases}$，即点 N 坐标为 $(2,3)$.

10. **解**：当 $l_1\parallel l_2$ 时，由于直线 l_2 的斜率存在且不为 0，则直线 l_1 的斜率也存在，则 $k_{AB}=k_{CD}$，即 $\dfrac{4-1}{-3-m}=\dfrac{m+1-m}{-1-1}$，解得 $m=3$；

当 $l_1\perp l_2$ 时，由于直线 l_2 的斜率存在且不为 0，则直线 l_1 的斜率也存在，则 $k_{AB}k_{CD}=$

37

−1，

即 $\frac{4-1}{-3-m} \cdot \frac{m+1-m}{-1-1}=-1$，解得 $m=-\frac{9}{2}$.

综上，当 $l_1 \parallel l_2$ 时，m 的值为 3；

当 $l_1 \perp l_2$ 时，m 的值为 $-\frac{9}{2}$.

6.3.3 点到直线的距离

【课堂基础训练】

一、选择题

1. D 解析：画图可得；也可用点到直线的距离公式.

2. B 解析：原点到直线 $3x+4y-26=0$ 的距离 $d=\frac{26}{5}$，故选 B.

3. B 解析：在 $y=2x$ 上取点 $(0,0)$，其到 $y=2x+5$ 的距离即为两平行线间的距离，$d=\frac{5}{\sqrt{2^2+1}}=\sqrt{5}$，故选 B.

4. D 解析：点 $(1,-1)$ 到直线 $x-y+1=0$ 的距离 $d=\frac{|1+1\times(-1)+1|}{\sqrt{1^2+(-1)^2}}=\frac{3\sqrt{2}}{2}$，故选 D.

5. C 解析：由点 $(2,1)$ 到直线 $3x+4y+c=0$ 的距离 $d=\frac{|6+4+c|}{\sqrt{3^2+4^2}}=3$，解得 $c=5$ 或 $c=-25$，故选 C.

6. A 解析：由题意知，$|OP|$ 的最小值就是点 O 到直线 $x+y-4=0$ 的距离，由点到直线的距离公式得 $d=\frac{|-4|}{\sqrt{2}}=2\sqrt{2}$，故选 A.

7. C 解析：由点到直线的距离公式，得 $\frac{|2a-5|}{\sqrt{5}}=\sqrt{5}$，则 $|2a-5|=5$，解得 $a=0$ 或 5，故选 C.

8. D 解析：根据题意可设所求直线方程为 $2x+y+c=0$. 因为两直线间的距离等于 $\frac{\sqrt{5}}{5}$，所以 $d=\frac{|c-1|}{\sqrt{2^2+1^2}}=\frac{\sqrt{5}}{5}$，解得 $c=0$，或 $c=2$. 所以所求直线方程为 $2x+y=0$，或 $2x+y+2=0$，故选 D.

9. C 解析：$|PQ|$ 的最小值是这两条平行线间的距离. 在直线 $3x+4y-12=0$ 上取点 $(4,0)$，然后利用点到直线的距离公式得 $|PQ|$ 的最小值为 3.

10. C 解析：设斜率为 1 的直线方程为 $x-y+m=0$，因为此直线与原点的距离为 $\frac{\sqrt{2}}{2}$，所以得 $\frac{|m|}{\sqrt{2}}=\frac{\sqrt{2}}{2}$，解得 $|m|=1$，解得 $m=1$ 或 -1. 所以所求直线方程为 $x-y+1=$

0 或 $x-y-1=0$. 故选 C.

二、填空题

11. $\dfrac{24}{5}$ 解析：由点到直线的距离公式得 $d=\dfrac{|9-8-25|}{5}=\dfrac{24}{5}$.

12. 9 解析：直线 $y-4=0$ 垂直于 y 轴，所以点 $(-2,-5)$ 到直线 $y-4=0$ 的距离 $d=|-5-4|=9$.

13. $k=20$ 或 -20 解析：由点到直线的距离公式可得 $\dfrac{|24-24+k|}{10}=2$，$|k|=20$，解得 $k=20$ 或 -20.

14. $\dfrac{11}{10}$ 解析：因为直线 $3x-4y-3=0$ 变为 $6x-8y-6=0$，由两条平行线间的距离公式得 $d=\dfrac{|-6-5|}{10}=\dfrac{11}{10}$.

15. $\dfrac{49}{16}\pi$ 解析：因为直线 $3x+4y+12=0$ 变为 $6x+8y+24=0$，由两条平行线间的距离公式得 $d=\dfrac{|24+11|}{10}=\dfrac{7}{2}$，由此可知圆的半径为 $\dfrac{7}{4}$，所以圆的面积为 $\dfrac{49}{16}\pi$.

16. $(1,2)$ 或 $(2,-1)$ 解析：设点 P 的坐标为 (x_0,y_0)，则有 $\begin{cases}3x_0+y_0-5=0,\\ \dfrac{|x_0-y_0-1|}{\sqrt{2}}=\sqrt{2},\end{cases}$ 解得 $\begin{cases}x_0=1\\ y_0=2\end{cases}$ 或 $\begin{cases}x_0=2\\ y_0=-1\end{cases}$. 所以点 P 坐标为 $(1,2)$ 或 $(2,-1)$.

三、解答题

17. (1) 根据点到直线的距离公式，得 $d=\dfrac{|2\times(-1)+1\times 2-10|}{\sqrt{2^2+1^2}}=2\sqrt{5}$.

(2) 直线 $3x=2$ 平行于 y 轴，得 $d=\left|\dfrac{3}{2}-(-1)\right|=\dfrac{5}{3}$.

(3) 直线 $2y+3=0$ 平行于 x 轴，得 $d=\left|2-\left(-\dfrac{3}{2}\right)\right|=\dfrac{7}{2}$.

18. 解：由题意知，BC 边所在直线的方程为 $\dfrac{y-3}{-3-3}=\dfrac{x+4}{2+4}$，即 $x+y+1=0$，则 $d=\dfrac{|2\times 1+6\times 1+1|}{\sqrt{2}}=\dfrac{9\sqrt{2}}{2}$.

19. 解：设点 P 的坐标为 $(x,0)$，由点到直线的距离公式得 $\dfrac{|3x+6|}{5}=6$，得 $|3x+6|=30$，解得 $x=8$ 或 -12，所以点 P 的坐标为 $(8,0)$ 或 $(-12,0)$.

20. 解：(1) 由点斜式方程得，$y-5=-\dfrac{3}{4}(x+2)$，整理得 $3x+4y-14=0$.

(2) 设 m 的方程为 $3x+4y+c=0$，则由平行线间的距离公式得，$\dfrac{|c+14|}{5}=3$，$c=1$ 或 -29. 故 $3x+4y+1=0$ 或 $3x+4y-29=0$.

【课堂拓展训练】

一、填空题

1. $\dfrac{13\sqrt{5}}{15}$　　解析：在直线 $2x-y-1=0$ 上取点 $(0,-1)$，其到 $6x-3y+10=0$ 的距离 $d=\dfrac{|3+10|}{\sqrt{6^2+(-3)^2}}=\dfrac{13\sqrt{5}}{15}$，即所求距离为 $\dfrac{13\sqrt{5}}{15}$.

2. -3 或 $\dfrac{17}{3}$　　解析：由 $4=\dfrac{|5\times 2-12k+6|}{\sqrt{5^2+12^2}}$，解得 $k=-3$ 或 $k=\dfrac{17}{3}$.

3. $\dfrac{7\sqrt{13}}{26}$　　解析：直线 $3x+2y-3=0$ 变为 $6x+4y-6=0$，所以 $m=4$.

由两条平行线间的距离公式得 $d=\dfrac{|-6-1|}{\sqrt{6^2+4^2}}=\dfrac{7\sqrt{13}}{26}$.

4. $2x-y+1=0$　　解析：由题意可设 l 的方程为 $2x-y+c=0$，

于是有 $\dfrac{|c-3|}{\sqrt{2^2+(-1)^2}}=\dfrac{|c-1|}{\sqrt{2^2+(-1)^2}}$，

即 $|c-3|=|c+1|$，解得 $c=1$，

则直线 l 的方程为 $2x-y+1=0$.

5. $2x+y=0$ 或 $2x+y+2=0$　　解析：根据题意可设所求直线方程为 $2x+y+C=0$ ($C\ne 1$)，因为两直线间的距离等于 $\dfrac{\sqrt{5}}{5}$，所以 $\dfrac{|C-1|}{\sqrt{2^2+1^2}}=\dfrac{\sqrt{5}}{5}$，解得 $C=0$ 或 $C=2$，所以所求直线方程为 $2x+y=0$ 或 $2x+y+2=0$.

6. $-\dfrac{7}{9}$ 或 $-\dfrac{1}{3}$　　解析：由题意及点到直线的距离公式得 $\dfrac{|-3a-4+1|}{\sqrt{a^2+1}}=\dfrac{|6a+3+1|}{\sqrt{a^2+1}}$，解得 $a=-\dfrac{1}{3}$ 或 $-\dfrac{7}{9}$.

二、解答题

7. 解：直线 $3x+y-3=0$ 可以化为 $6x+2y-6=0$. 由两条直线平行可知 $m=2$，根据两条平行线间的距离可得 $d=\dfrac{|-6-1|}{\sqrt{40}}=\dfrac{7}{20}\sqrt{10}$.

8. 解：因为直线 l 的倾斜角为 $\dfrac{3}{4}\pi$，所以 $k=\tan\dfrac{3}{4}\pi=-1$，所以可以设直线 l 的方程为 $x+y+m=0$，

点 $(2,-1)$ 到直线 l 的距离为 $\sqrt{2}$，由点到直线的距离公式得 $\dfrac{|2-1+m|}{\sqrt{2}}=\sqrt{2}$，得

$|1+m|=2$,解得 $m=1$ 或 -3,所以直线 l 的方程为 $x+y+1=0$ 或 $x+y-3=0$.

9. 解:设 AB 边上的高为 h,则 $S_{\triangle ABC}=\dfrac{1}{2}|AB|h$,因为 $|AB|=2\sqrt{2}$,且 AB 边所在的直线方程为 $y-3=-(x-1)$,即 $x+y-4=0$,而 AB 边上的高线 h 是点 C 到直线 AB 的距离,由两点间距离公式得 $h=\dfrac{|-1-4|}{\sqrt{2}}=\dfrac{5\sqrt{2}}{2}$,所以 $S_{\triangle ABC}=\dfrac{1}{2}\times 2\sqrt{2}\times\dfrac{5\sqrt{2}}{2}=5$.

10. 解:由 $l_1 \parallel l_2$ 得 $(a-2)a=1\times 3$,且 $a\times 2a\neq 3\times 6$,解得 $a=-1$,
所以 $l_1:3x-3y+18=0$,$l_2:3x-3y+2=0$,
所以由两条平行线间的距离公式得 l_1 与 l_2 间的距离 $d=\dfrac{|18-2|}{\sqrt{18}}=\dfrac{8\sqrt{2}}{3}$.

6.4 圆

6.4.1 圆的标准方程

【课堂基础训练】

一、选择题

1. B 解析:圆的标准方程为 $(x-a)^2+(y-b)^2=r^2$,这里圆心坐标为 $(-1,2)$,半径为 2,代入方程得 $(x+1)^2+(y-2)^2=4$. 故选 B.

2. A 解析:圆的标准方程为 $(x-a)^2+(y-b)^2=r^2$,这里圆心坐标为 $(-1,0)$,半径为 4,代入方程得 $(x+1)^2+y^2=16$. 故选 A.

3. D 解析:根据圆的标准方程为 $(x-a)^2+(y-b)^2=r^2$,知圆心坐标为 (a,b),半径为 r,因此圆心坐标为 $(-3,2)$,半径为 $2\sqrt{3}$. 故选 D.

4. D 解析:根据圆的标准方程为 $(x-a)^2+(y-b)^2=r^2$,知圆心坐标为 (a,b),半径为 r,因此圆心坐标为 $(-3,0)$,半径为 $\sqrt{2}$. 故选 D.

5. D 解析:由动点 A 到点 $(1,-1)$ 的距离等于 4,知点 A 的轨迹为以点 $(1,-1)$ 为圆心,以 4 为半径的圆,因此动点 A 的轨迹方程为 $(x-1)^2+(y+1)^2=16$. 故选 D.

6. D 解析:由直径为 $2\sqrt{5}$ 知半径为 $\sqrt{5}$,圆心坐标为 $C(3,-2)$,因此圆的标准方程为 $(x-3)^2+(y+2)^2=5$. 故选 C.

7. A 解析:圆心为原点 $(0,0)$,半径为 3,因此圆的标准方程为 $x^2+y^2=9$. 故选 A.

8. D 解析:点 $P(-1,2)$ 在圆 $(x+1)^2+(y-1)^2=r^2$ 上,则 $(-1+1)^2+(2-1)^2=r^2$,有 $r^2=1$,得 $r=1$. 故选 D.

9. C 解析:圆 $(x-a)^2+y^2=17$ 经过点 $A(2,1)$,故 $(2-a)^2+1^2=17$,有 $2-a=\pm 4$,得 $a=-2$ 或 $a=6$. 故选 C.

10. A 解析:$r=\sqrt{(5-0)^2+(-1-0)^2}=\sqrt{26}$,以 $M(5,-1)$ 为圆心,因此圆的标

准方程为$(x-5)^2+(y+1)^2=26$.故选 A.

二、填空题

11. $(x-2)^2+(y+1)^2=45$　解析：$r=\sqrt{(5-2)^2+(5+1)^2}=3\sqrt{5}$,圆心 $C(2,-1)$,因此圆的标准方程为$(x-2)^2+(y+1)^2=45$.

12. $(-2,1)$,$\sqrt{7}$

13. $(x-2)^2+y^2=20$　解析：由圆心在 x 轴上可设圆心坐标为$(a,0)$,则圆心在$(a+2)^2+(0-2)^2=(a-0)^2+(0-4)^2$,得 $a=2$,故 $r^2=(2-0)^2+(0-4)^2=20$,因此圆的标准方程为$(x-2)^2+y^2=20$.

14. $x^2+(y-1)^2=6$　解析：由题意知点的轨迹为以$(0,1)$为圆心、$\sqrt{6}$为半径的圆,因此点的轨迹方程为 $x^2+(y-1)^2=6$.

15. $x^2+(y+2)^2=2$　解析：与圆 $x^2+(y+2)^2=4$ 的圆心相同知圆心为$(0,-2)$,半径为$\sqrt{2}$,因此圆的标准方程为 $x^2+(y+2)^2=2$.

16. $(x-3)^2+(y-10)^2=4$　解析：圆$(x-1)^2+(y+2)^2=4$ 关于点$(2,4)$对称圆半径不变,圆心为原来圆心关于点的对称点．圆$(x-1)^2+(y+2)^2=4$ 的圆心坐标为$(1,-2)$,半径为 2,点$(1,-2)$关于点$(2,4)$的对称点为点$(2\times2-1,2\times4+2)=(3,10)$.因此对称圆的方程为$(x-3)^2+(y-10)^2=4$.

三、解答题

17. 解：由半径与圆$(x-\sqrt{2})^2+(y+\sqrt{3})^2=20$ 相同,知 $r^2=20$.
由于圆心在坐标原点,因此圆的标准方程为 $x^2+y^2=20$.

18. 解：$r^2=|PO|^2=(5-0)^2+(-12-0)^2=169$.
圆心坐标为 $P(5,-12)$.
因此圆的标准方程为$(x-5)^2+(y+12)^2=169$.

19. 解：以线段 AB 为直径的圆的圆心为线段 AB 的中点,由点 $A(2,-6)$ 和 $B(-6,2)$,知圆心坐标为$\left(\dfrac{2-6}{2},\dfrac{-6+2}{2}\right)=(-2,-2)$,$r^2=(2+2)^2+(-6+2)^2=32$.
因此圆的标准方程为$(x+2)^2+(y+2)^2=32$.

20. 解：由圆心在 $x-y=0$ 上可设圆心坐标为(a,a),经过点 $P(-2,2)$,$Q(0,4)$,则$(a+2)^2+(a-2)^2=(a-0)^2+(a-4)^2$,得 $a=1$.
故 $r^2=(1+2)^2+(1-2)^2=10$.
因此圆的标准方程为$(x-1)^2+(y-1)^2=10$.

【课堂拓展训练】

一、选择题

1. -2　解析：由 $x^2+(y-2)^2=5$ 知圆心坐标为$(0,2)$,直线 $x-y-b=0$ 经过圆心,则 $0-2-b=0$,得 $b=-2$.

2. $(x-1)^2+(y-3)^2=7$　解析：圆$(x+1)^2+(y-3)^2=7$ 的圆心坐标为$(-1,3)$,

关于 y 轴的对称点的坐标为 $(1, 3)$，半径为 $\sqrt{7}$，对称圆的方程为 $(x-1)^2+(y-3)^2=7$.

3. $\sqrt{13}$ 解析：圆 $(x-1)^2+(y+2)^2=4$ 的圆心为 $O_1(1, -2)$，圆 $(x+1)^2+(y-1)^2=4$ 的圆心为 $O_2(-1, 1)$，所以 $|O_1O_2|=\sqrt{(1+1)^2+(-2-1)^2}=\sqrt{13}$.

4. $(x+2)^2+(y-3)^2=13$ 解析：一条直径的两个端点 M，N 分别在 x 轴和 y 轴上，设点 $M(a, 0)$，$N(0, b)$，圆心坐标为 $(-2, 3)$ 且为 MN 的中点，故有 $-2=\dfrac{a+0}{2}$，$3=\dfrac{0+b}{2}$，解得 $a=-4$，$b=6$. $r^2=(-2+4)^2+(3-0)^2=13$. 故有 $(x+2)^2+(y-3)^2=13$.

5. $x^2+y^2=9(y\neq 0)$ 解析：由 $B(-2, 0)$，$C(2, 0)$ 知 BC 的中点 D 的坐标为 $(0, 0)$，中线 AD 长为 3，点 A 的轨迹是以点 D 为圆心，3 为半径的圆，但点 A 不能和 BC 共线，因此点 A 的轨迹方程为 $x^2+y^2=9(y\neq 0)$.

6. $(-\sqrt{6}, \sqrt{6})$ 或 $(\sqrt{6}, -\sqrt{6})$ 解析：圆心的横坐标与纵坐标互为相反数，设圆心坐标为 $(a, -a)$，半径为 $2\sqrt{3}$ 且经过原点，所以 $a^2+(-a)^2=12$，解得 $a=\pm\sqrt{6}$，故圆心坐标为 $(-\sqrt{6}, \sqrt{6})$ 或 $(\sqrt{6}, -\sqrt{6})$.

二、解答题

7. 解：由圆 C_1 与圆 C_2：$(x-3)^2+(y+2)^2=16$ 同心知圆心坐标为 $(3, -2)$，圆 C_1 的半径为 $3\sqrt{2}$，因此圆 C_1 的标准方程为 $(x-3)^2+(y+2)^2=18$.

8. 解：设交点即圆心坐标为 (x, y)，则 $\begin{cases}x+2y-3=0\\3x+4y-5=0\end{cases}$，解得 $\begin{cases}x=-1\\y=2\end{cases}$. 故圆心坐标为 $(-1, 2)$，半径为 $2\sqrt{2}$. 因此圆的标准方程为 $(x+1)^2+(y-2)^2=12$.

9. 解：由圆心在 y 轴上可设圆心坐标为 $(0, b)$，经过 $A(1, -2)$，$B(2, 3)$ 两点，则 $(0-1)^2+(b+2)^2=(0-2)^2+(b-3)^2$，解得 $b=\dfrac{5}{2}$. 从而 $r^2=(0-1)^2+\left(\dfrac{5}{2}+2\right)^2=\dfrac{85}{4}$. 因此圆的标准方程为 $x^2+\left(y-\dfrac{5}{2}\right)^2=\dfrac{85}{4}$.

10. 解：由圆心在直线 $x-y=0$ 上可设圆心坐标为 (a, a)，过点 $P(-1, 2)$，且半径为 3，则 $(a+1)^2+(a-2)^2=9$，整理得 $a^2-a-2=0$，解得 $a=-1$ 或 $a=2$.

因此所求圆的方程为 $(x+1)^2+(y+1)^2=9$ 或 $(x-2)^2+(y-2)^2=9$.

6.4.2 圆的一般方程

【课堂基础训练】

一、选择题

1. C 解析：圆心坐标为 $\left(-\dfrac{D}{2}, -\dfrac{E}{2}\right)=(0, 2)$，半径 $r=\dfrac{\sqrt{D^2+E^2-4F}}{2}=\dfrac{\sqrt{(-4)^2}}{2}=2$，故选 C.

2. B 解析：一般方程化成标准方程，分别对 x，y 进行配方得 $x^2+y^2-8x+2y-3=(x-4)^2+(y+1)^2-16-1-3=(x-4)^2+(y+1)^2=20$，故选 B.

3. C 解析：设圆的一般方程为 $x^2+y^2+Dx+Ey+F=0$，经过 $A(1,1)$，$B(2,0)$，$O(0,0)$ 三点，则 $\begin{cases}1+1+D+E+F=0\\4+2D+F=0\\F=0\end{cases}$，解得 $\begin{cases}D=-2\\E=0\\F=0\end{cases}$，所以圆的方程为 $x^2+y^2-2x=0$，故选 C.

二、填空题

4. $\pm 2\sqrt{2}$ 解析：由 $r=\dfrac{\sqrt{D^2+E^2-4F}}{2}$ 知 $3=\dfrac{\sqrt{(-4)^2+E^2-4\times(-3)}}{2}$，解得 $E=\pm 2\sqrt{2}$.

5. $(-\infty, 13)$ 解析：方程 $x^2+y^2-4x+6y+m=0$ 表示圆，则 $D^2+E^2-4F=(-4)^2+6^2-4m>0$，得 $m<13$，因此 m 的取值范围是 $(-\infty, 13)$.

三、解答题

6. 解：由圆 $x^2+y^2-ax+by+1=0$ 的圆心坐标为 $(2,-1)$ 知 $\left(\dfrac{a}{2},-\dfrac{b}{2}\right)=(2,-1)$，解得 $a=4$，$b=2$. 故 $r=\dfrac{\sqrt{D^2+E^2-4F}}{2}=\dfrac{\sqrt{(-4)^2+2^2-4\times 1}}{2}=2$.

【课堂拓展训练】

一、选择题

1. A 解析：圆 $x^2+y^2-4y=0$ 的圆心坐标为 $(0,2)$，$r=2$，对称圆的圆心为 $(2,0)$，关于直线 $x-y=0$ 的对称点的坐标为 $(2,0)$，半径不变，因此对称圆的方程为 $x^2+y^2-4x=0$，故选 A.

2. B 解析：半径为 3，且与 x 轴相切于原点，则圆心在 y 轴上，且到原点的距离为 3，设圆心坐标为 $(0,b)$，所以 $|b|=3$，解得 $b=\pm 3$，故圆的方程为 $x^2+(y\pm 3)^2=9$，即 $x^2+y^2-6y=0$ 或 $x^2+y^2+6y=0$，故选 B.

3. B 解析：直线 $y=x$ 是圆的一条对称轴，即圆心在直线 $y=x$ 上，由 $x^2+y^2+ax-6y+8=0$ 知圆心坐标为 $\left(-\dfrac{a}{2},3\right)$，从而有 $3=-\dfrac{a}{2}$，解得 $a=-6$，得 $r=\dfrac{\sqrt{(-6)^2+(-6)^2-4\times 8}}{2}=\sqrt{10}$，故选 B.

二、填空题

4. $\sqrt{13}$ 解析：圆 $x^2+y^2-mx+6y=0$ 经过点 $(1,-1)$，则 $1+1-m-6=0$，解得 $m=-4$，所以 $r=\dfrac{\sqrt{4^2+6^2-4\times 0}}{2}=\sqrt{13}$.

5. -5 解析：圆 $x^2+y^2-4x+6y-4=0$ 的圆心 $(2,-3)$，直线 $y=x+b$ 过圆心，

则 $-3=2+b$，解得 $b=-5$.

三、解答题

6. **解**：设圆的一般方程为 $x^2+y^2+Dx+Ey+F=0$，经过 $A(2,0)$，$B(1,3)$，$C(-1,1)$ 三点，则 $\begin{cases} 4+2D+F=0 \\ 1+9+D+3E+F=0 \\ 1+1-D+E+F=0 \end{cases}$，解得 $\begin{cases} D=-\dfrac{3}{2} \\ E=-\dfrac{5}{2} \\ F=-1 \end{cases}$.

故圆的方程为 $x^2+y^2-\dfrac{3}{2}x-\dfrac{5}{2}y-1=0$.

6.5　直线与圆的位置关系

【课堂基础训练】

一、选择题

1. D　**解析**：由圆 $(x+1)^2+y^2=1$ 知圆心坐标为 $(-1,0)$，$r=1$，圆心 $(-1,0)$ 到直线 $3x-4y+5=0$ 的距离 $d=\dfrac{|-3+5|}{\sqrt{3^2+(-4)^2}}=\dfrac{2}{5}<r$，所以相交但不过圆心，故选 D.

2. B　**解析**：圆 C：$(x+2)^2+(y-4)^2=5$ 的圆心坐标为 $(-2,4)$，$r=\sqrt{5}$，$|PC|=\sqrt{(-3+2)^2+(2-4)^2}=\sqrt{5}=r$，所以点 P 在圆上，故选 B.

3. D　**解析**：圆心坐标为 $(-2,3)$，且与 x 轴相切的圆的半径 $r=3$，因此圆的方程为 $(x+2)^2+(y-3)^2=9$，故选 D.

4. A　**解析**：圆 $x^2+y^2-4x+4y+6=0$ 的圆心坐标为 $(2,-2)$，$r=\dfrac{\sqrt{(-4)^2+4^2-4\times 6}}{2}=\sqrt{2}$，

圆心 $(2,-2)$ 到直线 $x-y-3=0$ 的距离 $d=\dfrac{|2+2-3|}{\sqrt{1^2+(-1)^2}}=\dfrac{\sqrt{2}}{2}$，弦长 $=2\sqrt{(\sqrt{2})^2-\left(\dfrac{\sqrt{2}}{2}\right)^2}=\sqrt{6}$，故选 A.

5. D　**解析**：把点 $(\sqrt{2},-1)$ 代入过圆上一点圆的切线方程为 $x_0x+y_0y=r^2$，所以所求切线方程为 $\sqrt{2}x-y-3=0$，故选 D.

6. B　**解析**：由圆 $x^2+y^2=2$ 知圆心坐标为 $(0,0)$，$r=\sqrt{2}$，圆心 $(0,0)$ 到直线 $x\sin 10°+y\cos 10°-\sqrt{2}=0$ 的距离 $d=\dfrac{|-\sqrt{2}|}{\sqrt{\sin^2 10°+\cos^2 10°}}=\sqrt{2}=r$，相切，故选 B.

7. D　**解析**：由圆 $x^2+y^2=4$ 知圆心坐标为 $(0,0)$，$r=2$，圆心 $(0,0)$ 到直线 $x+y+$

$\sqrt{2}=0$ 的距离 $d=\dfrac{|\sqrt{2}|}{\sqrt{1^2+1^2}}=1=\dfrac{r}{2}$，所以圆上到直线的距离为 1 的点有 3 个，故选 D.

8. D 解析：由圆心在 y 轴上可设圆心坐标为 $(0,b)$，半径为 3，且以点 $A(1,3)$ 为中点的弦长为 $2\sqrt{6}$，根据弦长公式 $2\sqrt{6}=2\sqrt{3^2-d^2}$，得 $d^2=3=(0-1)^2+(b-3)^2$，故有 $b=5$ 或 1，所以圆的方程为 $x^2+(y-1)^2=9$ 或 $x^2+(y-5)^2=9$. 故选 D.

9. D 解析：由圆 $(x-1)^2+(y+3)^2=4$ 知圆心 C 坐标为 $(1,-3)$，过点 $P(1,2)$，$k=-\dfrac{1}{k_{PC}}=-\dfrac{1-1}{-3-2}=0$，所以切线的方程为 $y-2=0$，即 $y=2$，故选 D.

10. B 解析：由圆 $x^2+y^2-2x-6y-5=0$ 知圆心 C 坐标为 $(1,3)$，过点 $P(-2,1)$ 的最短弦所在的直线是以点 P 为中点的直线，即与 PC 垂直的直线，所以直线的斜率 $k=-\dfrac{1}{PC}=-\dfrac{1+2}{3-1}=-\dfrac{3}{2}$，所求直线的方程为 $y-1=-\dfrac{3}{2}(x+2)$，即 $3x+2y+4=0$，故选 B.

二、填空题

11. 相切 解析：由圆 $x^2+y^2-4x-2y=0$ 知圆心坐标为 $(2,1)$，$r=\dfrac{\sqrt{(-4)^2+(-2)^2-4\times 0}}{2}=\sqrt{5}$，圆心 $(2,1)$ 到直线 $x-2y+5=0$ 的距离 $d=\dfrac{|2-2+5|}{\sqrt{1^2+(-2)^2}}=\sqrt{5}=r$，相切.

12. 4 解析：由 $x^2+y^2+2x-8y+8=0$ 得圆心坐标为 $C(-1,4)$，$r=\dfrac{\sqrt{2^2+(-8)^2-4\times 8}}{2}=3$，设过点 $P(2,0)$ 的切线与圆切于点 A，$|AC|=r=3$，$|PC|=\sqrt{(2+1)^2+(0-4)^2}=5$，在 Rt$\triangle PAC$ 中，切线长 $|PA|=\sqrt{5^2-3^2}=4$.

13. $\sqrt{6}$ 解析：由圆 $(x-2)^2+(y+2)^2=2$ 知圆心坐标为 $(2,-2)$，$r=\sqrt{2}$，圆心 $(2,-2)$ 到直线 $x-y-5=0$ 的距离 $d=\dfrac{|2+2-5|}{\sqrt{1^2+(-1)^2}}=\dfrac{\sqrt{2}}{2}$，所以弦长 $=2\sqrt{(\sqrt{2})^2-\left(\dfrac{\sqrt{2}}{2}\right)^2}=\sqrt{6}$.

14. 7 或 -3 解析：由圆 $x^2+(y-2)^2=5$ 知圆心坐标为 $(0,2)$，$r=\sqrt{5}$，因为直线与圆相切，所以圆心 $(0,2)$ 到直线 $2x-y+m=0$ 的距离 $d=\dfrac{|0-2+m|}{\sqrt{2^2+(-1)^2}}=\sqrt{5}$，得 $m=7$ 或 -3.

15. $x-y-3=0$ 解析：由圆 $x^2+y^2-8x+2y+12=0$ 知圆心 C 坐标为 $(4,-1)$，过点 $A(3,0)$ 的最短弦所在的直线是以点 A 为中点的直线，即与 AC 垂直的直线，所以直线的斜率 $k=-\dfrac{1}{k_{AC}}=-\dfrac{4-3}{-1-0}=1$，故所求直线的方程为 $y=x-3$ 即 $x-y-3=0$.

16. 5 解析：由圆 $x^2+y^2-2x+4y+4=0$ 知圆心坐标为 $(1,-2)$，$r=\dfrac{\sqrt{(-2)^2+4^2-4\times 4}}{2}=1$，圆心 $(1,-2)$ 到直线 $3x-4y+9=0$ 的距离为 $d=\dfrac{|3+8+9|}{\sqrt{3^2+(-4)^2}}=$

4，所以圆到直线的最大距离为 $d+r=4+1=5$.

三、解答题

17. 解：由圆 $(x+1)^2+y^2=1$ 知圆心坐标为 $(-1,0)$，$r=1$，圆心 $(-1,0)$ 到直线 $y=x+m$ 即 $x-y+m=0$ 的距离 $d=\dfrac{|-1+m|}{\sqrt{1^2+(-1)^2}}=\dfrac{|m-1|}{\sqrt{2}}$.

当 $d=r$ 时，即 $\dfrac{|m-1|}{\sqrt{2}}=1$，故有当 $m=-\sqrt{2}+1$ 或 $\sqrt{2}+1$ 时相切；

当 $d<r$ 时，即 $\dfrac{|m-1|}{\sqrt{2}}<1$，故有当 $-\sqrt{2}+1<m<\sqrt{2}+1$ 时相交；

当 $d>r$ 时，即 $\dfrac{|m-1|}{\sqrt{2}}>1$，故有当 $m<-\sqrt{2}+1$ 或 $m<\sqrt{2}+1$ 时相离.

18. 解：圆心 $P(1,3)$ 到直线 $3x-4y-1=0$ 的距离 $d=\dfrac{|3-4\times3-1|}{\sqrt{3^2+(-4)^2}}=2=r$.

因此与直线相切的圆的标准方程 $(x-1)^2+(y-3)^2=4$.

19. 解：由圆 $x^2+y^2=1$ 知圆心坐标为 $(0,0)$，$r=1$，圆心 $(0,0)$ 到直线 $y=-x$ 即 $x+y=0$ 的距离 $d=\dfrac{|0+0|}{\sqrt{1^2+1^2}}=0$，所以圆心在直线 $y=-x$ 上，故 PQ 是圆的直径，所以 $|PQ|=2r=2$.

20. 解：因为原点是圆 $(x-2)^2+y^2=1$ 外一点，所以经过原点的切线有两条，设切线方程为 $y=kx$，即 $kx-y=0$，圆 $(x-2)^2+y^2=1$ 的圆心坐标为 $(2,0)$，$r=1$，圆心 $(2,0)$ 到直线 $kx-y=0$ 的距离 $d=\dfrac{|2k-0|}{\sqrt{k^2+(-1)^2}}=r=1$，解得 $k=\pm\dfrac{\sqrt{3}}{3}$. 所以切线方程为 $y=\pm\dfrac{\sqrt{3}}{3}x$，即 $\sqrt{3}x\pm y=0$.

【课堂拓展训练】

一、选择题

1. 相切 解析：圆 $(x+1)^2+y^2=1$ 的圆心坐标为 $(-1,0)$，$r=1$，圆心 $(-1,0)$ 到直线 $y=1$ 的距离 $d=1-0=1=r$，故相切.

2. $2x-4=0$ 解析：过圆 $x^2+y^2=4$ 上一点 $(2,0)$ 的切线方程为 $2x+0y=4$，即 $2x-4=0$.

3. $x=0$ 解析：因为原点是圆 $(x+1)^2+y^2=1$ 上一点，所以经过原点的切线有 1 条，圆 $(x+1)^2+y^2=1$ 的圆心为 $(-1,0)$，切线的斜率为 $k=-\dfrac{1}{k_{CO}}=-\dfrac{0+1}{0-0}$，$k$ 不存在，故切线方程为 $x=0$.

4. 3 解析：由圆 $x^2+y^2-2x+4y+4=0$ 知圆心坐标为 $(1,-2)$，$r=\dfrac{\sqrt{(-2)^2+4^2-4\times4}}{2}=1$，圆心 $(1,-2)$ 到直线 $3x-4y+9=0$ 的距离为 $d=\dfrac{|3+8+9|}{\sqrt{3^2+(-4)^2}}=$

47

4，所以圆上到直线的最小距离为 $d-r=4-1=3$.

5．-1 或 19   **解析**：直线 $3x-4y+k=0$ 与圆 $(x+3)^2+y^2=4$ 相切，则 $d=r$，圆心 $(-3，0)$，$r=2$，$d=\dfrac{|3\times(-3)+k|}{\sqrt{3^2+(-4)^2}}=2$，解得 $k=-1$ 或 19．

6．$4\sqrt{5}$ **解析**：圆心坐标为 $(-1，2)$，半径为 $2\sqrt{6}$，圆心 $(-1，2)$ 到 x 轴的距离 $d=2$，弦长 $=2\sqrt{(2\sqrt{6})^2-2^2}=4\sqrt{5}$．

二、解答题

7．**解**：由圆心在直线 $y=x$ 上可设圆心坐标为 $(a，a)$，则 $\sqrt{(a+1)^2+(a-2)^2}=\dfrac{|a-a+3\sqrt{2}|}{\sqrt{1^2+(-1)^2}}=3$，整理，得 $a^2-a-2=0$，解得 $a=-1$ 或 $a=2$，故 $r=3$．

所以圆的标准方程为 $(x+1)^2+(y+1)^2=9$ 或 $(x-2)^2+(y-2)^2=9$．

8．**解**：由题意可设直线 l 的方程为 $x+y+C=0$，由圆 $(x+1)^2+y^2=1$ 知圆心为 $(-1，0)$，$r=1$，圆心 $(-1，0)$ 到直线 l 的距离 $d=\dfrac{|-1+C|}{\sqrt{1^2+1^2}}=1$，解得 $C=-\sqrt{2}+1$ 或 $C=\sqrt{2}+1$．

因此直线 l 的方程为 $x+y-\sqrt{2}+1=0$ 或 $x+y+\sqrt{2}+1=0$．

9．**解**：点 $P(2，4)$ 是圆 $(x-1)^2+(y-2)^2=1$ 外一点，则切线方程有两条，设切线方程为 $y-4=k(x-2)$，即 $kx-y-2k+4=0$．

圆心 $(1，2)$，$r=1$，圆心 $(1，2)$ 到直线 $kx-y-2k+4=0$ 的距离 $d=\dfrac{|k-2-2k+4|}{\sqrt{k^2+(-1)^2}}=1$，解得 $k=\dfrac{3}{4}$．

因此一条切线方程为 $\dfrac{3}{4}x-y-2\times\dfrac{3}{4}+4=0$，即 $3x-4y+10=0$；另一条切线的斜率不存在，另一条切线方程为 $x-2=0$．

因此所求的切线方程为 $3x-4y+10=0$ 或 $x-2=0$．

10．**解**：由圆 $x^2+y^2=4$ 知圆心坐标为 $(0，0)$，$r=2$，弦 AB 的长为 $2\sqrt{3}$，则 $2\sqrt{3}=2\sqrt{2^2-d^2}$，解得 $d=1$．

圆心 $(0，0)$ 到直线 $\sqrt{2}x+\sqrt{2}y+c=0$ 的距离 $d=\dfrac{|c|}{\sqrt{(\sqrt{2})^2+(\sqrt{2})^2}}=1$，得 $c=\pm 2$．

6.6　直线与圆的方程应用举例

【课堂基础训练】

一、选择题

1．A   **解析**：根据光的反射定律，点 $Q(7，2)$ 关于 x 轴的对称点 $Q'(7，-2)$、反射点

M、点 $P(-2,1)$ 三点共线，所以点 M 为直线 PQ' 与 x 轴的交点．直线 PQ' 的斜率 $k=\dfrac{-2-1}{7+2}=-\dfrac{1}{3}$，直线 PQ' 的点斜式方程为 $y-1=-\dfrac{1}{3}(x+2)$．直线与 x 轴的交点坐标为 $(1,0)$，故反射点 M 的坐标为 $(1,0)$．故选 A．

2. B　解析：根据光的反射定律，点 $M(3,3)$ 关于 y 轴的对称点 $(-3,3)$ 与点 $N(3,-3)$ 都在反射光线所在的直线上，所以反射光线的斜率 $k=\dfrac{3+3}{-3-3}=-1$，反射光线的方程为 $y-3=-(x+3)$，即 $x+y=0$，故选 B．

3. B　解析：小虫从点 $P(1,2)$ 出发爬到直线 $l: x+3y-5=0$ 上，它爬行的最短距离为点到直线的距离，即 $d=\dfrac{|1+6-5|}{\sqrt{1^2+3^2}}=\dfrac{\sqrt{10}}{5}$，故选 B．

二、填空题

4. 能　解析：以水面 AB 所在直线为 x 轴，以线段 AB 的垂直平分线为 y 轴建立平面直角坐标系，则 $A(-8,0)$，$B(8,0)$，拱顶 $C(0,3)$，设圆的方程为 $x^2+y^2+Dx+Ey+F=0(0<y<3)$，则 $\begin{cases} 64-8D+F=0 \\ 64+8D+F=0 \\ 9+3E+F=0 \end{cases}$，解得 $\begin{cases} D=0 \\ E=\dfrac{55}{3} \\ F=-64 \end{cases}$，所以圆的方程为 $x^2+y^2+\dfrac{55}{3}y-64=0(0<y<3)$．一船宽 8 m，水面以上高 2 m，即当 $y=2$ 时，$x^2=\dfrac{70}{3}>4^2$，所以能通过．

5. 16.212　解析：设直线方程为 $y=kx+b$，则 $\begin{cases} 12.208=20k+b \\ 14.212=50k+b \end{cases}$，解得 $\begin{cases} k=0.066\,8 \\ b=10.872 \end{cases}$，故有 $y=0.066\,8x+10.872$，当 $x=80$ 时，$y=0.066\,8\times 80+10.872=16.212$．

三、解答题

6. 解：建立平面直角坐标系，如图所示，以台风中心为原点，以轮船和台风中心的连线为 x 轴，以 10 km 为单位长度．

设台风中心、轮船、港口对应位置分别为 O，P，Q，则它们的坐标分别为 $O(0,0)$，$P(8,0)$，$Q(0,6)$，则直线 PQ 的斜率 $k=\dfrac{6-0}{0-8}=-\dfrac{3}{4}$，所以直线 PQ 的方程为 $y=-\dfrac{3}{4}x+6$，即 $3x+4y-24=0$．台风影响的区域是以 $O(0,0)$ 为圆心，以 $r=4$ 为半径的圆形区域．因为圆心 $O(0,0)$ 到直线 $3x+4y-24=0$ 的距离为

$$d=\dfrac{|-24|}{\sqrt{3^2+4^2}}=\dfrac{24}{5}>4$$

因此直线与圆没有公共点，这艘轮船不会受到台风影响，不用改变航线．

【课堂拓展训练】

一、选择题

1. D　解析：根据光的反射定律，点 $N(3,7)$ 关于 y 轴的对称点 $N'(-3,7)$、反射点 M、点 $M(2,-3)$ 三点共线，所以点 M 为直线 MN' 与 y 轴的交点．直线 MN' 的斜率 $k=\dfrac{-3-7}{2+3}=-2$，直线 MN' 的点斜式方程为 $y+3=-2(x-2)$．直线与 y 轴的交点坐标为 $(0,1)$，故反射点 M 的坐标为 $(0,1)$．故选 D．

2. C　解析：当 $y_1=y_2$ 时，即 $-100x+9\,000=200x-3\,000$ 时，$x=40$，$y_1=y_2=5\,000$．故选 C．

3. C　解析：根据光的反射定律，点 $B(3,9)$ 关于 $x-y=0$ 的对称点 $(9,3)$ 与点 $A(-3,5)$ 都在入射光线所在的直线上，所以入射光线的斜率 $k=\dfrac{5-3}{-3-9}=-\dfrac{1}{6}$，入射光线的方程为 $y-5=-\dfrac{1}{6}(x+3)$，即 $x+6y-27=0$．故选 C．

二、填空题

4. 25 cm　解析：以 AB 所在直线为 x 轴，MN 所在直线为 y 轴建立平面直角坐标系，$|AB|=40$ cm，$|MN|=10$ cm，以 10 cm 为单位长度为，得 $A(-2,0)$，$B(2,0)$，$N(0,0)$，$M(0,1)$，

设圆的方程为 $x^2+y^2+Dx+Ey+F=0$，则 $\begin{cases}4-2D+F=0\\4+2D+F=0\\1+E+F=0\end{cases}$，解得 $\begin{cases}D=0\\E=3\\F=-4\end{cases}$，有 $r=\dfrac{\sqrt{0^2+3^2-4\times(-4)}}{2}=2.5$，所以这个圆形零件的半径为 $2.5\times10=25$(cm)．

5. $x-y+1=0$　解析：根据光的反射定律，点 $M(-3,2)$ 关于 x 轴的对称点 $(-3,-2)$ 与反射点 $P(0,1)$ 共线，都在反射光线所在的直线上，所以反光线的斜率 $k=\dfrac{-2-1}{-3-0}=1$，反射光线所在的直线方程为 $y-1=x$，即 $x-y+1=0$．

三、解答题

6. 解：如图所示，设 $P(x,y)$，$A(a,0)$，$B(a+10,0)$，过点 P 作 $PQ\perp x$ 轴于点 Q，则 $Q(x,0)$，由题意知 $\angle PAB=90°-60°=30°$，$\angle PBQ=90°-45°=45°$，$|PQ|=y$，$|AQ|=\dfrac{|PQ|}{\tan 30°}=\sqrt{3}y$，$|BQ|=\dfrac{|PQ|}{\tan 45°}=y$，

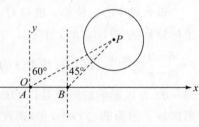

$|AB|=\sqrt{3}y-y=10$，所以 $y=5(\sqrt{3}+1)$，$|PQ|>12$．

所以直线与圆没有公共点，轮船没有触礁的危险，不用改变航向．

第6章 直线与圆的方程测试卷A答案

一、选择题

1. A　解析：由斜率公式 $k=\dfrac{-3-2}{0+5}=-1$，故选A.

2. C　解析：直线方程 $4x-5y-10=0$ 化为斜截式方程得 $y=\dfrac{4}{5}x-2$，所以斜率为 $\dfrac{4}{5}$，纵截距为 -2，故选C. 也可根据公式 $k=-\dfrac{A}{B}$，$a=-\dfrac{C}{B}$ 计算.

3. D　解析：将直线方程 $ax+by-1=0$ 化斜截式得 $y=-\dfrac{a}{b}x+\dfrac{1}{b}$，直线经过第一、二、三象限 $-\dfrac{a}{b}>0$，$\dfrac{1}{b}>0$，所以 $b>0$，$a<0$. 故选D.

4. C　解析：A选项中，$k_1=\tan 120°=-\sqrt{3}$，$k_2=\dfrac{\sqrt{3}}{3}$，$k_1\cdot k_2=-1$，故 $l_1\perp l_2$；B选项中，$k_1=-\dfrac{2}{3}$，$k_2=\dfrac{3}{2}$，$k_1\cdot k_2=-1$，故 $l_1\perp l_2$；C选项中，$k_1=\tan 30°=\dfrac{\sqrt{3}}{3}$，$k_2=\sqrt{3}$，$k_1\cdot k_2\neq -1$，故 l_1 与 l_2 不垂直；D选项中，$k_1=-\dfrac{5}{3}$，$k_2=\dfrac{3}{5}$，$k_1\cdot k_2=-1$，故 $l_1\perp l_2$. 故选C.

5. A　解析：过点 $A(-2,5)$ 和 $B(1,-4)$ 的直线方程为 $3x+y+1=0$，故它与 x 轴的交点的坐标为 $\left(-\dfrac{1}{3},0\right)$. 故选A.

6. B.　解析：解方程组 $\begin{cases}2x+3y+8=0\\ x-y-1=0\end{cases}$，得 $\begin{cases}x=-1\\ y=-2\end{cases}$，即交点坐标是 $(-1,-2)$. 故选B.

7. C.　解析：由点到直线的距离公式得 $\dfrac{|-m+1|}{\sqrt{2}}=2\sqrt{2}$，得 $|-m+1|=4$，解得 $m=-3$ 或 5，故选C.

8. B.　解析：由 $\begin{cases}x-y=1\\ 2x+3y+8=0\end{cases}$ 得交点 $(-1,-2)$，代入 $x+ky=0$ 得 $k=-\dfrac{1}{2}$. 故选B.

9. B　解析：将点 $(-2,-2)$ 坐标代入直线方程 $y-3=k(x-5)$，得 $-2-3=k(-2-5)$，解得 $k=\dfrac{5}{7}$. 故选B.

10. C　解析：$r^2=(-2-0)^2+(1-2)^2=5$，圆的标准方程是 $(x+2)^2+(y-1)^2=5$. 故选C.

11. C 解析：圆 $x^2+y^2-6y=0$ 的圆心坐标为 $(0,3)$，关于直线 $x+y=0$ 的对称圆的圆心为 $(-3,0)$，半径不变，因此对称圆的方程是 $x^2+y^2+6x=0$. 故选 C.

12. B 解析：圆 $x^2+y^2=r^2$ 的圆心为 $(0,0)$，半径为 r，圆心 $(0,0)$ 到直线 $x\sin\theta+y\cos\theta-r=0$ 的距离 $d=\dfrac{|-r|}{\sqrt{\sin^2\theta+\cos^2\theta}}=r$，相切. 故选 B.

13. A 解析：把点 $(2,6)$ 代入圆上一点圆的切线方程 $x_0x+y_0y=r^2$，则所求的切线方程为 $2x+6y=40$，即 $x+3y-20=0$. 故选 A.

14. D 解析：设圆的一般方程为 $x^2+y^2+Dx+Ey+F=0$，经过 $A(1,1)$，$B(4,2)$，$O(0,0)$ 三点，则 $\begin{cases}1+1+D+E+F=0\\16+4+4D+2E+F=0\\F=0\end{cases}$，解得 $\begin{cases}D=-8\\E=6\\F=0\end{cases}$，所以圆的方程为 $x^2+y^2-8x+6y=0$. 故选 D.

15. B 解析：根据光的反射定律，点 $A(-3,5)$ 关于直线 $x-y=0$ 的对称点 $A'(5,-3)$ 与点 $B(3,9)$ 都在反射光线所在的直线上，所以反射光线的斜率 $k=\dfrac{9+3}{3-5}=-6$，反射光线的方程为 $-y+3=-6(x-5)$，即 $6x-y-27=0$，故选 B.

二、填空题

16. $2x-y+1=0$ 解析：斜率 $k=\dfrac{11-3}{5-1}=2$，代入点斜式方程得 $y-3=2(x-1)$，化为一般式得 $2x-y+1=0$.

17. $60°$ 解析：直线方程 $\sqrt{3}x-y-1=0$ 化为斜截式得 $y=\sqrt{3}x-1$，斜率 $k=\sqrt{3}=\tan 60°$，所以倾斜角为 $60°$.

18. $x+2y-2=0$ 解析：直线经过点 $(6,-2)$，斜率为 $-\dfrac{1}{2}$，代入点斜式方程得 $y+2=-\dfrac{1}{2}(x-6)$，化为一般式得 $x+2y-2=0$.

19. $(3,-1)$ 解析：联立两直线的方程，得 $\begin{cases}2x-y=7\\3x+2y-7=0\end{cases}$，解得 $\begin{cases}x=3\\y=-1\end{cases}$，即交点坐标为 $(3,-1)$.

20. $3x-y-1=0$ 解析：设与 $x+3y-5=0$ 垂直的直线方程为 $3x-y+m=0$，且直线经过点 $(1,2)$，把 $(1,2)$ 代入得 $3-2+m=0$，解得 $m=-1$，所以所求直线方程为 $3x-y-1=0$.

21. $\dfrac{3}{2}$ 解析：因为直线 l_1 的方程为 $3x+4y-7=0$，直线 l_2 的方程为 $6x+8y+1=0$，即 $3x+4y+\dfrac{1}{2}=0$，所以直线 l_1 与直线 l_2 的距离为 $\dfrac{\left|\dfrac{1}{2}+7\right|}{\sqrt{3^2+4^2}}=\dfrac{3}{2}$.

22. -1 或 5 解析：将 $A(x,0)$ 和点 $B(2,3)$ 坐标代入两点间距离公式得 $|AB|=$

$\sqrt{(2-x)^2+(3-0)^2}=3\sqrt{2}$,得$(2-x)^2=9$,即$2-x=\pm3$,所以$x=-1$或$x=5$.

23. $-\dfrac{3}{2}$ 解析:由两直线垂直得$A_1A_2+B_1B_2=0$,代入数值$3(m+1)+(-m)=0$,解得$m=-\dfrac{3}{2}$. 也可利用斜率乘积为-1求算.

24. $(x-2)^2+y^2=9$ 解析:把圆心$C(2,0)$,半径为3代入圆的标准方程得$(x-2)^2+y^2=9$.

25. -7 解析:直线$y=2x+m$过圆$x^2+y^2-4x+6y-4=0$的圆心$(2,-3)$,有$-3=2\times2+m$,得$m=-7$.

26. $(x+2)^2+(y-3)^2=27$ 解析:由题意知点的轨迹为以点$(-2,3)$为圆心,以$3\sqrt{3}$为半径的圆,因此点的轨迹方程为$(x+2)^2+(y-3)^2=27$.

27. $2\sqrt{2}$ 解析:圆$x^2+y^2=4$的圆心为$(0,0)$,半径$r=2$,圆心$(0,0)$到直线$x-y+2=0$的距离$d=\dfrac{|2|}{\sqrt{1^2+(-1)^2}}=\sqrt{2}$,由弦长公式知弦长$=2\sqrt{2^2-(\sqrt{2})^2}=2\sqrt{2}$.

28. 相切   解析:圆$x^2+y^2-4x-2y=0$的圆心为$(2,1)$,$r=\dfrac{\sqrt{(-4)^2+(-2)^2-4\times 0}}{2}=\sqrt{5}$,圆心$(2,1)$到直线$x-2y+5=0$的距离$d=\dfrac{|2-2+5|}{\sqrt{1^2+(-2)^2}}=\sqrt{5}=r$,相切.

29. $y-2=0$ 解析:把点$P(0,2)$代入圆上一点圆的切线方程$x_0x+y_0y=r^2$,则所求的切线方程为$2y=4$,即$y-2=0$.

30. 4 解析:由$x^2+y^2+2x-4y-4=0$得圆心坐标为$C(-1,2)$,$r=\dfrac{\sqrt{2^2+(-4)^2-4\times(-4)}}{2}=3$,设过点$P(2,6)$的切线与圆切于点$A$,$|AC|=r=3$,$|PC|=\sqrt{(2+1)^2+(6-2)^2}=5$,在$\text{Rt}\triangle PAC$中,切线长$|PA|=\sqrt{5^2-3^2}=4$.

三、解答题

31. (7分)解析:解方程组$\begin{cases}x+y-6=0\\2x-y-3=0\end{cases}$,得$\begin{cases}x=3\\y=3\end{cases}$,即交点坐标是$(3,3)$. 与直线$3x+2y-1=0$平行,斜率相等,$k=-\dfrac{3}{2}$,代入点斜式方程得$y-3=-\dfrac{3}{2}(x-3)$,化为一般式方程$3x+2y-15=0$.

32. (5分)解析:BC边的斜率$k_{BC}=\dfrac{3-5}{0-3}=\dfrac{2}{3}$,$BC$边上的高所在的直线的斜率为$-\dfrac{3}{2}$,代入点斜式方程$y-0=-\dfrac{3}{2}(x-2)$,整理可得$3x+2y-6=0$,即为$BC$边上的高所在的直线的方程.

33. (6分)解析:这题用中点公式较简单. 解法一:设$D(x,y)$,根据平行四边形对角线互相平分,得AC的中点也为BD中点,可AC中点$\left(\dfrac{-1+5}{2},\dfrac{-3+4}{2}\right)$,即$\left(2,\dfrac{1}{2}\right)$,

53

它也是 BD 的中点，有 $\dfrac{3+x}{2}=2$，$\dfrac{0+y}{2}=\dfrac{1}{2}$，解得 $x=1$，$y=1$，所以顶点 D 的坐标为 $(1,1)$.

解法二：设 $D(x,y)$，根据平行四边形对边平行，$k_{AB}=k_{DC}$，$k_{AD}=k_{BC}$，可得 $\dfrac{0+3}{3+1}=\dfrac{y-4}{x-5}$，$\dfrac{y+3}{x+1}=\dfrac{4-0}{5-3}$，整理得 $\begin{cases}3x-4y+1=0\\2x-y-1=0\end{cases}$，解得 $\begin{cases}x=1\\y=1\end{cases}$. 所以顶点 D 的坐标为 $(1,1)$.

34.（5分）解析：直线 $x-2y+1=0$ 的斜率为 $\dfrac{1}{2}$，直线 l 与之垂直，可得直线 l 的斜率为 -2；直线 $2x-y+4=0$ 交 y 轴于 $(0,4)$，代入斜截式方程得 $y=-2x+4$，即 $2x+y-4=0$ 为所求直线方程.

35.（7分）解：与圆 $x^2+2y+y^2=0$ 的圆心相同，则圆心为 $(0,-1)$，又经过点 $(3,2)$，故 $r^2=(3-0)^2+(2+1)^2=18$. 因此所求圆的方程为 $x^2+(y+1)^2=18$.

36.（7分）解：以点 $P(0,2)$ 为圆心的圆与直线 $2x-y=0$ 相切的圆的半径

$$r=d=\dfrac{|-2|}{\sqrt{2^2+(-1)^2}}=\dfrac{2\sqrt{5}}{5}$$

因此所求圆的方程为 $x^2+(y-2)^2=\dfrac{4}{5}$.

37.（8分）解：由圆心在直线 $x-y=0$ 上可设圆心坐标为 (a,a)，则

$$\sqrt{(a+1)^2+(a-2)^2}=\dfrac{|a-a+3\sqrt{2}|}{\sqrt{1^2+(-1)^2}}=3$$

整理，得 $a^2-a-2=0$，解得 $a=-1$ 或 $a=2$，可得 $r=3$.
所以圆的标准方程为 $(x+1)^2+(y+1)^2=9$ 或 $(x-2)^2+(y-2)^2=9$.

第6章 直线与圆的方程测试卷 B 答案

一、选择题

1. C 解析：由两点间距离公式得 $|MO|=\sqrt{4^2+(-3)^2}=5$，故选 C.

2. C 解析：由中点坐标公式可得 $\left(\dfrac{-2+6}{2},\dfrac{-3+7}{2}\right)$，化简得 $(2,2)$，故选 C.

3. A 解析：设 A 关于 B 对称的点 C 坐标是 (x,y)，则点 B 是点 A 与点 C 的中点，有 $\begin{cases}2+x=-6\\3+y=10\end{cases}$，解得 $\begin{cases}x=-8\\y=7\end{cases}$，所以 $C(-8,7)$，故选 A.

4. C 解析：把 $x=0$ 代入得 $y=2$，把 $y=0$ 代入得 $x=-10$，线 $x-5y+10=0$ 在 x 轴、y 轴上的截距分别为 -10 和 2，故选 C.

5. B 解析：联立方程组 $\begin{cases}x-y+1=0\\2x+3y+2=0\end{cases}$，解得 $\begin{cases}x=-1\\y=0\end{cases}$，所以两条直线的交点为 $(-1,0)$，设平行于直线 $x-2y+4=0$ 的直线 l 的方程为 $x-2y+m=0$，把 $(-1,0)$ 代

入得 $m=1$. 所以所求直线方程为 $x-2y+1=0$. 故选 B.

6. A 解析：联立方程组 $\begin{cases} x-y+3=0 \\ 2x+y=0 \end{cases}$，解得 $\begin{cases} x=-1 \\ y=2 \end{cases}$，所以两条直线的交点为 $(-1,2)$，又因为 $\tan\dfrac{\pi}{3}=\sqrt{3}$，所以过点 $(-1,2)$、斜率为 $\sqrt{3}$ 的直线的点斜式方程为 $y-2=\sqrt{3}(x+1)$，即 $\sqrt{3}x-y+\sqrt{3}+2=0$. 故选 A.

7. B 解析：已知点 A 与点 B 关于直线 $x+y-2=0$ 对称，所以 A、B 两点到直线的距离相等，由两点间距离公式得 $d=\dfrac{|-1-2|}{\sqrt{1^2+1^2}}=\dfrac{3\sqrt{2}}{2}$，则 $|AB|=3\sqrt{2}$. 故选 B.

8. D 解析：关于 y 轴对称，斜率互为相反数，且与 y 轴交点相同，由已知直线方程 $2x-y+1=0$ 得 $y=2x+1$，所求直线斜率 -2，纵截距为 1，所以方程为 $y=-2x+1$，即 $2x+y-1=0$，故选 D.

9. B 解析：已知直线 $2x-y=1$ 的斜率为 2，与之垂直的直线斜率为 $-\dfrac{1}{2}$，只有 B 符合条件.

10. B 解析：圆心坐标为 $(2,-1)$，且与 x 轴相切的圆的半径为 1，圆的标准方程是 $(x-2)^2+(y+1)^2=1$. 故选 B.

11. C 解析：圆 $(x-1)^2+(y+1)^2=2$ 的圆心为 $(1,-1)$，$r=\sqrt{2}$，圆心 $(1,-1)$ 到直线 $x-y+4=0$ 的距离为 $d=\dfrac{|1+1+4|}{\sqrt{1^2+(-1)^2}}=3\sqrt{2}>r$，相离. 故选 C.

12. A 解析：圆 $x^2+y^2-4x+4y+6=0$ 的圆心为 $(2,-2)$，半径 $r=\dfrac{\sqrt{(-4)^2+4^2-4\times 6}}{2}=\sqrt{2}$，圆心 $(2,-2)$ 到直线 $x-y-5=0$ 的距离 $d=\dfrac{|2+2-5|}{\sqrt{1^2+(-1)^2}}=\dfrac{\sqrt{2}}{2}$，由弦长公式知弦长 $=2\sqrt{(\sqrt{2})^2-\left(\dfrac{\sqrt{2}}{2}\right)^2}=\sqrt{6}$. 故选 A.

13. D 解析：由圆 $x^2+y^2-8x-2y+12=0$ 知圆心 C 坐标为 $(4,1)$，过点 $P(3,0)$ 的最短弦所在的直线是以点 A 为中点的直线，即与 AC 垂直的直线，所以直线的斜率 $k=-\dfrac{1}{k_{AC}}=-\dfrac{4-3}{1-0}=-1$，故所求直线的方程为 $y=-(x-3)$，即 $x+y-3=0$. 故选 D.

14. D 解析：由圆 $x^2+y^2=4$ 知圆心坐标为 $(0,0)$，$r=2$，圆心 $(0,0)$ 到直线 $3x+4y+5=0$ 的距离 $d=\dfrac{|5|}{\sqrt{3^2+4^2}}=1=\dfrac{r}{2}$，所以圆上到直线的距离为 1 的点有 3 个. 故选 D.

15. B 解析：若圆 $x^2+y^2-8x+2y+m=0$ 与直线 $x-3y+3=0$ 有公共点，则 $d\leqslant r$，圆心为 $(4,-1)$，$r=\dfrac{\sqrt{(-8)^2+2^2-4m}}{2}=\sqrt{17-m}$，圆心 $(4,-1)$ 到直线 $x-3y+3=0$ 的距离 $d=\dfrac{|4+3+3|}{\sqrt{1^2+(-3)^2}}=\sqrt{10}$，所以 $\sqrt{10}\leqslant\sqrt{17-m}$，有 $m\leqslant 7$，故选 B.

二、填空题

16. $(-a, -b)$　　**解析:** 点 (a, b) 关于原点对称的点坐标是横、纵坐标都互为相反数，即 $(-a, -b)$.

17. $2\sqrt{5}$　　**解析:** 由两点间距离公式得 $|AB| = \sqrt{(-1+3)^2 + (1-5)^2} = 2\sqrt{5}$.

18. $(6, 0)$　　**解析:** 由线段中点坐标公式得 M 的坐标为 $\left(\dfrac{-3+15}{2}, 0\right)$，即 $(6, 0)$.

19. 2　　**解析:** 将直线 $2x + 4y + 5 = 0$ 化成斜截式为 $y = -\dfrac{1}{2}x - \dfrac{5}{4}$，由两条直线垂直可知 $k_1 \cdot k_2 = -1$，所以 $-\dfrac{1}{2} \times 2 = -1$，即所求直线斜率为 2.

20. 1　　**解析:** 因为直线 $y = x + 1$ 斜率为 1，直线 $ax + y + 1 = 0$ 与其垂直，则斜率为 -1，即 $-a = -1$，解得 $a = 1$.

21. 20 或 $\dfrac{46}{3}$　　**解析:** 由点到直线的距离公式得 $\dfrac{|3a - 4 \times 6 - 2|}{\sqrt{3^2 + 4^2}} = 4$，则 $|3a - 26| = 20$，解得 $a = 20$ 或 $a = \dfrac{46}{3}$.

22. $3x + 4y + 5 = 0$　　**解析:** 关于 x 轴对称的直线，倾斜角互补，斜率相反，$\tan(\pi - \alpha) = -\tan \alpha$，纵截距也相反，直线 $3x - 4y + 5 = 0$ 的斜率为 $\dfrac{3}{4}$，纵截距为 $\dfrac{5}{4}$，所求直线的斜率 $-\dfrac{3}{4}$，纵截距 $-\dfrac{5}{4}$，代入斜截式方程 $y = -\dfrac{3}{4}x - \dfrac{5}{4}$ 化为一般式得 $3x + 4y + 5 = 0$.

23. -6.　　**解析:** 两直线平行，斜率相等，$-\dfrac{a}{2} = 3$，所以 $a = -6$.

24. $(13, +\infty)$　　**解析:** 方程 $x^2 + y^2 - 4x + 6y - m = 0$ 表示圆，则 $(-4)^2 + 6^2 + 4m > 0$，故 $m > 13$，从而 m 的取值范围是 $(13, +\infty)$.

25. $(x-2)^2 + (y+3)^2 = 2$　　**解析:** 以点 $(2, -3)$ 为圆心，且与直线 $x + y - 1 = 0$ 相切的圆的半径 $r = d = \dfrac{|2 - 3 - 1|}{\sqrt{1^2 + 1^2}} = \sqrt{2}$，所以圆的方程为 $(x-2)^2 + (y+3)^2 = 2$.

26. $\pm \dfrac{\sqrt{3}}{3}$　　**解析:** 设直线的斜率为 k，直线过原点，设直线方程为 $y = kx$，即 $kx - y = 0$，与圆 $(x-2)^2 + y^2 = 1$ 相切，所以圆心为 $(2, 0)$，半径 $r = 1$. 圆心 $(2, 0)$ 到 $kx - y = 0$ 的距离 $d = \dfrac{|2k|}{\sqrt{k^2 + (-1)^2}} = 1$，解得 $k = \pm \dfrac{\sqrt{3}}{3}$.

27. -24　　**解析:** 圆的方程 $x^2 + y^2 + nx + my - 6 = 0$，且圆心为 $(4, 8)$，故有 $-\dfrac{n}{2} = 4$，$-\dfrac{m}{2} = 8$，解得 $n = -8$，$m = -16$，从而 $m + n = -8 - 16 = -24$.

28. $(x-1)^2 + (y+2)^2 = 2$　　**解析:** 已知点 $M(2, -1)$ 和 $N(0, -3)$，则以线段 MN

为直径的圆的圆心为 $\left(\dfrac{2+0}{2}, \dfrac{-1-3}{2}\right)=(1,-2)$，$r^2=(1-0)^2+(-2+3)^2=2$，所以圆的方程为 $(x-1)^2+(y+2)^2=2$.

29. 0　解析：圆 $(x-1)^2+(y-2)^2=4$ 的圆心为 $(1,2)$，$r=2$，圆心 $(1,2)$ 到直线 $mx-y+3=0$ 的距离 $d=\dfrac{|m-2+3|}{\sqrt{m^2+(-1)^2}}=\dfrac{|m+1|}{\sqrt{m^2+1}}$，由弦长公式知 $AB=2\sqrt{3}=2\sqrt{2^2-d^2}$，得 $d^2=1(d>0)$，有 $d=1=\dfrac{|m+1|}{\sqrt{m^2+1}}$，解得 $m=0$.

30. $(-\infty,-3\sqrt{5})\cup(3\sqrt{5},+\infty)$　解析：直线 $y=2x+b$ 与圆 $x^2+y^2=9$ 没有交点，则 $d>r$，圆心为 $(0,0)$，$r=3$，圆心 $(0,0)$ 到直线 $y=2x+b$ 即 $2x-y+b=0$ 的距离 $d=\dfrac{|b|}{\sqrt{2^2+(-1)^2}}=\dfrac{|b|}{\sqrt{5}}$，由题意 $\dfrac{|b|}{\sqrt{5}}>3$，故 $b<-3\sqrt{5}$ 或 $b>3\sqrt{5}$，所以 b 的取值范围为 $(-\infty,-3\sqrt{5})\cup(3\sqrt{5},+\infty)$.

三、解答题

31. (6 分)解：由题意可联立方程组 $\begin{cases}x-y+2=0\\2x+y+1=0\end{cases}$，解得 $\begin{cases}x=-1\\y=1\end{cases}$，所以交点坐标为 $(-1,1)$，

设与直线 $x-3y+2=0$ 垂直的直线 l 的方程为 $3x+y+m=0$，把点 $(-1,1)$ 代入得 $m=2$，所以直线 l 的方程为 $3x+y+2=0$.

32. (5 分)解：因为直线 l 经过原点，所以设直线 l 的方程为 $y=kx$，即 $kx-y=0$，又因为点 $M(5,0)$ 到直线 l 的距离等于 3，则有 $\dfrac{|5k|}{\sqrt{k^2+(-1)^2}}=3$，解得 $k=\pm\dfrac{3}{4}$，所以直线 l 的方程为 $3x-4y=0$ 或 $3x+4y=0$.

33. (7 分)解：(1)因为直线 m 平行于 l，可设直线 m 的方程为 $6x-y+c=0$，又因为直线 m 经过点 $A(-1,-4)$，所以 $-6+4+c=0$，解得 $c=2$，可知 m 的方程为 $6x-y+2=0$.

(2)联立方程组 $\begin{cases}6x-y+1=0\\y=4x+b\end{cases}$，解得 $\begin{cases}x=\dfrac{b-1}{2}\\y=3b-2\end{cases}$.

因为它们的交点在第二象限，

所以 $\begin{cases}\dfrac{b-1}{2}<0\\3b-2>0\end{cases}$，解得 $\dfrac{2}{3}<b<1$，

即 b 的取值范围为 $\left(\dfrac{2}{3},1\right)$.

34. (5 分)解：设反射光线为 PN，因为入射角等于反射角，直线 PM 与直线 PN 的倾斜角互补，设直线 PN 的倾斜角为 α，则直线 PM 的倾斜角为 $\pi-\alpha$，因为 $\tan(\pi-\alpha)=$

$-\tan \alpha$，所以两直线斜率互为相反数，$k_{PM}=\dfrac{3-0}{-2-1}=-1$，$k_{PN}=1$，代入点斜式方程 $y-0=x-1$，得 $x-y=1=0$，即为反射光线所在的直线的方程.

35.(7分)解：由圆心 x 轴上可设圆心为 $(a, 0)$，且经过 $A(1, -2)$，$B(2, 3)$ 两点，则 $(a-1)^2+(0+2)^2=(a-2)^2+(0-3)^2$，解得 $a=4$. $r^2=(4-1)^2+(0+2)^2=13$.

因此所求圆的标准方程为 $(x-4)^2+y^2=13$.

36.(7分)解：设垂直于直线 $x+y-3=0$ 的直线方程为 $x-y+D=0$，与圆 $x^2+y^2-6x-4y+5=0$ 相切，圆心为 $(3, 2)$，$r=\dfrac{\sqrt{(-6)^2+(-4)^2-4\times 5}}{2}=2\sqrt{2}$，圆心 $(3, 2)$ 到直线 $x-y+D=0$ 的距离 $d=\dfrac{|3-2+D|}{\sqrt{1^2+(-1)^2}}=2\sqrt{2}$，解得 $D=3$ 或 -5.

因此所求直线的方程为 $x-y+3=0$ 或 $x-y-5=0$.

37.(8分)解：过圆 $(x-1)^2+(y-1)^2=1$ 外一点 $P(2, 4)$ 的切线方程有两条，设切线方程为 $y-4=k(x-2)$，即 $kx-y-2k+4=0$.

圆心为 $(1, 1)$，$r=1$，圆心 $(1, 1)$ 到直线 $kx-y-2k+4=0$ 的距离

$$d=\dfrac{|k-1-2k+4|}{\sqrt{k^2+(-1)^2}}=\dfrac{|3-k|}{\sqrt{k^2+1}}=1$$，解得 $k=\dfrac{4}{3}$.

所以一条切线方程为 $\dfrac{4}{3}x-y+\dfrac{4}{3}=0$，即 $4x-3y+4=0$；另一条切线的斜率不存在，另一条切线方程为 $x-2=0$.

因此切线方程为 $4x-3y+4=0$ 或 $x-2=0$.

第7章 简单几何体

7.1 多面体

7.1.1 棱柱

【课堂基础训练】

一、选择题

1. D　解析：根据棱柱的定义，有两个面互相平行，其余面都是平行四边形的多面体称为棱柱，图中四个均为棱柱，故选 D.

2. C　解析：(1)由棱柱的定义可知，(1)正确；(2)一个 n 棱柱的底面是一个 n 边形，因此每个底面都有 n 个顶点，两个底面的顶点数之和即为棱柱的顶点数，即 $2n$ 个.(3)因为棱柱同一个侧面内的两条底边平行且相等，所以棱柱的两个底面的对应边平行且相等，故棱柱的两个底面全等.(4)如果棱柱有一个侧面是矩形，只能保证侧棱垂直于该侧面的底边，但其余侧面的侧棱与相应底边不一定垂直，因此其余侧面不一定是矩形. 故(1)(2)

(3)正确,(4)不正确.有三个正确说法.故选 C.

3.C 解析:棱柱的侧面是平行四边形,侧棱是相邻的侧面的公共边,因此侧棱平行且相等.故选 C.

4.B 解析:棱柱至少有两个底面,A 项不正确;棱柱底面的边数至少是 3,则棱柱的顶点至少有 6 个,棱柱的侧棱至少有 3 条,棱柱的棱至少有 9 条,故 B 项正确,C、D 项错误.故选 B.

5.A 解析:侧棱与底面垂直的四棱柱是直四棱柱,底面是矩形的直四棱柱是长方体,底面为正方形的直四棱柱是正四棱柱,棱长都相等的正四棱柱为正方体.所以 $M=$ {正四棱柱},$N=${长方体},$P=${直四棱柱},$Q=${正方体},则这些集合的关系是 $Q \subseteq M \subseteq N \subseteq P$.故选 A.

6.B 解析:直棱柱的侧面积为:$S_{直棱侧柱}=ch=8 \times 6=48$.故选 B.

二、填空题

7.$\sqrt{3}$ 解析:对角线:$l=\sqrt{a^2+b^2+c^2}=\sqrt{1^2+1^2+1^2}=\sqrt{3}$.

8.96 cm² 解析:正方体的体积$=a^3=64(cm^3)$(a 为正方体的边长),解得 $a=4$ cm,所以正方体的全面积$=6a^2=6 \times 4^2=96(cm^2)$.故答案为 96 cm².

9.180 cm² 解析:正六棱柱底边是正六边形,底边的六条棱长相等.正六棱柱的高为 5 cm,最长的对角线为 13 cm,则底边对角线长为 $\sqrt{13^2-5^2}=12(cm)$,是正六棱柱底面边长的 2 倍,所以底面边长$=6(cm)$,它的侧面积$=6 \times 6 \times 5=180(cm^2)$.

10.45 cm³ 解析:$V_{柱体}=Sh=3 \times 3 \times 5=45(cm^3)$.

三、解答题

11.解:设正方体的棱长为 a,则对角线长为 $\sqrt{3}a=3\sqrt{3}$,所以 $a=3$.

12.解:此几何体上下的面积是相同的,同样,前后、左右的面积也是分别相同的.因为小正方体的棱长是 1 cm,所以上面的表面积为 $1 \times 1 \times 9=9(cm^2)$,前面的表面积为 $1 \times 1 \times 8=8(cm^2)$,左边的表面积为 $1 \times 1 \times 7=7(cm^2)$.因此几何体的表面积为 $9 \times 2+8 \times 2+7 \times 2=48(cm^2)$.

【课堂拓展训练】

一、选择题

1.C 解析:当四棱柱的底面是梯形时,则不是平行六面体,A 项不正确;直平行六面体是平行六面体的侧棱与底面垂直,底面可以是平行四边形,它不是长方体,B 项不正确;根据长方体的结构特征知,该几何体是长方体,C 项正确;当四棱柱的侧棱与底面不垂直时,则不是长方体,D 项不正确;故选 C.

2.A 解析:①若侧棱不垂直于底面,则底面是矩形的平行六面体不是长方体,故①不正确;②若底面是菱形,则棱长都相等的直四棱柱不是正方体,故②不正确;③若侧棱垂直于底面两条平行边,则侧棱不一定垂直于底面,故侧棱垂直于底面两条边的平行六面体不一定是直平行六面体.因此③不正确;④若平行六面体对角线相等,则对角面皆是矩

59

形，于是可得侧棱垂直于底面，因此对角线相等的平行六面体是直平行六面体，故④正确．综上可知只有④是真命题．故选 A．

3．C　解析：因为当棱柱相邻两个侧面为矩形时，它们的交线垂直于底面，即侧棱垂直于底面，棱柱为直棱柱．因此，只可能有一组相对的侧面为矩形，即最多2个面是矩形，故选 C．

4．C　解析：长方体体对角线的公式是：$S=\sqrt{a^2+b^2+c^2}=\sqrt{4^2+5^2+7^2}=\sqrt{90}=3\sqrt{10}$，故选 C．

二、填空题

5．88　解析：设长方体的长、宽、高分别为 $3x$，$2x$，x，则对角线长为 $\sqrt{9x^2+4x^2+x^2}=\sqrt{14}x=2\sqrt{14}$，解得 $x=2$，长、宽、高分别为 6，4，2，表面积 $=2\times(6\times4+6\times2+4\times2)=88$．

6．17　解析：长方体的对角线长 $=\sqrt{12^2+9^2+8^2}=\sqrt{289}=17$．

三、解答题

7．解：四棱柱的表面积 $=$ 底面积 $+$ 侧面积 $=1\times1\times2+2\times4=10$，体积 $=1\times1\times2=2$．

8．解：设长方体的长宽高分别为 x，y，z，则有 $\begin{cases}2(xy+xz+yz)=24\\4(x+y+z)=24\end{cases}$，得到 $\begin{cases}xy+xz+yz=12\\x+y+z=6\end{cases}$．则长方体的体对角线长为 $\sqrt{x^2+y^2+z^2}=\sqrt{(x+y+z)^2-2(xy+xz+yz)}=\sqrt{36-24}=2\sqrt{3}$．

7.1.2　直观图的画法

【课堂基础训练】

一、选择题

1．C　解析：由直观图画法"横不变，纵折半"可得它在直观坐标系中的坐标为 $(2,-2)$．故选 C．

2．C　解析：在画与直角坐标系 xOy 对应的 $x'O'y'$ 时，$\angle x'O'y'$ 也可以是 $135°$，所以 C 不正确．故选 C．

3．C　解析：根据直观图的画法，平行于 x 轴的线段长度不变，平行于 y 轴的线段变为原来的一半，于是长为 4 的边如果平行于 x 轴，则正方形边长为 4，面积为 16，边长为 4 的边如果平行于 y 轴，则正方形边长为 8，面积是 64．故选 C．

二、填空题

4．①②　解析：斜二测画法保持平行性和相交性不变，即平行直线的直观图还是平行直线，相交直线的直观图还是相交直线，故①②正确；但是斜二测画法中平行于 y 轴的线段，在直观图中长度为原来的一半，则正方形的直观图不是正方形，菱形的直观图不是菱形，所以③④错．

5. $2\sqrt{6}$ 解析：根据斜二测画法的规则，正三角形的边长是原三角形的底边长，原三角形的高是正三角形高的 $2\sqrt{2}$ 倍，而正三角形的高是 $\sqrt{3}$，所以原三角形的高为 $2\sqrt{6}$，于是其面积为 $\frac{1}{2} \times 2 \times 2\sqrt{6} = 2\sqrt{6}$.

三、解答题

6. 略.

【课堂拓展训练】

一、选择题

1. C 解析：因为 $A'B' \parallel y'$ 轴，$A'C' \parallel x'$ 轴，所以 $AB \perp AC$，$\triangle ABC$ 是直角三角形，故选 C.

2. B 解析：用斜二测画法画水平放置的平面图形的直观图时，原图中的平行线在直观图中仍是平行线，故选 B.

3. C 解析：在 Rt$\triangle OAB$ 中，$OA = 2$，$OB = 4$，$\triangle OAB$ 的面积 $S = \frac{1}{2} \times 2 \times 4 = 4$，故选 C.

二、填空题

4. $\sqrt{2}a^2$ 解析：由题图知 $A'C' = a$，$A'B' = \sqrt{2}a$，原图形为直角三角形，A 为直角顶点，所以 $S_{\triangle ABC} = \frac{1}{2} \times \sqrt{2}a = \sqrt{2}a^2$.

5. $2 + \sqrt{2}$ 解析：平面图形是上底长为1，下底长为 $1+\sqrt{2}$，高为2的直角梯形．计算得面积为 $2+\sqrt{2}$．

三、解答题

6. 略.

7.1.3 棱锥

【课堂基础训练】

一、选择题

1. C 解析：三棱锥有4个面；四棱锥有5个面；五棱锥有6个面；六棱锥有7个面．故选 C.

2. A 解析：由棱锥的定义可知，三棱锥的侧面和底面均是三角形．故选 D.

3. A 解析：根据八棱锥的结构特征，八棱锥是由1个底面为八边形和8个三角形的侧面构成的结构体，故八棱锥的侧面个数为8．故选 A.

4. D 解析：棱锥至少应是是三棱锥，因此至少有4个面，4个顶点，6条棱．故选 D.

5. B 解析：棱锥的任意两个面都相交，不可能有两个面平行，因此不可能是棱锥．

故选 B.

6. B　解析：棱锥被平行于底面的平面所截，截面与底面相似，面积比为 1∶4，所以截得的棱锥的高与原棱锥的高之比为 1∶2. 故选 B.

二、填空题

7. $\sqrt{10}$　解析：正四棱锥的侧棱为 $\sqrt{3^2+(\sqrt{2})^2}=\sqrt{11}$，则斜高即为侧面三角形的高，即为 $\sqrt{(\sqrt{11})^2-1^2}=\sqrt{10}$.

8. $\sqrt{3}$　解析：棱长都是 1 的三棱锥是正三棱锥，各个面均为全等的等边三角形．$S_{底面积}=\dfrac{1}{2}\times 1\times \dfrac{\sqrt{3}}{2}=\dfrac{\sqrt{3}}{4}$，则 $S_{表面积}=4S_{底面积}=4\times\dfrac{\sqrt{3}}{4}=\sqrt{3}$.

9. $3\sqrt{15}$　解析：正三棱锥的底面边长为 2，侧棱长为 4，则底面边长的一半为 1，斜高 $=\sqrt{4^2-1^2}=\sqrt{15}$，正三棱锥的侧面积为 $3\times\dfrac{1}{2}\times 2\times\sqrt{15}=3\sqrt{15}$.

10. (1)(2)　解析：(1)错误．根据棱锥的结构特征：有一个面是多边形，其余各面都是有一个公共顶点的三角形，由这些面所围成的多面体叫作棱锥，而"其余各面都是三角形"并不等价于"其余各面都是有一个公共顶点的三角形"，故此说法是错误的．(2)错误．正棱锥的侧面都是等腰三角形，不一定是等边三角形．(3)正确．由正棱锥的结构特征可知，正棱锥的底面是等边三角形，侧面是等腰三角形．故答案为(1)(2)．

三、解答题

11. 解：设底边边长为 a，斜高为 h'，则 $\begin{cases} h'^2+\left(\dfrac{a}{2}\right)^2=10^2 \\ 3\times\dfrac{1}{2}\times a\times h'=144 \end{cases}$，解得 $\begin{cases} a=12 \\ h'=8 \end{cases}$ 或 $\begin{cases} a=16 \\ h'=6 \end{cases}$.

12. 解：设正三棱锥为 $S-ABC$，高为 SO，由正三棱锥的定义，O 是底面的中心．

所以 $AO=\dfrac{2}{3}\times\dfrac{\sqrt{3}}{2}a=\dfrac{\sqrt{3}}{3}a$，因为 $SA=a$，在 $\text{Rt}\triangle ABC$ 中，

$SO^2=SA^2-AO^2=a^2-\left(\dfrac{\sqrt{3}}{3}a\right)^2=\dfrac{2}{3}a^2$，所以棱锥的高 $SO=\dfrac{\sqrt{6}}{3}a$.

【课堂拓展训练】

一、选择题

1. A　解析：由题知斜高 $h'=\dfrac{\sqrt{3}}{2}$，则 $h=\dfrac{\sqrt{2}}{2}$，$V=\dfrac{1}{3}sh=\dfrac{1}{3}\times 1\times 1\times\dfrac{\sqrt{2}}{2}=\dfrac{\sqrt{2}}{6}$. 故选 A.

2. A　解析：①直平行六面体是底面为平行四边形的直四棱柱，长方体是底面为矩形的直四棱柱，因此是假命题；②有两个相邻的侧面都是矩形的棱柱，可知侧棱与底面垂直，因此棱柱是直棱柱，为真命题；③有一个面是多边形，其余各面是三角形，但是没有

强调这些三角形有公共的顶点,因此几何体不一定是棱锥,是假命题;④正棱柱是底面为正多边形的直棱柱,本命题没有强调直棱柱,因此是假命题. 故选 A.

3. D 解析:设底面边长为 a,则正三角形的边长为 a,正四棱锥的斜高 $h'=\frac{\sqrt{3}}{2}a$,高 $h=\frac{\sqrt{2}}{2}a$,则它的高与底面边长之比为 $\frac{\sqrt{2}}{2}a:a=1:\sqrt{2}$. 故选 D.

4. D 解析:把一个三棱锥的各棱都增大到原来的 2 倍,令原三棱锥的高为 h_1,底面面积为 S_1,新三棱锥的高为 h_2,底面面积为 S_2,则 $h_2=2h_1$,$S_2=4S_1$,$V_1=\frac{1}{3}S_1 \cdot h_1$,$V_2=\frac{1}{3}h_2 \cdot s_2=\frac{1}{3} \cdot 2h_1 \cdot 4S_1=8V_1$,则它的体积增大的倍数是 8 倍. 故选 D.

5. C 解析:根据棱锥的结构特征可知,当棱锥为正棱锥时,侧棱长都相等. 所以 C 选项错误. 故选 C.

6. C 解析:$S_{直棱锥侧}=\frac{1}{2}ch'=\frac{1}{2}\times 2\times 4\times\sqrt{3}=4\sqrt{3}$.

二、填空题

7. 1 cm³ 解析:本题考查数学中的转化思想. 若将长度分别为 1 cm、2 cm 的侧棱所在的侧面转化为三棱锥的底面,则 $S=\frac{1}{2}\times 1\times 2=1(cm^2)$,$V=\frac{1}{3}Sh=\frac{1}{3}\times 1\times 3=1(cm^3)$.

8. 1:3 解析:棱锥的中截面把侧棱分成 1:1,则每一个侧面面积分成 1:3 两部分,总侧面也分成 1:3 两部分,故这两部分的面积比为 1:3.

9. 1:($\sqrt[3]{2}-1$) 解析:设棱锥的底面面积为 S,截面的面积为 S_1,高为 h,高被分成 h_1 和 h_2 两段,侧棱被分成 l_1 和 l_2 两段,则有 $\frac{l_1}{l_2}=\frac{h_1}{h_2}$,$\left(\frac{h_1}{h_2}\right)^2=\frac{S_1}{S}$,由题意可知 $\frac{1}{3}Sh=2\times\frac{1}{3}S_1h_1$,则 $h^3=2h_1^3$,$h=\sqrt[3]{2}h_1$,因此 $\frac{l_1}{l_2}=\frac{h_1}{h_2}=\frac{h_1}{h-h_1}=\frac{1}{\sqrt[3]{2}-1}$.

三、解答题

10. 解:正四棱锥 $S-ABCD$ 的底面边长是 4 cm,E 为 BC 的中心,O 为其中心,所以 $OE=2$ cm,又因为正四棱锥的侧棱长为 8 cm,所以 $SA=SB=8$ cm,在直角三角形 SOA 中,$OA=2\sqrt{2}$ cm,棱锥的高 $SO=\sqrt{SA^2-OA^2}=2\sqrt{14}$(cm);斜高 $SE=\sqrt{SB^2-BE^2}=\sqrt{60}=2\sqrt{15}$(cm).

11. 解:正四棱锥由四个三角形侧面和一个正方形底面构成,由于作塔顶,因此不考虑底面,只计算四个三角形的面积. 斜高 $=\sqrt{0.85^2+\left(\frac{1.5}{2}\right)^2}\approx 1.13$(m);所以制造这种塔顶需要铁板的面积 $S=\frac{1}{2}\times 1.15\times 1.13\times 4\approx 3.40(m^2)$.

7.2 旋转体

7.2.1 圆柱

【课堂基础训练】

一、选择题

1. A 　解析：由圆柱的定义可得.

2. D 　解析：圆柱的侧面展开图是长为圆柱的高，宽为底面周长的矩形，故选 D.

3. C 　解析：圆柱的轴截面是长为圆柱的高，宽为底面直径的矩形，故选 C.

4. C 　解析：圆柱的侧面积 $S_{圆柱侧}=2\pi rl=2\pi\times 2\times 6=24\pi$，故选 C.

5. C 　解析：圆柱的轴截面是长为圆柱的高，宽为底面直径的矩形，所以该圆柱的高为 2，底面直径为 2，半径为 1，圆柱的表面积为 $S=2\pi r^2+2\pi rh=2\pi\cdot 1^2+2\pi\cdot 1\cdot 2=6\pi$，故选 C.

6. B 　解析：圆柱的高为 2，底面半径为 4，则圆柱的体积为 $V=\pi r^2h=\pi\cdot 4^2\cdot 2=32\pi$，故选 B.

二、填空题

7. 3 　解析：圆柱的轴截面是长为圆柱的高，宽为底面直径的矩形，因此轴截面的面积＝直径×高，又因为圆柱的母线等于圆柱的高，所以母线长 $=\dfrac{轴截面面积}{直径}=\dfrac{12}{2\times 2}=3$.

8. 3 　解析：圆柱的轴截面是长为圆柱的高，宽为底面直径的矩形，圆柱的底面直径、高及轴截面构成直角三角形，即 直径^2＋高^2＝对角线^2，因此圆柱的高 $=\sqrt{(对角线)^2-(2\times 半径)^2}=\sqrt{5^2-(2\times 2)^2}=\sqrt{25-16}=\sqrt{9}=3$.

9. $\sqrt{9+4\pi^2}$ 　解析：圆柱的侧面展开图是长为圆柱的高，宽为底面周长的矩形，所以圆柱的侧面展开图的对角线 $=\sqrt{高^2+(\pi\times 直径)^2}=\sqrt{3^2+(2\pi)^2}=\sqrt{9+4\pi^2}$.

10. 56π 　解析：圆柱的全面积 $S_{圆柱全}=2\pi rl+2\pi r^2=2\pi\times 4\times 3+2\times\pi\times 4^2=56\pi$.

三、解答题

11. 解：圆柱的体积 $V=\pi\cdot r^2h=\pi\times r^2\times 2=32\pi$，

因此圆柱的半径 $r=\sqrt{\dfrac{32\pi}{2\pi}}=\sqrt{16}=4$，所以圆柱的轴截面 $=2rh=2\times 4\times 2=16$.

12. 解：圆柱的侧面积 $=2\pi rh=2\pi\times 3h=24\pi$，

因此圆柱的高 $h=\dfrac{24\pi}{2\pi\times 3}=\dfrac{24\pi}{6\pi}=4$，

所以 $S=2\pi r^2+2\pi rh=2\pi\times 3^2+2\pi\times 3\times 4=42\pi$.

【课堂拓展训练】

一、选择题

1. D 解析：设圆柱的半径和高均为 1，则该圆柱的表面积为 $S=2\pi r^2+2\pi rh=2\pi\cdot 1^2+2\pi\cdot 1\cdot 1=4\pi$，体积为 $V=\pi r^2 h=\pi\cdot 1^2\cdot 1=\pi$，所以圆柱的表面积和体积之比 $=4\pi:\pi=4:1$，故选 D.

2. A 解析：设两圆柱的高均为 h，第一个圆柱的半径为 r，直径为 $2r$，由题意得，第二个圆柱的半径为 $2r$，因此第一个圆柱的表面积为 $S_1=2\pi rh$，第一个圆柱的表面积为 $S_2=2\pi 2rh=4\pi rh$，所以第一个圆柱的侧面积是第二个圆柱的侧面积的 $\dfrac{2\pi rh}{4\pi rh}=\dfrac{1}{2}$，故选 A.

3. B 解析：平均分成三段，新得到的三个圆柱体的表面积比原来的圆柱体的表面积增加了 4 个底面积，因此圆柱的底面积为 $\dfrac{24}{4}=6(dm^2)$，又因为 4 m = 40 dm，所以圆柱的体积为 $6\times 40=240(dm^3)$，故选 B.

二、填空题

4. 12 解析：将圆柱沿上下圆心的连线切开后，新得到两个圆柱的轴截面，所以它的表面积增加了 $2\cdot 2\cdot r\cdot h=2\times 2\times 3\times 1=12$.

5. 64π 解析：圆柱的底面周长为 $2\pi r=8\pi$，因此底面半径 $r=\dfrac{8\pi}{2\pi}=4$，所以圆柱的体积为 $V=\pi r^2 h=\pi\cdot 4^2\cdot 4=64\pi$.

三、解答题

6. 解：把圆柱削成一个底面为正方形的最大长方体，则圆柱的底面是正方形的外接圆，即底面的直径等于正方形的对角线，因此 $2\cdot$ 半径 $=\sqrt{边长^2+边长^2}$，所以边长 $=\dfrac{2\sqrt{2}}{\sqrt{2}}=2$，所以长方体的体积为 $V=2^2\times 6=24$.

7. 解：因为圆柱的轴截面是边长为 4 的正方形，所以圆柱的半径 $r=2$，圆柱的母线长是 $l=4$，$S_{圆柱侧}=2\pi rl=2\pi\times 2\times 4=16\pi$，$V_{柱体}=Sh=\pi\times 2^2\times 4=16\pi$.

7.2.2 圆锥

【课堂基础训练】

一、选择题

1. C 解析：由圆锥的性质可得：圆锥的母线长不等于圆锥的高，②错误，①③正确，因此两个命题正确，故选 C.

2. B 解析：圆锥的轴截面为等腰三角形，故选 B.

3. C 解析：圆柱的体积公式为 $V=\pi r^2 h$，圆锥的体积公式为 $V=\dfrac{1}{3}\pi r^2 h$，当圆柱与圆锥同底等高时，由体积公式可知，圆柱的体积是圆锥体积的三倍，因此 C 选项错误，故选 C.

4. D 解析：等腰直角三角形绕它的斜边所在的直线旋转一周形成的曲面围成的几何体是两个同底等高的圆锥的组合体，故选 D.

5. B 解析：由题意可知，圆锥的高为 $\sqrt{2^2-1^2}=\sqrt{3}$，故选 B.

6. B 解析：圆锥的高为 3，底面半径为 1，则圆锥的体积公式 $V=\dfrac{1}{3}\pi r^2 h=\dfrac{1}{3}\pi \cdot 1^2 \cdot 3=\pi$，故选 B.

二、填空题

7. 16π 解析：圆锥的底面半径为 2，母线为 6，圆锥的表面积 $S=\pi r^2 + \pi r l = \pi \cdot 2^2 + \pi \cdot 2 \cdot 6 = 16\pi$.

8. $\dfrac{4}{3}\pi$ 解析：圆锥的轴截面为等腰三角形，高为圆锥的高，底边是底面圆的直径，由三角形的面积公式得 $\dfrac{1}{2} \cdot 2r \cdot h = 4$，代入 $r=1$ 得 $h=\dfrac{4}{\dfrac{1}{2} \times 2 \times 1}=4$，则圆锥的体积 $V=\dfrac{1}{3}\pi r^2 h=\dfrac{1}{3}\pi \cdot 1^2 \cdot 4=\dfrac{4}{3}\pi$.

9. 270° 解析：圆锥侧面展开图（扇形）的弧长等于它的底面周长，即 $\dfrac{n°}{180°}\pi l=2\pi r$，代入 $r=3$，$l=4$ 得 $\dfrac{n°}{180°}\pi \cdot 4 = 2\pi \cdot 3$，因此 $n°=270°$.

10. 2 解析：由圆锥的体积公式 $V_{锥体}=\dfrac{1}{3}Sh$ 可知高扩大到原来的 2 倍，体积扩大到原来的 2 倍.

三、解答题

11. 解：因为圆锥的轴截面为等腰三角形，高为圆锥的高，底边是底面圆的直径，又因为题目给出，圆锥的轴截面是边长为 2 的等边三角形，所以此圆锥的半径 $r=\dfrac{2}{2}=1$，母线 $l=2$，因此圆锥的侧面积 $S=\pi r l=\pi \cdot 1 \cdot 2=2\pi$，圆锥的体积 $V=\dfrac{1}{3}\pi r^2 h=\dfrac{1}{3}\pi \cdot 1^2 \cdot 2=\dfrac{2}{3}\pi$.

12. 解：因为圆柱与圆锥的高相等，因此圆柱的体积为 $V=\pi r_1^2 h$，圆锥的体积为 $V=\dfrac{1}{3}\pi r_2^2 h$，所以 $r_2=\sqrt{\dfrac{\pi r_1^2 h}{\dfrac{1}{3}\pi h}}=\sqrt{3r_1^2}=\sqrt{3}r_1$，即 $\dfrac{r_2}{r_1}=\sqrt{3}$.

【课堂拓展训练】

一、选择题

1. B 解析：圆锥侧面展开图的半径等于圆锥的母线，该圆锥的侧面展开图是一个弧长为 2π 的半圆，则半圆的半径，即圆锥的母线 $l=\dfrac{2\pi}{\dfrac{1}{2} \cdot 2\pi}=2$，又因为圆锥侧面展开图的弧长等于它的底面周长，则圆锥的底面半径 $r=\dfrac{2\pi}{2\pi}=1$，所以圆锥的侧面积 $S=\pi rl=\pi\cdot 1\cdot 2=2\pi$，故选 B.

2. D　解析：设圆锥的半径为 r，高为 h，则圆柱的半径为 $2r$，高为 h，所以圆柱的体积 $V_{圆柱}=\pi(2r)^2h=4\pi r^2h$，圆锥的体积 $V_{圆锥}=\dfrac{1}{3}\pi r^2h$，因此 $V_{圆柱}:V_{圆锥}=4\pi r^2h:\dfrac{1}{3}\pi r^2h=12:1$，故选 D.

3. A　解析：因为圆锥的轴截面是直角三角形，所以圆锥的母线为 1，则圆锥的底面半径 $r=\dfrac{\sqrt{1^2+1^2}}{2}=\dfrac{\sqrt{2}}{2}$，所以圆锥的侧面积为 $S=\pi rl=\pi\cdot 1\cdot\dfrac{\sqrt{2}}{2}=\dfrac{\sqrt{2}}{2}\pi$，故选 A.

二、填空题

4. 6π　解析：圆锥的侧面展开图为扇形，其底面周长等于扇形弧长，即 $2\pi\cdot r=\dfrac{72°}{180°}\cdot\pi\cdot l$，所以 $l=5r$，由侧面积公式知 $\pi rl=5\pi$，解得 $r=1$，所以 $S=\pi r^2+\pi rl=\pi\cdot 1^2+\pi\cdot 1\cdot 5=6\pi$.

5. $\dfrac{1}{2}$　解析：设等边三角形的边长为 a，等边三角形的面积公式为 $s=\dfrac{1}{2}a\cdot\sqrt{a^2-\left(\dfrac{1}{2}a\right)^2}=\dfrac{1}{2}a\cdot\dfrac{\sqrt{3}}{2}a=\dfrac{\sqrt{3}}{4}a^2$，即 $\dfrac{\sqrt{3}}{4}a^2=\dfrac{\sqrt{3}}{4}$，因此 $a=1$，又因为轴截面的底边是底面圆的直径，所以圆锥的底面半径为 $\dfrac{1}{2}$.

三、解答题

6. 解：设正方体的边长为 a，正方体上底面与圆锥交于 E、F 两点，AO 是截面三角形的高，交 EF 于点 D，EF 为正方体的面对角线，即 $EF=\sqrt{2}a$. 由正方体得 $EF//BC$，所以 $\angle AEF=\angle B$，$\angle AFE=\angle C$，又因为 $\angle EAF=\angle BAC$，所以 $\triangle AEF\sim\triangle ABC$，则有 $\dfrac{EF}{BC}=\dfrac{AD}{AO}$，即 $\dfrac{\sqrt{2}a}{2\cdot 2}=\dfrac{\sqrt{2}-a}{\sqrt{2}}$，解得 $a=\dfrac{2\sqrt{2}}{3}$.

7. 解：由圆锥的母线与轴的夹角为 $30°$，圆锥的轴截面为等边三角形，且母线长为 12 cm，可得底面半径 $r=6$ cm，因此 $S_{圆锥侧}=\pi rl=\pi\times 6\times 12=72\pi(\text{cm}^2)$，$V_{锥体}=\dfrac{1}{3}Sh=\dfrac{1}{3}\times\pi\times 6^2\times 6\sqrt{3}=72\sqrt{3}\pi(\text{cm}^3)$.

7.2.3　球

【课堂基础训练】

一、选择题

1. C　解析：①错误，到定点的距离等于定长的点的集合是球面，②正确，③正确，

④正确，故选 C．

2．D　解析：过球面上任意两点，当这两点位于球的直径上时，可以作无数个大圆；当这两点不是位于球的直径上时，只可作 1 个大圆，故选 D．

3．B　解析：球的表面积公式 $S=4\pi R^2=4\pi \cdot 2^2=16\pi$，故选 B．

4．A　解析：由圆周长为 16π cm，可得所截圆的半径是 8 cm，所以球心到截面圆心的距离为 $\sqrt{10^2-8^2}=6$(cm)，故选 A．

5．C　解析：球面上两点 A、B 在球面上的最短距离是在该球面上 A、B 两点间一段劣弧的长，故选 C．

6．D　解析：设正方体的边长为 a，则正方体的内切球的半径为 $\dfrac{a}{2}$，正方体的外接球的半径为 $\dfrac{\sqrt{3}a}{2}$，因此内切球和外接球的半径之比为 $\sqrt{3}:3$，故选 D．

二、填空题

7．36π　解析：球的表面积 $S=4\pi R^2=36\pi$，因此球的半径 $R=\sqrt{\dfrac{36\pi}{4\pi}}=\sqrt{9}=3$，所以球的体积公式 $V=\dfrac{4}{3}\pi R^3=\dfrac{4}{3}\pi \cdot 3^3=36\pi$．

8．12π　解析：由正方体的体积为 8 得 $a^3=8$，解得 $a=2$，由此得正方体的体对角线长为 $\sqrt{3}a=2\sqrt{3}$，又因为正方体的对角线等于外接球的直径，所以 $2R=2\sqrt{3}$，解得 $R=\sqrt{3}$．所以球的表面积 $S=4\pi R^2=4\pi(\sqrt{3})^2=12\pi$．

9．12　解析：正方体的内切球的表面积为 2π，则内切球的半径为 $\dfrac{\sqrt{2}}{2}$，正方体的边长为 $\sqrt{2}$，所以正方体的表面积为 12．

10．$2\sqrt{2}$　解析：设球的半径为 R，则球的表面积为 $4\pi R^2$，球的体积为 $\dfrac{4}{3}\pi R^3$；如果球的表面积变为原来的 2 倍，则球的半径变为 $\sqrt{2}R$，得球的体积变为 $\dfrac{8\sqrt{2}}{3}\pi R^3$；所以体积变为原来的 $2\sqrt{2}$ 倍．

三、解答题

11．解：过球的半径中点作垂直于这条半径的截面，则球心到截面的距离为 $d=\dfrac{R}{2}=\dfrac{4}{2}=2$，由球的性质得截面的半径 $r=\sqrt{R^2-d^2}=\sqrt{4^2-2^2}=\sqrt{12}=2\sqrt{3}$．

12．解：据题意知，圆锥的高 $h=\sqrt{10^2-6^2}=8$(cm)．

圆锥的高为 8 cm，设圆锥内切球的半径为 r，在 △PBO_1 中，

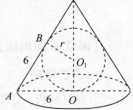

由勾股定理可得$(10-6)^2+r^2=(8-r)^2$,所以$r=3$(cm),所求球的表面积$S=4\pi r^2=4\pi\times 3^2=36\pi$(cm^2).

【课堂拓展训练】

一、选择题

1. C 解析:两个铁球的体积和为$2\cdot\frac{4}{3}\pi\cdot 2^3=\frac{64}{3}\pi$,因为两个球的体积之和与圆锥的体积一样,即$\frac{64}{3}\pi=\frac{1}{3}\pi\cdot 2^2 h$,解得$h=16$,故选 C.

2. A 解析:过球面上任意两点的截面圆中,大圆的面积最大,所以最大面积为$\pi R^2=\pi\cdot 3^2=9\pi$,故选 A.

3. D 解析:设小球的半径为R,则大球的半径为$3R$,所以小球的体积为$V=\frac{4}{3}\pi R^3$,大球的体积为$V=\frac{4}{3}\pi(3R)^3=\frac{108}{3}\pi R^3$,两球之比为$V=\dfrac{\frac{108}{3}\pi R^3}{\frac{4}{3}\pi R^3}=27:1$,故选 D.

二、填空题

4. 12 解析:由球的表面积为2π得$4\pi R^2=2\pi$,解得$R=\frac{\sqrt{2}}{2}$,又因为正方体的边长等于外内切球的直径,所以$a=2\cdot\frac{\sqrt{2}}{2}=\sqrt{2}$,所以正方体的表面积为$6a^2=6\cdot(\sqrt{2})^2=12$.

5. 1 或 7 解析:两个截面圆的面积分别是16π、9π,所以截面的半径分别为 4、3,若两个平行在圆心的一边,则两个平行平面间的距离等于各自到球心的距离之差的绝对值,即$d=|d_1-d_2|=|\sqrt{R^2-r_1^2}-\sqrt{R^2-r_2^2}|=|\sqrt{5^2-4^2}-\sqrt{5^2-3^2}|=|3-4|=1$;若两个平行在圆心的两边,则两个平行平面间的距离等于各自到球心的距离之和,即$d=d_1+d_2=\sqrt{R^2-r_1^2}+\sqrt{R^2-r_2^2}=\sqrt{5^2-4^2}+\sqrt{5^2-3^2}=3+4=7$.

三、解答题

6. 解:一个半圆的表面积为6π,所以其表面积$\pi R^2+\frac{1}{2}\cdot 4\pi R^2=3\pi R^2=6\pi$,解得$R=\sqrt{2}$,所以半圆的体积为$V=\frac{1}{2}\cdot\frac{4}{3}\pi R^3=\frac{2}{3}\pi(\sqrt{2})^3=\frac{4\sqrt{2}}{3}\pi$.

7. 解:设球的半径为R,由已知得$\frac{4}{3}\pi R^3=\frac{500}{3}\pi$,所以$R=5$,所以球的表面积为$S=4\pi R^2=4\pi\times 5^2=100\pi$.

69

7.3 简单几何体的三视图

【课堂基础训练】

一、选择题

1. C 2. D 3. B

二、填空题

4. 2π 解析：由题可知，空间几何体是圆锥体，其底面半径是 $r=1$，母线长是 $l=2$，则 $S_{圆锥侧}=\pi rl=\pi\times1\times2=2\pi$.

5. 正四棱锥

三、解答题

6. 解：由三视图可知，空间几何体是正方体与三棱柱的组合体，则 $V=V_{正方体}+V_{三棱柱}=1\times1\times1+\dfrac{1}{2}\times1\times1\times1=\dfrac{3}{2}$.

【课堂拓展训练】

一、选择题

1. C 2. D 3. D

二、填空题

4. 正方体和四棱锥.

5. $\sqrt{3}$ 解析：由三视图可知几何体为一个直三棱柱，底面三角形中，边长为 2 的边上的高为 a，则 $V=3\times\dfrac{1}{2}\times2\times a=3\sqrt{3}$，所以 $a=\sqrt{3}$.

三、解答题

6. 解：由三视图可知，空间几何体上底面为边长是 1 的正方形，下底面为边长为 2 的正方形，左侧面和后侧面为上底边是 1、下底边是 2、高是 2 的直角梯形，右侧面和前侧面为上底面是 1、下底边是 2、高是 $\sqrt{5}$ 的直角梯形，则几何体的表面积 $S=S_{上底面}+S_{下底面}+2S_{左侧面}+2S_{右侧面}=2\times2+1\times1+2\times\dfrac{1}{2}\times(2+1)\times2+2\times\dfrac{1}{2}\times(2+1)\times\sqrt{5}=11+3\sqrt{5}$.

第 7 章单元测试 A 卷答案

一、选择题

1. B 解析：四棱柱有 4 条体对角线.

2. D 解析：对角线为 $\sqrt{1^2+2^2+3^2}=\sqrt{14}$.

3. A　解析：由 $V_{柱体}=Sh$，得 $V_{直棱柱}=V_{斜棱柱}$.

4. B　解析：$S_{直棱柱侧}=ch=3\times2\times6=36$.

5. C　解析：①三角形的直观图是三角形，正确；②平行四边形的直观图是平行四边形，正确；③正方形的直观图是正方形，错误；④菱形的直观图是菱形，错误.

6. D　解析：几何体中平面数最少的是三棱锥.

7. B　解析：正四棱锥的底面是正方形.

8. C　解析：圆柱的底面周长 $c=\dfrac{S_{圆柱侧}}{h}=\dfrac{8\pi}{2}=4\pi$，圆柱的底面半径 $r=\dfrac{c}{2\pi}=2$.

9. D　解析：$V_{柱体}=Sh=\pi\times2^2\times4=16\pi$.

10. A　解析：圆锥的底面半径 $r=3$，故圆锥的底面直径是 6.

11. C　解析：$S_{圆锥侧}=\pi rl=\pi\times1\times2=2\pi(cm^2)$.

12. D　解析：$S_{球}=4\pi R^2=4\pi\times4^2=64\pi(cm^2)$.

13. C　解析：由 $V_{球}=\dfrac{4}{3}\pi R^3=36\pi$，得 $R=3$，故直径为 6.

14. B　解析：由题知 $2r=l$，$S_{圆柱侧}=2\pi rl=4\pi r^2$；$S_{圆柱全}=2\pi rl+2\pi r^2=6\pi r^2$. 故 $S_{圆柱侧}:S_{圆柱全}=2:3$.

15. D　解析：$S=\dfrac{1}{2}\times4\times(2+3)=10$.

二、填空题

16. 全等的矩形　解析：正棱柱的侧面都是全等的矩形.

17. $\sqrt{35}$　解析：对角线长 $\sqrt{1^2+3^2+5^2}=\sqrt{35}$.

18. 12　解析：$S_{正六棱柱侧}=ch=6\times1\times2=12$.

19. 2　解析：由 $V_{柱体}=Sh$，得 $S=\dfrac{V_{柱体}}{h}=\dfrac{32}{8}=4$，由正四棱柱底面是正方形得边长是 2.

20. (4，2)　解析：斜二测画法中，y 轴坐标是平面直角坐标系中 y 轴坐标的一半.

21. $4\sqrt{3}$　解析：$S_{正三棱锥}=4S_{侧}=4\times\sqrt{3}=4\sqrt{3}$.

22. $\dfrac{4\sqrt{2}}{3}$　解析：$V_{锥体}=\dfrac{1}{3}Sh=\dfrac{1}{3}\times2\times2\times\sqrt{2}=\dfrac{4\sqrt{2}}{3}$.

23. 4π　解析：$S_{圆柱侧}=2\pi rl=2\pi\times1\times2=4\pi$.

24. 5　解析：由 $V_{柱体}=Sh$ 得 $h=\dfrac{V_{柱体}}{S}=\dfrac{12\pi}{4\pi}=3$，故圆柱的轴截面对角线是 $\sqrt{3^2+4^2}=5$.

25. 16π　解析：圆柱的母线为 4，$V_{柱体}=Sh=\pi\times2^2\times4=16\pi$.

26. 2π　解析：$S_{圆锥侧}=\pi rl=\pi\times1\times2=2\pi$.

27. $\dfrac{\sqrt{3}\pi}{3}$　解析：由题知圆锥的高是 $\sqrt{3}$，$V_{圆锥体}=\dfrac{1}{3}Sh=\dfrac{1}{3}\times\pi\times1^2\times\sqrt{3}=\dfrac{\sqrt{3}\pi}{3}$.

28. 3∶1 解析：因为同底同高，由 $V_{柱体}=Sh$，$V_{锥体}=\dfrac{1}{3}Sh$，得 $V_{柱体}∶V_{锥体}=1∶\dfrac{1}{3}=$ 3∶1.

29. π 解析：由题知，球的半径 $R=\dfrac{1}{2}$，$S_{球}=4\pi R^2=4\pi\times\left(\dfrac{1}{2}\right)^2=\pi$.

30. 俯视图.

三、解答题

31. 解：由题意知，正四棱柱的底面边长是 4 cm，且侧棱长是 5 cm，

故正四棱柱的对角线的长是 $\sqrt{4^2+4^2+5^2}=\sqrt{57}$(cm)，

正四棱柱的侧面积 $S_{棱柱侧}=ch=4\times 4\times 5=80$(cm^2)，

因此正四棱柱的对角线的长是 $\sqrt{57}$ cm，侧面积是 80 cm^2.

32. 略

33. 解：设三棱锥 $A-A_1BD$ 的高为 h，

因为三棱锥 $A-A_1BD$ 与三棱锥 A_1-ABD 同体积，且 $S_{A_1BD}=\dfrac{\sqrt{6}}{4}$，$S_{ABD}=\dfrac{1}{2}$，

所以 $V_{A-A_1BD}=\dfrac{1}{3}S_{A_1BD}\times h=\dfrac{1}{3}S_{ABD}\times A_1A=\dfrac{1}{6}$，得 $h=\dfrac{\sqrt{6}}{3}$.

因此三棱锥 $A-A_1BD$ 的高是 $\dfrac{\sqrt{6}}{3}$，体积是 $\dfrac{1}{6}$.

34. 解：由题意知，正六棱锥的侧面△SBC 是等腰三角形，其 $BC=1$，$SB=SC=2$，

则 $SH=\sqrt{\left(\dfrac{1}{2}\right)^2+2^2}=\dfrac{\sqrt{17}}{2}$，$S_{棱锥侧}=\dfrac{1}{2}ch'=\dfrac{1}{2}\times 6\times 1\times\dfrac{\sqrt{17}}{2}=\dfrac{3\sqrt{17}}{2}$.

因此正六棱锥的斜高是 $\dfrac{\sqrt{17}}{2}$，侧面积是 $\dfrac{3\sqrt{17}}{2}$.

35. 解：由题意知，V_1 部分是圆锥，V_2 部分是半球减去圆锥，设 $OA=OB=r$，

则 $V_1=\dfrac{1}{3}Sh=\dfrac{1}{3}\pi r^3$，$V_2=\dfrac{1}{2}\times\dfrac{4}{3}\pi r^3-V_1=\dfrac{2}{3}\pi r^3-\dfrac{1}{3}\pi r^3=\dfrac{1}{3}\pi r^3$.

所以 $V_1∶V_2=1∶1$.

因此旋转体的体积 V_1 和 V_2 的比是 1∶1.

36. 解：由题意知，球的内接正方体的对角线等于球的直径，

所以边长是 $\dfrac{4\sqrt{3}}{3}$，得 $V_1=\left(\dfrac{4\sqrt{3}}{3}\right)^3=\dfrac{64\sqrt{3}}{9}$(cm^3).

球的外切正方体的边长是球的直径，

所以边长是 4 cm，得 $V_2=64$(cm^3).

因此球的内接正方体与外切正方体的体积比为 $\dfrac{\sqrt{3}}{9}$.

37. 解：由图可知，几何体由两部分组成，下半部分是边长为 4 的正方体，上半部分

是底面边长为 4，高为 2 的正四棱锥，

所以 $S_{几何体}=S_{正方体}+S_{正四棱锥侧}=4\times4\times5+\dfrac{1}{2}\times4\times4\times2\sqrt{2}=80+16\sqrt{2}$

$V_{几何体}=V_{正方体}+V_{正四棱锥}=4\times4\times4+\dfrac{1}{3}\times4\times4\times2=\dfrac{224}{3}$

因此几何体的表面积是 $80+16\sqrt{2}$，体积是 $\dfrac{224}{3}$.

第 7 章单元测试 B 卷答案

一、选择题

1. A　解析：棱柱分为直棱柱和斜棱柱，直棱柱是侧棱与底面垂直的棱柱，正棱柱是底面是正方形的直棱柱，故正棱柱⊆直棱柱⊆棱柱.

2. B　解析：因正四棱柱的底面是正方形，设边长是 a，则底面积是 a^2，由对角线：$l=\sqrt{a^2+b^2+c^2}$，得 $\sqrt{31}=\sqrt{a^2+a^2+9}$，解得 $a^2=\sqrt{11}$.

3. C　解析：因正三棱柱的底面边长是 2，可求得底面积是 $\sqrt{3}$，由 $V_{柱体}=Sh=\sqrt{3}\times3=3\sqrt{3}$.

4. C　解析：如果平行于 x 轴的边长是 2，则正方形边长是 2，面积是 4；如果平行于 y 轴的边长是 2，则正方形边长是 4，面积是 16.

5. D　解析：原图形中平行于 x 轴的线段，其对应线段平行于 x' 轴，长度不变，故选项 A 错误；原图形中平行于 y 轴的线段，其对应线段平行于 y' 轴，长度变为原来的一半，故选项 B 错误；在画与直角坐标系 xOy 对应的 $x'O'y'$ 时，$\angle x'O'y'$ 是 45°或 135°，故选项 C 错误；在画直观图时，由于选轴的不同，所得的直观图可能不同，故选项 D 正确.

6. C　解析：棱柱的对角线：不在同一平面上的两个顶点的连线.

7. A　解析：正六棱锥的底面为边长是 6 的正六边形，其面积是 $54\sqrt{3}$，由 $V_{锥体}=\dfrac{1}{3}Sh=\dfrac{1}{3}\times54\sqrt{3}\times5=90\sqrt{3}$.

8. B　解析：圆柱的底面积是 4π，则底面半径是 2，由 $S_{圆柱侧}=2\pi rl=2\pi\times2\times2=8\pi$.

9. A　解析：由题可知，圆柱体的底面半径是 1，母线长是 2，$V_{柱体}=Sh=\pi\times1^2\times2=2\pi$.

10. C　解析：$S_{圆锥侧}=\pi rl=\pi\times4\times5=20\pi$.

11. D　解析：由题可知，圆锥的底面半径是 1 cm，高是 $\sqrt{3}$ cm，$V_{锥体}=\dfrac{1}{3}Sh=\dfrac{1}{3}\times\pi\times1^2\times\sqrt{3}=\dfrac{\sqrt{3}\pi}{3}(\text{cm}^2)$.

12. C　解析：$S_{球}=4\pi R^2=4\pi\times2^2=16\pi(\text{cm}^2)$.

13. D　解析：由题意可知，正方体的边长是 3，则球的半径是 $\dfrac{3}{2}$，故 $V_{球}=\dfrac{4}{3}\pi R^3=$

$\dfrac{4}{3}\pi \times \dfrac{3}{2} \times \dfrac{3}{2} \times \dfrac{3}{2} = \dfrac{9\pi}{2}$.

14. A　解析：由题意可设，圆锥的底面半径与球的半径同为 R，圆锥的高是 R，则 $V_{锥体} = \dfrac{1}{3}Sh = \dfrac{1}{3} \times \pi R^2 \times R = \dfrac{1}{3}\pi R^3$，$V_{半球} = \dfrac{1}{2} \times \dfrac{4}{3}\pi R^3 = \dfrac{2}{3}\pi R^3$，故圆锥与半球的体积比是 $1:2$．

15. A　解析：由三视图可知几何体是四棱锥，底面积是 4，高是 2，则 $V_{锥体} = \dfrac{1}{3}Sh = \dfrac{1}{3} \times 4 \times 2 = \dfrac{4}{3}$．

二、填空题

16. 平行　解析：棱柱的上下底面相互平行．

17. 矩形　解析：正棱柱的侧面都是全等的矩形．

18. $6 + \dfrac{\sqrt{3}}{2}$　解析：$S_{直棱柱} = S_{直棱柱侧} + 2S_{底} = 1 \times 3 \times 2 + 2 \times \dfrac{\sqrt{3}}{4} = 6 + \dfrac{\sqrt{3}}{2}$．

19. $24\sqrt{3}$　解析：由题意可知，正六棱柱的底面边长是 2，则底面积是 $6\sqrt{3}$，故 $V_{柱体} = Sh = 6\sqrt{3} \times 4 = 24\sqrt{3}$．

20. $\sqrt{2}$　解析：假设直观图（1）所示，$OA' = 1$，则 $OB' = \sqrt{2}$，则平面图 $OA = 1$，则 $OB = 2\sqrt{2}$，故 $S_{\triangle OAB} = \sqrt{2}$；假设直观图（2）所示，$OB' = 1$，则 $OA' = \sqrt{2}$，则平面图 $OB = 2$，则 $OA = \sqrt{2}$，故 $S_{\triangle OAB} = \sqrt{2}$；综上所述平面图形的面积是 $\sqrt{2}$．

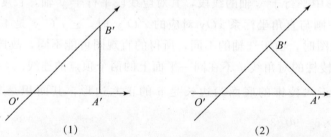

(1)　　　　(2)

21. 6　解析：由题意可知，正三棱锥的表面积由 4 个正三角形组成，则每个正三角形的面积是 2，故三棱柱侧面积是 $3 \times 2 = 6$．

22. $2\sqrt{2}$　解析：$V_{锥体} = \dfrac{1}{3}Sh = \dfrac{1}{3} \times 6 \times \sqrt{2} = 2\sqrt{2}$．

23. 16π　解析：由题意可知，圆柱的底面半径是 2，母线长是 4，$S_{圆柱侧} = 2\pi rl = 2\pi \times 2 \times 4 = 16\pi$．

24. $2\sqrt{3}$　解析：由题意可知，圆柱的底面直径是 $2\sqrt{2}$，母线长是 2，则圆柱的轴截面对角线是 $\sqrt{2(\sqrt{2})^2 + 2^2} = 2\sqrt{3}$．

25. 4　解析：由 $V_{柱体} = Sh$，得 $h = \dfrac{V_{柱体}}{S} = \dfrac{16\pi}{4\pi} = 4$．

26. 2π　**解析：** 由题意可知，圆锥的母线长是 2，则 $S_{圆锥侧}=\pi rl=\pi\times 1\times 2=2\pi$.

27. $2:3$　**解析：** 由题意可设圆锥的半径是 r，圆锥的母线长是 $2r$，则 $S_{圆锥侧}=\pi rl=2\pi r^2$，$S_{圆锥全}=\pi rl+\pi r^2=3\pi r^2$，故圆锥的侧面积与表面积之比为 $2:3$.

28. $1:2:3$　**解析：** 由题意可设同底同高的圆锥、半球、圆柱的半径是 R，高是 R，则 $V_{锥体}=\dfrac{1}{3}Sh=\dfrac{1}{3}\pi R^3$. $V_{半球}=\dfrac{1}{2}\times\dfrac{4}{3}\pi R^3=\dfrac{2}{3}\pi R^3$. $V_{柱体}=Sh=\pi R^3$. 故同底同高的圆锥、半球、圆柱的体积之比是 $1:2:3$.

29. 3π　**解析：** 由题意可知，球半径是 $\dfrac{\sqrt{3}}{2}$，则 $S_{球}=4\pi R^2=4\pi\left(\dfrac{\sqrt{3}}{2}\right)^2=3\pi$.

30. $\dfrac{4\,000\pi}{3}$　**解析：** 由题意可知，球半径 $R=\sqrt{8^2+6^2}=10$，则 $V_{球}=\dfrac{4}{3}\pi R^3=\dfrac{4}{3}\pi\times 10^3=\dfrac{4\,000\pi}{3}$.

三、解答题

31. **解：** 因为正三棱柱的底面为正三角形，故设边长是 a，

由正三角形面积公式 $S_{正三角形}=\dfrac{\sqrt{3}}{4}a^2$，

则 $S_{正三角形}=\dfrac{\sqrt{3}}{4}a^2=6\sqrt{3}$，得 $a=2\sqrt{6}$，

所以 $S_{柱侧}=ch=3\times 2\sqrt{6}\times 5=30\sqrt{6}$（cm²）；

$V_{柱体}=Sh=6\sqrt{3}\times 5=30\sqrt{3}$（cm³）.

因此正三棱柱的侧面积是 $30\sqrt{6}$ cm²；体积是 $30\sqrt{3}$ cm³.

32. 略.

33. **解：** 由题意可知，正六棱锥的底面是正六边形，

由正六边形面积公式 $S_{正六边形}=\dfrac{3\sqrt{3}}{2}a^2$（边长是 a），

得 $S_{正六边形}=\dfrac{3\sqrt{3}}{2}a^2=24\sqrt{3}$，

则 $V_{正六棱锥}=\dfrac{1}{3}Sh=\dfrac{1}{3}\times 24\sqrt{3}\times 3=24\sqrt{3}$.

因此正六棱锥的底面积是 $24\sqrt{3}$；体积是 $24\sqrt{3}$.

34. **解：** 由题意可知，三棱锥 $A-CB_1D_1$ 是棱长为 $\sqrt{2}$ 的正三棱锥，

则 $S_{正三棱锥}=4\times S_{正三角形}=4\times\dfrac{\sqrt{3}}{4}\times(\sqrt{2})^2=2\sqrt{3}$，

$V_{正三棱锥}=V_{正方体}-4\times V_{锥体_{A_1-AB_1D_1}}=1\times 1\times 1-4\times\dfrac{1}{3}\times\dfrac{1}{2}\times 1\times 1=\dfrac{1}{3}$（解法一），

$V_{正三棱锥}=\dfrac{1}{3}Sh=\dfrac{1}{3}\times\dfrac{\sqrt{3}}{4}a^2\times\dfrac{\sqrt{6}}{3}a=\dfrac{\sqrt{2}}{12}a^3=\dfrac{1}{3}$（解法二）.

注：正三棱锥棱长是 a，则正三棱锥的斜高是 $\frac{\sqrt{3}}{2}a$，正三棱锥的高是 $\frac{\sqrt{6}}{3}a$.

则正三棱锥的底面积是 $\frac{\sqrt{3}}{4}a^2$，正三棱锥的表面积是 $\sqrt{3}a^2$；正三棱锥的体积是 $\frac{\sqrt{2}}{12}a^3$.

35. 解：由题意可知，$V_Ⅰ$ 是圆锥体，$V_Ⅱ$ 是半球减去圆锥，$V_Ⅲ$ 是圆柱减去半球，

设 $OA=OB=r$，则 $V_Ⅰ=\frac{1}{3}Sh=\frac{1}{3}\times\pi r^2\times r=\frac{1}{3}\pi r^3$，

$V_Ⅱ=\frac{1}{2}\times\frac{4}{3}\pi r^3-V_Ⅰ=\frac{2}{3}\pi r^3-\frac{1}{3}\pi r^3=\frac{1}{3}\pi r^3$，

$V_Ⅲ=Sh-\frac{1}{2}\times\frac{4}{3}\pi r^3=\pi r^3-\frac{2}{3}\pi r^3=\frac{1}{3}\pi r^3$，故 $V_Ⅰ:V_Ⅱ:V_Ⅲ=1:1:1$.

因此旋转体的体积 $V_Ⅰ:V_Ⅱ:V_Ⅲ$ 比值是 $1:1:1$.

36. 解：由题意可知，正方体的边长是 a，则内切球的半径是 $\frac{a}{2}$，外接球的半径是

$\frac{\sqrt{3}a}{2}$，即 $V_{内切球}=\frac{4}{3}\pi R^3=\frac{1}{6}\pi a^3$，$V_{外接球}=\frac{4}{3}\pi R^3=\frac{4}{3}\pi\left(\frac{\sqrt{3}}{2}a\right)^3=\frac{\sqrt{3}}{2}\pi a^3$，则 $V_{内切球}:V_{外接球}=$

$\sqrt{3}:9$. 故正方体的内切球与外接球体积的比值是 $\frac{\sqrt{3}}{9}$.

37. 解：由三视图可知，该几何体为棱长为 4 的正三棱柱，

则 $S_{直棱柱表}=S_{直棱柱侧}+2S_{底面}=3\times4\times4+2\times\frac{1}{2}\times4\times2\sqrt{3}=48+8\sqrt{3}$，

$V_{柱体}=Sh=\frac{1}{2}\times4\times2\sqrt{3}\times4=16\sqrt{3}$，因此几何体的表面积是 $48+8\sqrt{3}$，体积是 $16\sqrt{3}$.

第8章 概率与初步统计

8.1 随机事件

8.1.1 随机事件的概念

【课堂基础训练】

一、选择题

1. D 解析：A、B、C 都为随机事件，导体通电必然发热，故 D 是必然现象. 故选 D.

2. C 解析：一次射击命中的环数可能为奇数也可能为偶数，所以一次射击命中的环数为{偶数环}为随机事件. 故选 C.

3. D 解析：从中取一个球，可能是白球也可能是黑球，所以从中取一个球，是白球是随机事件. 故选 D.

4．C　解析：乘公交车到十字路口，可能遇到红灯，可能遇到绿灯，可能遇到黄灯，所以遇到红灯是随机事件．故选 C．

5．B　解析：铁的密度大，肯定会沉下去，不可能浮起来．故选 B．

6．A　解析：一年 12 个月，任选 13 人，必然会至少有两人的出生月份相同．故选 A．

二、填空题

7．(1)(4)；(2)；(3)　解析：(1)4 件都是正品是随机事件．(2)至少一件正品．取 4 件，最多 3 件次品，至少得有一件正品，所以是必然事件．(3)没有正品．都次品只有 3 件，不够 4 件，所以是不可能事件．(4)至少一件次品．可能没次品也可能有次品，所以是随机事件．

8．随机；基本；B；C；D　解析：$A=\{$出现奇数点$\}$ 可能奇数也可能偶数，所以是随机事件，也是复合事件；$B=\{$出现 1 点$\}$，$C=\{$出现 3 点$\}$，$D=\{$出现 5 点$\}$，都是基本事件；A 是由 B、C、D 组成的复合事件．

9．不可能　解析：骰子只有 1 至 6 点，所以不可能投出 8 点．

10．随机　解析：实数 $a>b$，则可能 $a^2>b^2$，还可能 $a^2<b^2$ 或 $a^2=b^2$．

三、解答题

11．(1)不可能事件　解析：最小点 $1+1+1=3$，不可能是 2．

(2)随机事件　解析：三个都出现最小点时，有这种可能．

(3)必然事件　解析：都出现最小点时和为 3，其他情况更大，所以和肯定大于 2．

(4)必然事件　解析：三个都出现最大点时 $6+6+6=18$，所以和小于 19．

(5)随机事件　解析：三个都出现最大点时 $6+6+6=18$，有这种可能．

(6)不可能事件　解析：三个都出现最大点时 $6+6+6=18$，最大到 18，不可能大于 18．

(7)必然事件　解析：三个都出现最大点时 $6+6+6=18$，最大到 18，所以不大于 18 是必然事件．

(8)随机事件　解析：$1+1+5=7$；$2+1+4=7$；$2+2+3=7$……有出现的可能．

12．(1)必然事件　解析：抛出的铅球，由于有重力作用，必然会向下运动．

(2)不可能事件　解析：三角形内角和 $180°$，所以不可能出现 $360°$．

(3)随机事件　解析：买到的电影票座位号可能单号可能双号．

(4)必然事件　解析：$x^2 \geqslant 0$，所以 $x^2+1 \geqslant 1$ 必是正数．

(5)随机事件　解析：投掷硬币时可能国徽面向上，也可能数字面向上．

(6)不可能事件　解析：太阳永远是从东方升起来．

【课堂拓展训练】

一、选择题

1．A　解析：每种花色只有 13 张，不可能都是黑桃．B 为不可能事件；C、D 为随机事件．故选 A．

2．C　解析：两枚骰子的点数之和为 2，3，4，…，12 共 11 种基本事件．故选 C．

3.C 解析：一个随机事件 $A=\{\omega_1,\omega_2\}$ 发生的充要条件是 ω_1、ω_2 中有一个发生. 故选 C.

4.C 解析：D314 次动车明天可能正点也可能不是正点到达北京，所以是随机事件. 故选 C.

5.D 解析：有放回地摸出两个小球，则两次摸到编号相同的小球的事件中含(1，1)、(2，2)、(3，3)、(4，4). 故选 D.

6.C 解析：a，b 两个小球可能在同一个盒子中也可能不在同一盒子中，所以是随机事件. 故选 C.

二、填空题

7.8 解析：连续抛掷三枚硬币的试验，有八种试验结果(正，正，正)(正，正，反)(正，反，正)(反，正，正)(正，反，反)(反，正，反)(反，反，正)(反，反，反).

8.$\{1,2\}$，$\{1,3\}$，$\{1,4\}$，$\{2,3\}$，$\{2,4\}$，$\{3,4\}$ 解析：从 1、2、3、4 这四个数中，任选 2 个数组成集合，会有 6 种不同组合.

9.$\Omega=\{0,1,2,3\}$ 解析：从一批含有次品的产品中任取 3 件进行检验，出现次品数量可能没有次品；可能一件、两件、最多三件都是次品.

10. 复合事件 解析：提问奇数号同学可能 1、3、5、…、49，包含 25 个基本事件.

三、解答题

11. 解析：将一枚质地均匀的硬币抛掷两次，可能出现四种结果，该试验中的样本空间 $\Omega=\{(正，反),(正，正),(反，正),(反，反)\}$；

A 表示"第一次抛币出现正面"，第二次会有两种结果 $A=\{(正，反),(正，正)\}$；B 表示"第二次抛币出现正面"，第一次有两种结果，所以 $B=\{(正，正),(反，正)\}$.

C 表示"两次抛币至少出现一次正面"，可以第一次正，也可第二次正，还可两次都正．$C=\{(正，反),(反，正),(正，正)\}$；D 表示"两次抛币恰有一次出现正面"，第一次正面或第二次正面，所以 $D=\{(正，反),(反，正)\}$.

12. 解析：(1)写出下列事件的样本空间：
①从中任意摸出一张，1、2、3、4、5 都有可能被摸到．$\Omega=\{1,2,3,4,5\}$.
②摸到奇数号卡片，只能摸到 1、3、5.$\Omega=\{1,3,5\}$.
③摸到的卡片号是 5 的倍数，只能摸到 5.$\Omega=\{5\}$.
④摸到的卡片号可写为一个整数的平方，1 和 4 都可以．$\Omega=\{1,4\}$.

(2)根据基本事件复合事件的定义可得①②④为复合事件，③为基本事件.

8.1.2 频率与概率

【课堂基础训练】

一、选择题

1.C 解析：合格率应≤100%；铁的熔点 1 538°；将一实心铁球抛到湖里，它沉入湖底是必然事件,所以概率为1;概率是个常数,频率是个波动数值,有时与概率相等,有时不等.故选C.

2. D　解析:由概率的定义可知:对于任意事件A,都有$0\leqslant P(A)\leqslant 1$.故选D.

3. B　解析:必然事件的概率为1,A、C、D都是随机事件,只有B异性电荷相互吸引是必然事件,故选B.

4. A　解析:家庭人口数为3人的有45人,所以频数为45,频率为$\dfrac{45}{50}=0.9$.故选A.

5. A　解析:由概率的定义可知:不可能事件的概率为0,即$P(\Phi)=0$.故选A.

6. B　解析:在相同条件下进行n次试验,事件A发生的次数$m(0\leqslant m\leqslant n)$称为事件$A$发生的频数,比值$\dfrac{m}{n}$称为事件$A$发生的频率.$\dfrac{18}{60}=0.3$.故选B.

二、填空题

7. 相同　解析:当试验的次数n充分大时,频率总在某个稳定值附近波动,在大量重复试验的前提下这个稳定值可近似地作为这个事件的概率.相同条件下进行的多次试验相当于大量重复试验.

8. 频数;频率　解析:由频数与频率定义:在相同条件下进行n次试验,事件A发生的次数$m(0\leqslant m\leqslant n)$称为事件$A$发生的频数,比值$\dfrac{m}{n}$称为事件$A$发生的频率.47是此次试验出现"反面朝上"的频数,0.47是此次试验"反面朝上"发生的频率.

9. 3 000　解析:设需栽种香樟树大约是x株,则$\dfrac{2\,850}{x}=95\%$,解得$x=3\,000$.

10. $\dfrac{1}{2}$　解析:0,1,2,3,…,9这十个数中奇数偶数各五个,$P(A)=\dfrac{5}{10}=\dfrac{1}{2}$.

三、解答题

11. 解析:(1)收视频率$\dfrac{m}{n}$,分别计算可得:0.501,0.498,0.510,0.508,0.499.

(2)0.5.收视频率稳定在0.5附近,所以估计概率为0.5.

12. 解析:(1)击中靶心频率$\dfrac{m}{n}$,用击中靶心次数m除以射击次数n分别计算可得这名运动员击中靶心频率为0.8,0.95,0.88,0.92,0.89,0.904.

(2)击中靶心的频率稳定在0.5附近,所以估计概率为0.5.

【课堂拓展训练】

一、选择题

1. D　解析:由公式:频率$=\dfrac{\text{频数}}{\text{总次数}}$,所以当频数一定时,频率与总次数成反比,故选D.

2. A　解析:$n=40$,故$\dfrac{m}{40}=0.15$,解得$m=6$.故选A.

3. B 解析：在一副(54张)扑克牌中，A有四张，$\frac{4}{54}=\frac{2}{27}$. 故选B.

二、填空题

4. 28；0.56 解析：小杰得了28票，则小杰得票数的频数是28，频率是$\frac{28}{50}=0.56$.

5. 0.04；80 解析：从2 000个灯泡中随机抽查了100个，其中有4个不合格，则出现不合格灯泡的频率是$\frac{4}{100}=0.04$，在这2 000个灯泡中，估计有2 000×0.04＝80(个)不合格产品.

三、解答题

6. 解析：(1)进球频率$\frac{m}{n}$，分别用进球次数m除以投篮次数n可得：0.75，0.8，0.8，0.85，0.83，0.8，0.76. 将这些数字填入表中即可.

(2)进球频率稳定在0.8附近，所以这位运动员投篮一次，进球的概率大约是0.8.

8.2　古典概型

【课堂基础训练】

一、选择题

1. A 解析：古典概型的两个特性：有限性和等可能性.(1)(2)都符合，(3)从一副花色都朝上的扑克牌中拿出大、小王. 对于每张牌取到的概率不相等. 不符合古典概型的定义. 故选A.

2. B 解析：射击靶是0，1，2，3，…，10环，11种结果. 故选B.

3. A 解析：不大于3的点数是1、2、3，故$n=6$，$m=3$，$\frac{m}{n}=\frac{1}{2}$. 故选A.

4. C 解析：三个大小相同、质地均匀的小球，从中取一个球，是白球属古典概型，故选C.

5. A 解析：从中任意抽取一张，属古典概型，故选A.

6. D 解析：$n=400$，$m=400-160=240$，$\frac{m}{n}=\frac{240}{400}=\frac{3}{5}$，故选D.

7. C 解析：该试验中的样本空间$\Omega=\{(正，反)，(正，正)，(反，正)，(反，反)\}$；其中(正，反)，(反，正)符合，所以概率为$\frac{2}{4}=\frac{1}{2}$. 故选C.

8. D 解析：$n=11$，$m=4$，$\frac{m}{n}=\frac{4}{11}$. 故选D.

9. B 解析：$n=20$，$m=3$，$\frac{m}{n}=\frac{3}{20}$. 故选B.

10. D 解析：以M中的任意一个数字作为横坐标，在N中都有8个数字与其对应，故共有 9×8＝72(个)，故选 D.

二、填空题

11. 概率　解析：随机事件的概率的定义．

12. 1　解析：出现正面或反面是必然事件，所以概率为1.

13. $\dfrac{1}{3}$　解析：每个点数出现概率均等，都为 $\dfrac{1}{6}+\dfrac{1}{6}=\dfrac{2}{6}=\dfrac{1}{3}$．

14. $\dfrac{3}{4}$　解析：$n=20$，$m=15$，$\dfrac{m}{n}=\dfrac{15}{20}=\dfrac{3}{4}$．

15. $\dfrac{7}{10}$　解析：$n=10$，$m=2+5=7$，$\dfrac{m}{n}=\dfrac{7}{10}$．

16. $\dfrac{1}{6}$　解析：单词由12个字母组成，A出现2次，得到字母A的概率为 $\dfrac{2}{12}=\dfrac{1}{6}$．

三、解答题

17. 0.001 6　解析：$n=10\,000$，$m=1+5+10=16$，小李买一张彩票，中奖的概率是 $\dfrac{m}{n}=\dfrac{16}{10\,000}=0.001\,6$．

18. (1) $\dfrac{1}{6}$　解析：古典概型 $n=6$，$m=1$，$\dfrac{m}{n}=\dfrac{1}{6}$．

(2) 1　解析：出现"点数1、2、3、4、5、6之一"是必然事件；所以概率等于1．

(3) $\dfrac{1}{3}$　解析：点数小于3，包括1、2，所以概率为 $\dfrac{m}{n}=\dfrac{2}{6}=\dfrac{1}{3}$．

(4) $\dfrac{1}{2}$　解析：点数是2、4、6的概率都是 $\dfrac{1}{6}$，$\dfrac{1}{6}+\dfrac{1}{6}+\dfrac{1}{6}=\dfrac{1}{2}$．

19. 0.6　解析：射击十次 $n=10$，不小于8环也就是8，9，10环，6次符合 $m=6$，$\dfrac{m}{n}=\dfrac{6}{10}=\dfrac{3}{5}=0.6$．

20. (1) 36　解析：(1，1)、(1，2)、(1，3)、(1，4)、(1，5)、(1，6)、(2，1)、(2，2)、…、(6，5)、(6，6)，共 6×6＝36(种)不同的结果；

(2) 6　解析：(1，6)、(2，5)、(3，4)、(4，3)、(5，2)、(6，1)共6种；

(3) $\dfrac{1}{6}$　解析：$n=36$，$m=6$，$\dfrac{m}{n}=\dfrac{6}{36}=\dfrac{1}{6}$．

(4) $\dfrac{1}{2}$　解析：$n=36$，出现的点数之和为奇数可以一枚是奇数点，一枚是偶数点，3×3+3×3=18，$m=18$，$\dfrac{m}{n}=\dfrac{18}{36}=\dfrac{1}{2}$．

【课堂拓展训练】

一、填空题

1. $\dfrac{3}{4}$　解析：抛两枚硬币共有(正，反)、(正，正)、(反，正)、(反，反)4种结果，

81

其中至少出现一次正面有(正，反)，(正，正)，(反，正)3种结果，故概率为$\dfrac{3}{4}$.

2. 相等　解析：奇数点朝上的概率与偶数点朝上的概率都为$\dfrac{1}{2}$.

3. $\dfrac{1}{4}$　解析：将三个不同颜色的小球放入两个不同的盒子，分为两种情况：一种是三球在一盒，有2种放法；另一种是两球一盒，另一球一盒，有6种放法，故共有8不同的放法. 因此$n=8$，$m=2$，解得概率为$\dfrac{1}{4}$.

4. $\dfrac{1}{10}$　解析：两位数共有90个，其中个位数是5的两位数有9个.

5. $\dfrac{1}{2}$　解析：抛掷三枚硬币的试验包含的基本事件总数为8，而至多出现一次正面向上的事件包含(正，反，反)，(反，正，反)，(反，反，正)，(反，反，反)共4个基本事件，故概率为$\dfrac{1}{2}$.

6. $\dfrac{1}{6}$　解析：甲、乙、丙三人排队共有甲乙丙、甲丙乙、乙甲丙、乙丙甲、丙甲乙、丙乙甲6种排法，而由高到低只是其中的一种情况，故概率为$\dfrac{1}{6}$.

二、解答题

7. (1)11　解析：(1,3)、(1,4)、(2,3)、(2,4)、(3,3)、(3,4)、(3,1)、(3,2)、(4,1)、(4,2)、(4,3)共11个；

(2)$\dfrac{2}{11}$　解析：出现横坐标与纵坐标均为偶数的点包括(2,4)，(4,2). $n=11$，$m=2$，解得概率为$\dfrac{2}{11}$.

8. $\dfrac{1}{6}$　解析：第一次取有4种取法，第二次则从剩下的3个数中取一个，有3种取法，故共有$4\times3=12$(种)结果，分别为(0,1)、(0,2)、(0,3)、(1,0)、(1,2)、(1,3)、(2,0)、(2,1)、(2,3)、(3,0)、(3,1)、(3,2). 即$n=12$，而$m=2$，故概率为$\dfrac{1}{6}$.

9. 10　解析：$n=5+k$，$m=2+k$，故$\dfrac{2+k}{5+k}=\dfrac{4}{5}$，解得$k=10$.

10. 解析：(1)$\dfrac{1}{36}$；点数之和为12的事件只包含(6,6)一个基本事件，故$n=36$，$m=1$，因此概率为$\dfrac{1}{36}$.

(2) $\dfrac{1}{9}$；点数之积为 12 的事件包含(2，6)、(3，4)、(4，3)、(6，2)共 4 个基本事件，故 $n=36$，$m=4$，因此概率为 $\dfrac{1}{9}$．

(3) $\dfrac{1}{6}$．点数之差的绝对值比 3 大的事件包含(1，5)、(1，6)、(2，6)、(5，1)、(6，1)、(6，2)共 6 个基本事件，故 $n=36$，$m=6$，因此概率为 $\dfrac{1}{6}$．

8.3 概率的简单性质

【课堂基础训练】

一、选择题

1. A 解析：在一次试验中，不可能同时发生的两个事件为互斥事件．"甲为一辩手"与"乙为一辩手"不可能同时发生，故选 A．

2. D 解析：A、B、C 都是不能同时发生的，都是互斥事件．"随机抽取一个号码为 3"与"随机抽取一个号码为奇数"能同时发生，抛掷一枚骰子，出现奇数点的概率不是互斥事件．故选 D．

3. C 解析：出现乙级产品和出现丙级产品是互斥事件，故利用概率加法公式求解．故选 C．

4. D 解析：抛掷一枚骰子，出现奇数点 1，3，5，出现偶数点 2，4，6 的概率都是 $\dfrac{3}{6}=\dfrac{1}{2}$．故选 D．

5. A 解析：随机抽出一个，不是红球那就是黄、白球，$\dfrac{1}{3}+\dfrac{1}{3}=\dfrac{2}{3}$．故选 A．

6. B 解析：$n=100$，中一等奖、二等奖都是中奖，$m=1+10=11$，$\dfrac{m}{n}=\dfrac{11}{100}$．故选 B．

二、填空题

7. $\dfrac{2}{3}$ 解析：抛掷一颗质地均匀的骰子，出现点数为奇数或 2 包括出现 1，2，3，5，所以概率为 $\dfrac{4}{6}=\dfrac{2}{3}$．

8. 0.7 解析：乘火车、轮船、汽车、飞机是互斥的，故利用概率加法公式：$0.3+0.4=0.7$．

9. $\dfrac{3}{4}$ 解析：在这个试验中，一共有四个基本事件，分别是(正，正)、(正，反)、(反，正)、(反，反)，并且这四个事件出现的可能性是相同的，根据古典概型的概率的计算公式，可得正面至少出现一次的概率为 $\dfrac{3}{4}$.

10. $\dfrac{1}{36}$　解析：抛掷每一枚骰子，都有 1 点，2 点，3 点，4 点，5 点和 6 点 6 个基本事件，所以由分步计数原理可得连续抛掷三枚质地均匀的骰子，一共有 6×6×6＝216（个）基本事件，点数相同的基本事件有（1，1，1）、（2，2，2）、（3，3，3）、（4，4，4）、（5，5，5）、（6，6，6）共 6 个，所以出现的点数相同的概率是 $\dfrac{6}{216}=\dfrac{1}{36}$.

三、解答题

11. 解析：(1)取出蓝色笔是取出红色笔或黑色笔的反面，而取出红色笔和取出黑色笔是互斥事件，可利用概率加法公式求得取出红色笔或黑色笔的概率为 0.7，故取出蓝色笔的概率为 1－0.7＝0.3；(2)23÷0.46＝50（支）.

12. 解析：(1)选出甲和乙的概率都是 $\dfrac{1}{3}$，所以答案是 $\dfrac{2}{3}$.

(2)抛掷一枚骰子，出现不是 2 的偶数点即出现 4 点或 6 点，所以出现不是 2 的偶数点的概率为 $\dfrac{2}{6}$ 即 $\dfrac{1}{3}$，出现奇数点的概率 $\dfrac{3}{6}$ 即 $\dfrac{1}{2}$，所以答案是 $\dfrac{1}{3}+\dfrac{1}{2}=\dfrac{5}{6}$.

(3)一副扑克牌有 54 张，抽到 A 的概率是 $\dfrac{4}{54}=\dfrac{2}{27}$，抽到大小王的概率是 $\dfrac{2}{54}=\dfrac{1}{27}$，所以答案是 $\dfrac{2}{27}+\dfrac{1}{27}=\dfrac{1}{9}$.

(4)出现奇数的概率是 $\dfrac{3}{6}$ 即 $\dfrac{1}{2}$，出现大于 2 的数的概率是 $\dfrac{4}{6}$ 即 $\dfrac{2}{3}$，但卡片上出现奇数和出现大于 2 的数不是互斥事件，不能用互斥事件的加法公式，卡片上出现奇数或出现大于 2 的数包括 1，3，4，5，6 共 5 个基本事件，根据古典概型的概率计算公式，概率为 $\dfrac{5}{6}$.

【课堂拓展训练】

一、选择题

1. C　解析：至少有 1 次投中包括一次投中和两次投中，就不包括 2 次都投不中．故选 C.

2. D　解析：一副不含大、小王的扑克牌共 52 张牌，K 或 Q 各 4 张，n＝52，m＝4+4＝8，所以概率为 $\dfrac{m}{n}=\dfrac{8}{52}=\dfrac{2}{13}$. 故选 D.

3. A　解析：事件 A 不发生的事件是事件 A 发生的反面，1－0.65＝0.35．故选 A.

二、填空题

4. $\dfrac{1}{6}$　解析：甲输棋是甲没输棋的反面，而甲没输棋是甲、乙下成"和棋"和甲获胜的和事件，且它们互斥，故甲输棋的概率为 $1-\left(\dfrac{1}{2}+\dfrac{1}{3}\right)=\dfrac{1}{6}$.

5. 0.2；0.6　　解析：铁饼落在 3 m 或 6 m 附近的概率为 $0.1+0.1=0.2$；铁饼没有落在 5 m 附近的概率为 $1-0.4=0.6$.

三、解答题

6. 解析：(1)0.54；一次射击命中 10 环或 9 环是一次射击命中 10 环和命中 9 环的和事件，且它们互斥，故利用概率加法公式求解 $0.26+0.28=0.54$；

(2)0.73。一次射击命中不低于 8 环是命中 10 环、9 环和 8 环的和事件，且它们两两互斥，故利用概率加法公式求解 $0.26+0.28+0.19=0.73$.

8.4　抽样方法

【课堂基础训练】

一、选择题

1. C　　解析：样本所含个体的数目叫作样本容量，由此定义可知 30 是样本容量，故选 C.

2. D　　解析：这道题考查总体、个体、样本、样本容量的概念，由定义知：总体是 20 000 名学生的身高，所以 A 不对；每个学生的身高是个体，所以 B 不对；500 名学生身高是抽取的一个样本，所以 C 不对，故选 D.

3. A　　解析：简单随机抽样的特点是等概率抽样，故选 A.

4. C　　解析：样本总容量是 200，编号最大到 200，而 307 不在此范围内，故选 C.

5. D　　解析：由系统抽样可知：分段间隔 $k=\dfrac{N}{n}=\dfrac{50}{5}=10$，把总体分成均衡的若干部分，每部分分段间隔都相等，在本题中样本编号之间相差就应该是 10，只有 D 符合，故选 D.

6. A　　解析：在分层抽样中需要计算样本容量与总体个数的比值，即 $\dfrac{13}{52}=\dfrac{1}{4}$，则男生抽取人数为 $20\times\dfrac{1}{4}=5$，女生抽取人数为 $32\times\dfrac{1}{4}=8$，所以男生抽取 5 人，女生抽取 8 人，故选 A.

7. C　　解析：从 2 003 个个体中抽取 100 个样本，每个个体被抽到的概率都相等，均为 $\dfrac{100}{2\ 003}$.

8. C　　解析：A 的总体容量较大，宜采用系统抽样方法；B 的总体容量较小，用简单随机抽样法比较方便；C 总体容量较大，且各类田地的产量差别很大，宜采用分层抽样方法；D 与 B 类似总体容量较小，用简单随机抽样法比较方便．故选 C.

9. D　　解析：由分层抽样的定义得应抽取 20～30 岁的人数为 $200\times 45.5\%=91$. 故

选 D.

10. C 解析：分层抽样中，分层抽取时都按相同的抽样比 $\dfrac{n}{N}$ 来抽取，本题中抽样比为 $\dfrac{20}{40+10+30+20}=\dfrac{1}{5}$，因此植物油类应抽取 $10\times\dfrac{1}{5}=2$（种），果蔬类食品应抽 $20\times\dfrac{1}{5}=4$（种），因此从植物油类和果蔬类食品中抽取的种数之和为 $2+4=6$. 故选 C.

二、填空题

11. 总体 解析：本题考的是总体的概念，在统计中，所研究对象的全体叫作总体.

12. 5 解析：由系统抽样法定义知：用系统抽样抽取容量为 n 的样本，将总体平均分成 n 段，本题的样本容量是 5，所以要分成 5 段.

13. 14，32，50 解析：根据系统抽样的定义，抽样间距为 9，样本中含有编号为 5 的学生，则应抽取的学生的编号为 5，14，23，32，41，50，故应填 14，32，50.

14. 12 解析：抽取女运动员的人数为 $\dfrac{98-56}{98}\times 28=12$.

15. 分层抽样 解析：根据题干中有大量客户，且不同年龄段客户对其服务的评价有较大差异，可知最合适的抽样方法是分层抽样.

16. 6，30，10 解析：三种型号的轿车共 9 200 辆，抽取样本为 46 辆，则按 $\dfrac{46}{9\ 200}=\dfrac{1}{200}$ 的比例抽样，所以依次应抽取 $1\ 200\times\dfrac{1}{200}=6$（辆），$6\ 000\times\dfrac{1}{200}=30$（辆），$2\ 000\times\dfrac{1}{200}=10$（辆）.

三、解答题

17. 解：利用抽签法，步骤如下：

(1)将 30 辆汽车编号，号码是 01，02，…，30；

(2)将号码分别写在一张纸条上，揉成团，制成号签；

(3)将得到的号签放入一个不透明的袋子中，并搅拌均匀；

(4)从袋子中依次抽取 3 个号签，并记录上面的编号；

(5)所得号码对应的 3 辆汽车就是要抽取的对象.

18. 解：先抽取普通工人.

(1)将 1 001 名普通工人用随机方式编号；

(2)从总体中剔除 1 人(剔除方法可用随机数表法)，将剩下的 1 000 名工人重新编号(分别为 0001，0002，…，1000)，并平均分成 40 段，其中每一段包含 $\dfrac{1\ 000}{40}=25$ 个个体；

(3)在第一段 0001，0002，…，0025 这 25 个编号中用简单随机抽样法抽出一个(如 0003)作为起始号码；

(4)将编号为 0003，0028，0053，…，0978 的个体抽出；

再抽取高级工程师.

(5)将 20 名高级工程师用随机方式编号为 1，2，…，20；

(6)将这20个号码分别写在大小、形状相同的小纸条上，揉成小球，制成号签；

(7)将得到的号签放入一个不透明的容器中，充分搅拌均匀；

(8)从容器中逐个抽取4个号签，并记录上面的编号；

(9)从总体中将与所抽号签的编号相一致的个体取出.

以上得到的个体便是代表队成员.

19.解：(1)由 $\dfrac{x}{1\,000}=0.15$，得 $x=150$.

(2)因为第一车间的工人数是 $173+177=350$，第二车间的工人数是 $100+150=250$，所以第三车间的工人数是 $1\,000-350-250=400$.

设应从第三车间抽取 m 名工人，则由 $\dfrac{m}{400}=\dfrac{50}{1\,000}$，得 $m=20$. 所以应在第三车间抽取20名工人.

20.解：因为样本容量与职工总人数的比为 $20:160=1:8$，所以业务员、管理人员、后勤服务人员抽取的人数分别为 $\dfrac{120}{8}=15$，$\dfrac{16}{8}=2$，$\dfrac{24}{8}=3$.

即分别抽取15人、2人和3人.

分层抽样步骤：

①确定抽样比为 $\dfrac{1}{8}$；

②按比例分配各个层所要抽取的个体数，每一层抽取时，可以采用简单随机抽样或系统抽样；

③再将各层抽取的个体合在一起，就是要抽取的样本.

【课堂拓展训练】

一、填空题

1.分层抽样法，简单随机抽样法.

2.86　**解析**：样本间隔为 $90\div 9=10$，设第一个编号为 x，因为编号为36的产品在样本中，所以 $36=3\times 10+x$. 则第一个编号为6，则最大的编号为 $6+8\times 10=86$.

3.12　**解析**：采用系统抽样的方法，从840人中抽取42人，则分段间隔为20，所以从编号落在区间[481，720]内的240人中抽取 $\dfrac{240}{20}=12$(人).

4.7 500　**解析**：由题意，其他年级抽取 $500-200-100=200$ 人，设该校学生总人数为 x，则由分层抽样可得 $\dfrac{200}{3\,000}=\dfrac{500}{x}$，解得 $x=7\,500$.

5.4 800　**解析**：样本容量为80，其中有50件甲型号产品，乙型号产品总数为1 800，可得抽样比为 $\dfrac{80-50}{1\,800}=\dfrac{1}{60}$，该批次产品总数为 $\dfrac{80}{\dfrac{1}{60}}=4\,800$.

6.15　**解析**：在分层抽样中，按照抽样比计算 $50\times\dfrac{3}{3+3+4}=15$，所以高二年级抽取

87

15 名学生.

二、解答题

7. 解：第一步，将 32 名男生从 00 到 31 进行编号；

第二步，用相同的纸条制成 32 个号签，在每个号签上写上这些编号；

第三步，将写好的号签放在一个容器内摇匀，不放回地逐个从中抽出 10 个号签；

第四步，相应编号的男生参加合唱；

第五步，用相同的办法从 28 名女生中选出 8 名，则此 8 名女生参加合唱.

8. 解：因为北乡有 8 758 人，西乡有 7 236 人，南乡有 8 356 人，现要按人数多少从三乡共征集 378 人，故需从西乡征集的人数是 $378 \times \dfrac{7\ 236}{8\ 758 + 7\ 236 + 8\ 356} \approx 112$.

9. 解：(1) 分层抽样是按各层相关人数和抽取人数的比例进行的，所以有：$\dfrac{3}{54} = \dfrac{1}{x}$，$x = 18$，$\dfrac{3}{54} = \dfrac{y}{36}$，$y = 2$，故 $x = 18$，$y = 2$.

(2) 总体容量和样本容量较小，所以应采用抽签法，过程如下：

第一步：将 36 人随机编号，号码为 1，2，3，…，36；

第二步：将号码分别写在相同的纸片上，揉成团，制成号签；

第三步：将号签放入一个不透明的容器中，充分搅匀，依次抽取 2 个号码，并记录上面的编号；

第四步：把与号码相对应的人抽出，即可得到所要的样本.

10. 解：(1) 系统抽样.

(2) 本题是对某村各户进行抽样，而不是对某村人口抽样，抽样间隔为 = 10，其他步骤相应改为确定随机数字：取一张人民币，编码的最后一位数为 2（或其他 0～9 中的一个）；确定第一样本户：编号为 2 的户为第一样本户；确定第二样本户：2 + 10 = 12，编号为 12 的户为第二样本户；……

(3) 确定随机数字用的是简单随机抽样，取一张人民币，编码的最后一位数为 2.

8.5 统计图表

【课堂基础训练】

一、选择题

1. A 解析：本题考查的知识点是频率分布直方图，纵坐标表示频率与组距的比值，各个矩形的面积等于相应各组的频率. 所以 A 不正确，故选 A.

2. B 解析：本题考查的是频率的计算；频率 $= \dfrac{\text{频数}}{\text{样本容量}} = \dfrac{2+3+4}{20} = 0.45$，故选 B.

3. B 解析：由频率公式：组距 $\times \dfrac{\text{频率}}{\text{组距}} = $ 频率可以计算出第三组的频率为 1 − (0.1 +

$0.04)\times5=0.3$,所以第三组的频数为 $100\times0.3=30$. 故选 B.

4. B　解析：因为小长方形的面积即为对应的频率,所以时速在 $[50,60)$ 内的频率为 0.2,所以 $200\times0.2=40$(辆). 故选 B.

5. A　解析：由表可知,第 3 组的频率为 $\frac{14}{100}=0.14$,累积频率为 $\frac{10+13+14}{100}=0.37$. 故选 A.

6. C　解析：由题图甲可知学生总人数是 $10\,000$,样本容量为 $10\,000\times2\%=200$,抽取的高中生人数是 $2\,000\times2\%=40$,由题图乙可知高中生的近视率为 50%,所以高中生的近视人数为 $40\times50\%=20$. 故选 C.

7. C　解析：由组距的计算方法：组距 $d\geqslant\frac{极差}{组数}=\frac{b-a}{m}$ 的最小整数,得 $\frac{98-52}{8}=5\frac{3}{4}$,比 $5\frac{3}{4}$ 大的最小整数为 6. 故选 C.

8. A　解析：由频率分布直方图值：12 时至 16 时的频率为 $(0.100+0.125)\times2=0.45$,10 时至 12 时的频率为 $0.150\times2=0.30$.

10 时至 12 时的销售额 $\frac{90}{0.45}\times0.30=60$(万元).

故选 A.

9. C　解析：本题考查的是频率的计算；频率 $=\frac{频数}{样本容量}=\frac{13+24+15}{100}=0.52$,故选 C.

10. B　解析：由频率分布直方图可知时速在 $[60,70)$ 的频率为 0.4,所以频数为 $100\times0.4=40$,故选 B.

二、填空题

11. 0.1　解析：频率 $=\frac{5}{50}=0.1$.

12. 22　解析：极差 $=$ 最大值 $-$ 最小值 $=143-121=22$.

13. 12　解析：由组距的计算方法：组距 $d\geqslant\frac{极差}{组数}=\frac{b-a}{m}$ 的最小整数,得 $\frac{120-31}{8}=11\frac{1}{8}$,比 $11\frac{1}{8}$ 大的最小整数为 12.

14. 72　解析：由所给图形,可知员工中年薪在 10 万～12 万元的频率为 $1-(0.02+0.08+0.08+0.10+0.10)\times2=0.24$,所以员工中年薪在 10 万～12 万元的共有 $300\times0.24=72$(人).

15. 120　解析：由频率分布直方图的性质,得 $2\times(0.05+0.15+x+0.05)=1$,解得 $x=0.25$.

所以学习时长在 $[9,13)$ 的频率为 $(0.25+0.05)\times2=0.6$,所以 $n=72\div0.6=120$.

16. 54　解析：前两组中的频数为 $100\times(0.05+0.11)=16$. 因为后五组频数和为 62,所以前三组频数和为 38. 所以第三组频数为 $38-16=22$. 又知第四组的最大频率为 0.32,

故第四组频数为 $0.32 \times 100 = 32$. 所以 $a = 22 + 32 = 54$.

三、解答题

17. **解**：频率分布表如下：

分组	频数	频率
[39.95, 39.97)	10	0.10
[39.97, 39.99)	20	0.20
[39.99, 40.01)	50	0.50
[40.01, 40.03)	20	0.20
合计	100	1

频率分布直方图如下所示.

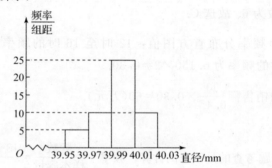

18. **解**：(1) $(0.010 + 0.015 + 0.020 + m + 0.015 + 0.010) \times 10 = 1$，解得 $m = 0.030$.
(2) $200 \times (0.030 \times 10 + 0.015 \times 10 + 0.010 \times 10) = 110$.

19. **解**：(1) 根据频数分布表，100 名学生中课外阅读时间不少于 12 h 的学生共有 $6 + 2 + 2 = 10$（名），所以样本中的学生课外阅读时间少于 12 h 的频率是 $1 - \dfrac{10}{100} = 0.9$.

故从该校随机选取一名学生，估计其课外阅读时间少于 12 h 的概率为 0.9.

(2) 课外阅读时间落在组 [4, 6) 内的有 17 人，频率为 0.17，所以 $a = \dfrac{频率}{组距} = \dfrac{0.17}{2} = 0.085$.

课外阅读时间落在组 [8, 10) 内的有 25 人，频率为 0.25，所以 $b = \dfrac{频率}{组距} = \dfrac{0.25}{2} = 0.125$.

20. **解**：(1) 频率分布表：

分组	频数	频率
[41, 51)	2	$\dfrac{2}{30}$
[51, 61)	1	$\dfrac{1}{30}$

续表

分组	频数	频率
[61，71)	4	$\frac{4}{30}$
[71，81)	6	$\frac{6}{30}$
[81，91)	10	$\frac{10}{30}$
[91，101)	5	$\frac{5}{30}$
[101，111]	2	$\frac{2}{30}$

(2)频率分布直方图如图所示.

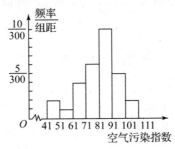

(3)答对下述两条中的一条即可：

①该市有一个月中空气污染指数有2天处于优的水平，占当月天数的$\frac{1}{15}$；有26天处于良的水平，占当月天数的$\frac{13}{15}$；处于优或良的天数为28，占当月天数的$\frac{14}{15}$. 说明该市空气质量基本良好.

②轻微污染有2天，占当月天数的$\frac{1}{15}$；污染指数在80以上的接近轻微污染的天数为15，加上处于轻微污染的天数2，占当月天数的$\frac{17}{30}$，超过50%；说明该市空气质量有待进一步改善.

【课堂拓展训练】

一、填空题

1. 200　解析：由题意，从中抽取100名员工作为样本，需要从该单位青年职工中抽取$\frac{10}{10+8+7}\times100=40$(人). 因为每人被抽中的概率是0.2，所以青年职工共有$\frac{40}{0.2}=200$(人).

2. 0.3　解析：设第4个小矩形对应的频率为x，则其余$(n-1)$个小矩形对应的频率

为 $1-x$，所以 $x=\dfrac{3}{7}(1-x)$，解得 $x=0.3$.

3.15　解析：根据频率分布直方图的特点可知，低于 60 分的频率是 $(0.005+0.01)\times 20=0.3$，所以该班的学生人数是 $\dfrac{15}{0.3}=50$. 成绩在 $[80,100]$ 学生人数为 $50\times(0.015\times 20)=15$.

4. $\dfrac{1}{3}$　解析：由已知，样本容量为 66，而落在 $[31.5,43.5)$ 内的样本数为 $12+7+3=22$，故所求概率为 $\dfrac{22}{66}=\dfrac{1}{3}$.

5.0.030；3　解析：因为 5 个矩形面积之和为 1，即 $(0.005+0.010+0.020+a+0.035)\times 10=1$，所以 $0.070\times 10+10a=1$，解得 $a=0.030$.

因为三组内学生数的频率分别为 0.3，0.2，0.1，所以三组内学生的人数分别为 30，20，10.

因此从 $[140,150]$ 内选取的人数为 $\dfrac{10}{60}\times 18=3$.

6.8 100　解析：设北乡有 x 人，

根据题意得：$\dfrac{108}{x}=\dfrac{300-108}{7\ 488+6\ 912}$，解得 $x=8\ 100$，

故北乡共有 8 100 人.

二、解答题

7. 解：(1)①3，②0.025，③0.100，④120.

(2)频率分布直方图如下图所示.

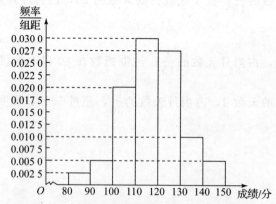

8. 解：(1)月收入在 $[3\ 000,3\ 500)$ 的频率为 $0.000\ 3\times(3\ 500-3\ 000)=0.15$.

(2)居民月收入在 $[2\ 500,3\ 000)$ 的频数为 $0.25\times 10\ 000=2\ 500$(人)，再从 10 000 人中用分层抽样方法抽出 100 人，则月收入在 $[2\ 500,3\ 000)$ 的这段应抽取 $100\times\dfrac{2\ 500}{10\ 000}=25$ (人).

9. 解：(1)设该厂本月生产轿车 n 辆，依题意，得 $\dfrac{50}{n}=\dfrac{10}{100+300}$，解得 $n=2\,000$，

则 $z=2\,000-100-300-150-450-600=400$，所以 z 的值是 400．

(2)设所抽样本中有 m 辆舒适型轿车，

因用分层抽样的方法在 C 类轿车中抽取一个容量为 5 的样本，则 $\dfrac{400}{1\,000}=\dfrac{m}{5}$，解得 $m=2$，所以在 C 类轿车中抽取 2 辆舒适型轿车，3 辆标准型轿车．

10. 解：(1)$(0.001+a+0.003+0.004)\times 100=1$，解得 $a=0.002$．

(2)当用电量为 400 度时，电费用为 $200\times 0.5+200\times 0.8=100+160=260$（元），

所以此 100 户居民中用电费用超过 260 元的户数为 $0.000\,1\times 100\times 100=10$（户），

所以此 100 户居民中用电费用不超过 260 元的户数为 90 户，

所以该小区 1 000 户居民中用电费用不超过 260 元的户数为 900 户．

8.6　样本的均值和标准差

【课堂基础训练】

一、选择题

1. C　解析：共 10 人，$\bar{x}=\dfrac{1}{10}(100+95+90\times 2+85\times 4+80+75)=87$．故选 C．

2. C　解析：$\bar{x}=\dfrac{1}{5}(921+1\,070+975+867+1\,124)=991.4$．故选 C．

3. D　解析：$\bar{x}=\dfrac{1}{5}(8+10+9+11+12)=10$，$s^2=\dfrac{1}{4}(4+0+1+1+4)=\dfrac{5}{2}$．故选 D．

4. B　解析：样本方差或标准差越大，说明数据的离散程度越大；方差或标准差越小，说明数据的离散程度越小．乙的方差小些，所以稳定些．故选 B．

5. B　解析：乙组数据的方差较大，说明乙组数据比甲组数据的波动大．故选 B．

6. A

7. C　解析：$\bar{x}=0$，$s^2=\dfrac{1}{4}(1+1+0+1+1)=1$，$s=1$．故选 C．

8. A　解析：样本方差或标准差越大，说明数据的离散程度越大；方差或标准差越小，说明数据的离散程度越小．甲的方差小些，所以稳定些．故选 A．

9. D　解析：由方差公式 $s^2=\dfrac{1}{n-1}[(x_1-\bar{x})^2+(x_2-\bar{x})^2+\cdots+(x_n-\bar{x})^2]$ 可知 $s^2\geqslant 0$．故选 D．

10. D　解析：s 是样本标准差，s^2 才是样本方差．故选 D．

二、填空题

11. 7；$\dfrac{28}{5}$　解析：直接把数据代入平均数和标准差计算的公式可解．

(1)由公式知,平均数为 $\dfrac{1}{6}(9+5+8+4+6+10)=7$.

(2)由方差公式知,$s^2=\dfrac{1}{5}(4+4+1+9+1+9)=\dfrac{28}{5}$.

12. 1.5 解析:均值为 $\dfrac{9+8+6+8+9}{5}=8$,$s^2=\dfrac{1}{5-1}(1+0+4+0+1)=1.5$.

13. 乙 解析:样本方差越大,说明数据的离散程度越大,也即稳定性差.乙的方差较小,说明质量更稳定些.

14. $\dfrac{5}{2}$ 解析:平均数为 $\dfrac{8+6+10+7+9}{5}=8$,方差为 $s^2=\dfrac{1}{5-1}(0+4+4+1+1)=\dfrac{5}{2}$.

15. 4 解析:方差等于标准差的平方.

16. 6;5 解析:式子前面的 $\dfrac{1}{5}$ 的 $5=n-1$,所以 $n=6$,样本容量为6.每个小括号里的后面那个数就是平均数,所以平均数为5.

三、解答题

17. 解析:(1)$\bar{x}=\dfrac{1}{10}(71+77+80+\cdots+75)=78$.均值反映了样本和总体的平均水平,这10株小麦的平均高度为78.

(2)样本方差 $s^2=\dfrac{1}{10-1}[(71-78)^2+(77-78)^2+\cdots+(75-78)^2]=\dfrac{1}{9}(49+1+4+0+9+36+1+16+1+9)=14$.

样本标准差 $s=\sqrt{14}$.方差和标准差则反映了样本和总体的波动大小程度.

18. 甲的成绩好,甲稳定一些;$\bar{x}_\text{甲}=\dfrac{1}{5}(13+12+14+12+12)=12.6$;

$\bar{x}_\text{乙}=\dfrac{1}{5}(12+11+13+14+12)=12.4$.

甲的成绩好.

$s_\text{甲}^2=\dfrac{1}{4}[(13-12.6)^2+(12-12.6)^2+(14-12.6)^2+\cdots+(12-12.6)^2]=\dfrac{1}{4}[(0.4)^2+(0.6)^2+(1.4)^2+(0.6)^2+(0.6)^2]$;

$s_\text{乙}^2=\dfrac{1}{4}[(12-12.4)^2+(11-12.4)^2+(13-12.4)^2+\cdots+(12-12.4)^2]=\dfrac{1}{4}[(0.4)^2+(1.4)^2+(0.6)^2+(1.6)^2+(0.6)^2]$.显然 $s_\text{甲}^2<s_\text{乙}^2$,甲稳定一些.

19. 甲 解析:$\bar{x}_\text{甲}=\dfrac{1}{10}(10+10+9+\cdots+9)=9.3$;$\bar{x}_\text{乙}=\dfrac{1}{10}(10+10+10+\cdots+8)=9.3$;$\bar{x}_\text{丙}=\dfrac{1}{10}(10+9+8+\cdots+9)=9.2$,丙的成绩差些.甲、乙平均数相同,再比较稳定

性，显然乙比甲波动大，甲更稳定，所以甲应参加比赛．

20. 解析：$\bar{x}_{甲} = \frac{1}{7}(48+57+62+60+59+45+46) = \frac{377}{7} \approx 54$；

$\bar{x}_{乙} = \frac{1}{7}(49+48+50+47+47+45+46) = \frac{332}{7} \approx 47$；

$s_{甲}^2 = \frac{1}{6}[(48-54)^2+(57-54)^2+(62-54)^2+\cdots+(46-54)^2]$

$= \frac{1}{6}(36+9+64+36+\cdots+64) = 52.5$；

$s_{乙}^2 = \frac{1}{6}[(49-47)^2+(48-47)^2+(50-47)^2+\cdots+(46-47)^2]$

$= \frac{1}{6}(2^2+1^2+3^2+\cdots+1^2) = \frac{19}{6} \approx 3.2$．

由于 $s_{甲}^2 > s_{乙}^2$，因此销售比较稳定的是甲种饮料．

【课堂拓展训练】

一、填空题

1. 5　解析：由题意得 $121+127+123+a+125 = 5 \times 124$，解得 $a = 124$，所以这组数据的方差是 $s^2 = \frac{1}{4}[(121-124)^2+(127-124)^2+(123-124)^2+(124-124)^2+(125-124)^2] = 5$.

2. 11；2　解析：x_1+1，x_2+1，x_3+1 的平均数 $\bar{x} = \frac{1}{3}[(x_1+1)+(x_2+1)+(x_3+1)] = \frac{1}{3}(x_1+x_2+x_3)+1 = 10+1 = 11$. 原 x_1，x_2，x_3 的方差 $s^2 = \frac{1}{2}[(x_1-10)^2+(x_2-10)^2+(x_3-10)^2] = 2$；$x_1+1$，$x_2+1$，$x_3+1$ 的方差 $s^2 = \frac{1}{2}[(x_1+1-11)^2+(x_2+1-11)^2+(x_3+1-11)^2] = \frac{1}{2}[(x_1-10)^2+(x_2-10)^2+(x_3-10)^2] = 2$.

3. 40；$\frac{44}{7}$；$\frac{2\sqrt{77}}{7}$　解析：平均数 $\bar{x} = \frac{1}{8}(38+37+38+40+39+41+43+44) = 40$；方差 $s^2 = \frac{1}{7}(4+9+4+0+1+1+9+16) = \frac{44}{7}$，标准差 $s = \frac{2\sqrt{77}}{7}$.

4. 乙；甲　解析：$\bar{x}_{甲} = \frac{1}{10}(25+41+40+37+22+14+19+39+21+42) = 26.4$；$\bar{x}_{乙} = \frac{1}{10}(27+16+44+27+44+16+40+40+16+40) = 29.5$. 所以乙种树苗长得高．第二问可以用方差公式计算，也可目测离散程度判断．

5. $\frac{29}{6}$　解析：若 1，2，3，a 的平均数是 3，则 $\frac{1+2+3+a}{4} = 3$，解得 $a = 6$；又 4，

5，a，b 的平均数是 5，可知 $b=5$，则样本 0，1，2，3，4，a，b 即样本 0，1，2，3，4，6，5，均值 $\bar{x}=\dfrac{1}{7}(0+1+2+3+4+6+5)=3$，方差为 $s^2=\dfrac{1}{6}(9+4+1+1+1+9+4)=\dfrac{29}{6}$.

6．96.1　解析：6 天营业额的平均数 $\bar{x}=\dfrac{1}{6}(2.9+3.0+3.1+3.0+3.4+3.2)=3.1$，5 月份 31 天，$3.1\times 31=96.1$.

二、解答题

7．解析：设 7 月份的市场收购价格为 x，则 $y=(x-71)^2+(x-72)^2+(x-70)^2=3x^2-426x+15\,125$，当 $x=71$ 时，7 月份的市场收购价格与前三个月的市场收购价格之差的平方和最小，7 月份的市场收购价格为 71．计算得前 7 个月该产品的市场收购价格的平均数是 71，方差是 $\dfrac{76}{6}$.

8．解析：将这 10 次射击成绩作为一个样本，来对两名选手的射击水平进行估计．分别计算数据的均值，得

$\bar{x}_{甲}=\dfrac{1}{10}(9.2+9.0+9.5+8.7+9.9+10.0+9.1+8.6+8.5+9.1)=9.16$；

$\bar{x}_{乙}=\dfrac{1}{10}(9.1+8.9+9.3+9.7+9.9+9.9+8.9+9.2+9.6+8.8)=9.33$．

显然 $\bar{x}_{甲}<\bar{x}_{乙}$．

由此估计，乙的射击平均水平高于甲，所以应选择选手乙去参加比赛．

9．解析：解方程 $x^2-3x+2=0$，得 $(x-1)(x-2)=0$，所以两根分别为 1 和 2，所以五个数据为 1，2，3，4，5．平均数为 3，方差 $s^2=\dfrac{1}{4}(4+1+0+1+4)=2.5$.

10．解析：(1)①$s_1^2=2.5$，②$s_2^2=2.5$，③$s_3^2=2.5$，④$s_4^2=250$.

(2)第一组数据中，每个数据分别加上 10 就变成第二组数据，并且它的方差不变，若分别加上 100 就变成第三组数据，其方差仍然不变，但是如果将第一组数据扩大 10 倍变成了第四组数据，其方差变为原来的 10^2 倍．

第 8 章 概率与统计初步测试卷 A 答案

一、选择题

1．D　解析：A 是复合事件；B 是不可能事件；C 常用大写希腊字母 Ω 表示样本空间；D 是不可能事件，因为在标准大气压下水沸点是 $100°$．故选 D.

2．D　解析：A、B、C 都是随机事件，任意三角形内角和都是 $180°$．故选 D.

3．B　解析：小于 10 的自然数 0，1，2，3，4，5，6，7，8，9，共 10 个数，其中偶数有 5 个，$\dfrac{5}{10}=\dfrac{1}{2}$．故选 B.

4．A　解析：$n=45$，$m=30$，所以概率为 $\dfrac{m}{n}=\dfrac{30}{45}=\dfrac{2}{3}$．故选 A.

5. B　解析：$n=6$，$m=2$，所以概率为 $\dfrac{m}{n}=\dfrac{2}{6}=\dfrac{1}{3}$. 故选 B.

6. C　解析：$n=6\times 6=36$，点数之和为 11，包括 (6, 5)、(5, 6)，$m=2$，$\dfrac{m}{n}=\dfrac{2}{36}=\dfrac{1}{18}$. 故选 C.

7. D　解析：$n=6$，$m=3$，所以概率为 $\dfrac{m}{n}=\dfrac{3}{6}=\dfrac{1}{2}$，故选 D.

8. B　解析：一组数据 x_1，x_2，x_3，…，x_n 的均值 $\bar{x}=\dfrac{1}{n}(x_1+x_2+x_3+\cdots+x_n)$，方差 $s^2=\dfrac{1}{n-1}[(x_1-\bar{x})^2+(x_2-\bar{x})^2+\cdots+(x_n-\bar{x})^2]=2$. 另一组数据 $3x_1$，$3x_2$，$3x_3$，…，$3x_n$ 的均值 $\dfrac{1}{n}(3x_1+3x_2+3x_3+\cdots+3x_n)=3\bar{x}$，方差 $=\dfrac{1}{n-1}\cdot[(3x_1-3\bar{x})^2+(3x_2-3\bar{x})^2+\cdots+(3x_n-3\bar{x})^2]=9s^2=18$. 故选 B.

9. A　解析：由系统抽样可知：分段间隔 $k=\dfrac{N}{n}=\dfrac{1\,200}{30}=40$. 故选 A.

10. D　解析：此问题考查的是系统抽样的特点. 故选 D.

11. C　解析：这道题考查总体、个体、样本、样本容量的概念，由定义知：60 名学生体重是样本，所以 A 不对；每个学生的体重是个体，所以 B 不对；样本容量是 60，所以 D 不对，故选 C.

12. B　解析：因为 $5\,008=200\times 25+8$，所以每组的容量为 25. 故选 B.

13. A　解析：两人的平均数相同都是 8，$s_{甲}^2=\dfrac{1}{5}(4+0+1+1+0)=\dfrac{6}{5}$；$s_{乙}^2=\dfrac{1}{5}(4+1+1+1+1)=\dfrac{8}{5}$，$s_{甲}^2<s_{乙}^2$，所以甲更稳定. 故选 A.

14. A　解析：甲的中位数为 81，乙的中位数为 87.5，故①错，排除 B、D；甲的平均分 $\bar{x}=\dfrac{1}{6}(76+72+80+82+86+90)=81$，乙的平均分 $\bar{x}=\dfrac{1}{6}(69+78+87+88+92+96)=85$，故③真，故选 A.

15. D　解析：对于 A，直方图中 2～2.5 h 的频率为 $(2.5-2)\times 0.5=0.25$，故所抽取的学生中有 $100\times 0.25=25$（人）在 2～2.5 h 完成作业，故 A 正确；对于 B，由直方图得超过 3 h 的频率为 $0.5\times(0.3+0.2+0.1+0.1)=0.35$，所以 B 正确；对于 C，直方图可计算学生做作业的时间的平均数为：
$1.25\times 0.05+1.75\times 0.15+2.25\times 0.25+2.75\times 0.20+3.25\times 0.15+3.75\times 0.10+4.25\times 0.05+4.75\times 0.05=2.75>2.7$，所以 C 正确；对于 D，做作业的时间在 2～3 h 的频率为 $0.5\times(0.5+0.4)=0.45<0.5$，所以 D 错误. 故选 D.

二、填空题

16. 随机　解析：随机现象的定义.

17. 不可能　解析：只有2件是次品，从中任意抽取3件都是次品是不可能的事件．

18. 4　解析：设取走 x 个白球，$\dfrac{16-x}{16+8}=\dfrac{1}{2}$，解得 $x=4$．

19. $\dfrac{1}{2}$　解析：基本事件(甲，乙)、(乙，甲)，甲排在乙前的概率为 $\dfrac{1}{2}$．

20. 0.7　解析：互斥事件概率 $P(A\cup B)=P(A)+P(B)=0.3+0.4=0.7$．

21. $\dfrac{3\sqrt{3}}{4\pi}$　解析：该问题属于古典概型．圆的半径为 R，则圆的内接正三角形的面积为 $\dfrac{3\sqrt{3}}{4}R^2$，故 $n=\pi R^2$，而 $m=\dfrac{3\sqrt{3}}{4}R^2$，可由古典概型概率公式求解．

22. 0.43　解析：互斥事件概率 $P(A\cup B)=P(A)+P(B)=0.21+0.22=0.43$．

23. $\dfrac{1}{3}$　解析：所选中的数是3的倍数只能是3，6，9，$n=9$，$m=3$，$\dfrac{m}{n}=\dfrac{3}{9}=\dfrac{1}{3}$．

24. 简单随机抽样

25. 6　解析：若采用系统抽样方法从420人中抽取21人做问卷调查，则样本间隔为 $420\div 21=20$，则在区间[241，360]内共有 $360-241+1=120$（人），则抽取的人数为 $120\div 20=6$（人）．

26. 120　解析：11～12岁回收180份，其中在11～12岁学生问卷中抽取60份，则抽样比为 $\dfrac{60}{180}=\dfrac{1}{3}$．因为从回收的问卷中按年龄段分层抽取容量为300的样本，所以从8～10岁，11～12岁，13～14岁，15～16岁四个年龄段回收的问卷总数为 $\dfrac{300}{\dfrac{1}{3}}=900$，则15～16岁回收问卷份数为 $x=900-120-180-240=360$．所以在15～16岁学生中抽取的问卷份数为120．

27. 40　解析：某校有学生1 200人，从该校学生中抽取一个120人的样本，抽样比为 $\dfrac{120}{1\,200}=\dfrac{1}{10}$，所以样本中高三学生的人数为 $400\times\dfrac{1}{10}=40$（人）．

28. 45　解析：因为高一、高二、高三学生的数量之比依次为 4∶3∶2，采用分层抽样抽出高三学生10人，所以 $\dfrac{2}{4+3+2}=\dfrac{10}{n}$，解得 $n=45$．

29. 0.5　解析：小李这5天的平均投篮命中率 $\bar{y}=\dfrac{0.4+0.5+0.6+0.6+0.4}{5}=0.5$．

30. 解析：平均数 $\bar{x}=\dfrac{84+84+86+84+87}{5}=85$，方差 $s^2=\dfrac{1}{5-1}[(84-85)^2+(84-85)^2+\cdots+(87-85)^2]=2$．

31. 解析：(1)收视频率 $\dfrac{m}{n}$，以此计算可得：0.81，0.825，0.802，0.792，0.79，依次填入表中；(2)因为频率稳定在0.8附近，该药的有效概率大约是0.8．

参考答案

32. 解析：(1) $\dfrac{1}{6}$；$n=6$，$m=1$，$\dfrac{m}{n}=\dfrac{1}{6}$.

(2) $\dfrac{1}{2}$；$n=6$，点数为奇数 1，3，5. $m=3$，$\dfrac{m}{n}=\dfrac{3}{6}=\dfrac{1}{2}$.

(3) $\dfrac{1}{3}$. $n=6$，点数大于 2 且小于 5 包括 3，4. $m=2$，$\dfrac{m}{n}=\dfrac{2}{6}=\dfrac{1}{3}$.

33. 解析：(1) $\dfrac{1}{4}$；$n=52$，$m=13$，$\dfrac{m}{n}=\dfrac{13}{52}=\dfrac{1}{4}$.

(2) $\dfrac{1}{26}$；红色 K 有两张：红桃 K 和方块 K；$n=52$，$m=2$，$\dfrac{m}{n}=\dfrac{2}{52}=\dfrac{1}{26}$.

(3) $\dfrac{1}{52}$. $n=52$，$m=1$，$\dfrac{m}{n}=\dfrac{1}{52}$.

34. 0.58 解析：一次射击命中不少于 9 环是命中 8 环与不够 8 环的和事件的反面，而命中 8 环与命中不够 8 环是互斥事件，利用概率加法公式得命中 8 环或不够 8 环的概率为 $0.31+0.11=0.42$，故命中不少于 9 环的概率为 $1-0.42=0.58$.

三、解答题

35. (8 分) 解：(1) 统计结论：(答案不唯一，任意两个即可)

①甲种树苗的平均高度小于乙种树苗的平均高度；

②甲种树苗比乙种树苗长得整齐；

③甲种树苗的中位数为 27，乙种树苗的中位数为 28.5；

④甲种树苗的高度基本上是对称的，而且大多数集中在平均数附近，乙种树苗的高度分布比较分散.

(2) $\bar{x}=\dfrac{37+21+31+20+29+19+32+23+25+33}{10}=27$，$s^2=\dfrac{1}{10-1}[(37-27)^2+(21-27)^2+\cdots+(33-27)^2]\approx 38.89$，$s^2$ 表示 10 株甲种树苗高度的方差. s^2 越小，表示长得越整齐；s^2 值越大，表示长得越参差不齐.

36. (6 分) 解：(1) 因为身体状况主要与年龄段有关，所以应按老年、中年、青年分层，采用分层抽样法进行抽样，要抽取 40 人，应在老年、中年、青年职工中分别随机抽取 4 人、12 人、24 人.

(2) 因为出席这样的座谈会的人员应该代表各个部门，所以应按部门分层，采用分层抽样的方法进行抽样，要抽取 25 人，应在管理、研发、营销、生产各部门的职工中分别随机抽取 2 人、4 人、6 人、13 人.

(3) 员工对 2020 年颁发的《民法典》的了解与年龄、部门关系不大，总体中的个体数较多，可以用系统抽样进行调查.

37. (8 分) (1) 由题意得 $M=\dfrac{8}{0.16}=50$，落在区间 [165.5，169.5] 内的数据频数 $m=50-(8+6+14+10+8)=4$，频率为 $n=0.08$，总频率 $N=1.00$.

(2) 频率分布直方图如图所示.

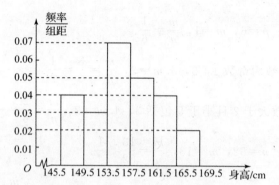

(3)该所学校高一女生身高在[149.5，165.5)之间的比例为 0.12＋0.28＋0.20＋0.16＝0.76，则该校高一女生在此范围内的人数为 450×0.76＝342.

第8章概率与统计初步测试卷 B 答案

一、选择题

1. D　解析：A、B、C 都是随机事件，导体通电，发热是电流的热效应，必然事件. 故选 D.

2. B　解析：任意买一张电影票，座位号可能是 2 的倍数还可能是奇数，是随机事件. 故选 B.

3. B　解析：从 5 名女生中任选 2 人，这 2 人都是女生是必然事件，所以概率为 1. 故选 B.

4. A　解析：从 10 个白球中抽出 3 个，则抽出来的 3 个是黑球是不可能事件，概率为 0. 故选 A.

5. C　解析：古典概型，抽中几号的概率都一样，都是 $\frac{1}{6}$. 故选 C.

6. B　解析：同时抛掷 3 枚硬币，包含 8 个基本事件，3 枚出现同一面向上包含（正、正、正）、（反、反、反），所以概率 $\frac{2}{8}=\frac{1}{4}$. 故选 B.

7. D　解析：该问题属于古典概型，设圆的半径为 r，则正方形的边长为 $2r$，故 $n=4r^2$，而 $m=\pi r^2$，可由古典概型概率公式求解．$\frac{m}{n}=\frac{\pi r^2}{4r^2}=\frac{\pi}{4}$. 故选 D.

8. D　解析：这道题考查总体，个体，样本，样本容量的概念，由定义知：1 000 名运动员的年龄是总体，所以 A 不对，每个运动员的年龄是个体，所以 B 不对，抽取的 100 名运动员的年龄是样本，所以 C 不对，故选 D.

9. C　解析：由题意知样本容量为 3×40＝120，故选 C.

10. C　解析：这道题考查的是样本的概念，从总体中抽取的一部分个体组成的集合叫作总体的样本，故选 C.

11. A　解析：1 252＝50×25＋2，故应从总体中随机剔除 2 个个体. 故选 A.

12. A　解析：依题意及简单随机抽样、系统抽样的定义及特点知：①③④是正确的，

②不正确．因为系统抽样分组后，在第一组中利用简单随机抽样，其他组加分组间隔即可．

13．A　解析：平均数都是 9，$s_甲^2=\dfrac{1}{5}(1+1+1+1+4)=\dfrac{8}{5}$；$s_乙^2=\dfrac{1}{5}(4+1+0+0+1)=\dfrac{6}{5}$，所以选 A．

14．A　解析：因为这组数据由小到大排列为 87，89，90，91，92，93，94，96，所以中位数为 $\dfrac{1}{2}\times(91+92)=91.5$．平均数为 $\dfrac{1}{8}\times(87+89+90+91+92+93+94+96)=91.5$．故选 A．

15．B　解析：根据频率分布直方图的特点可知，低于 60 分的频率是 $(0.005+0.01)\times 20=0.3$，所以该班的学生人数是 $\dfrac{15}{0.3}=50$．

二、填空题

16．随机　解析：小林同学骑自行车从家到学校，可能花费了 20 min，也可能不是整 20 min，所以是随机事件．

17．0.8　解析：$\dfrac{m}{n}=\dfrac{4}{5}=0.8$．

18．$\dfrac{4}{5}$　解析：$n=15$，$m=12$，$\dfrac{m}{n}=\dfrac{12}{15}=\dfrac{4}{5}$．

19．$\dfrac{7}{50}$　解析：7 的倍数有 7，14，21，28，35，42，49，56，63，70，77，84，91，98 共 14 个数，概率为 $n=100$，$m=14$，$\dfrac{m}{n}=\dfrac{14}{100}=\dfrac{7}{50}$．

20．$\dfrac{22}{25}$　解析：$n=100$，$m=30+58=88$，$\dfrac{m}{n}=\dfrac{88}{100}=\dfrac{22}{25}$．

21．$\dfrac{2}{5}$　解析：若四位数 $30m6$ 能被 3 整除，则 m 可取 0、3、6、9，由古典概型概率公式 $P(A)=\dfrac{m}{n}=\dfrac{4}{10}=\dfrac{2}{5}$．

22．$\dfrac{1}{2}$　解析：设兴趣小组为 A 组、B 组，则甲、乙二人各选一组，共有 4 种情况：甲 A 乙 B、甲 B 乙 A、甲 A 乙 A、甲 B 乙 B；其中两人在同一组的有 2 种情况，即 $n=4$，$m=2$．$P(A)=\dfrac{m}{n}=\dfrac{2}{4}=\dfrac{1}{2}$．

23．$\dfrac{4}{5}$　解析：不大于 20 的正整数包括 1，2，3，…，20 共 20 个数，不是 5 的整数倍除去 5，10，15，20 四个数，$n=20$，$m=16$．$P(A)=\dfrac{m}{n}=\dfrac{16}{20}=\dfrac{4}{5}$．

24. $\dfrac{\sqrt{10}}{2}$ 解析：这组数据的平均数为 3，方差 $s^2 = \dfrac{1}{5-1}[(1-3)^2 + (2-3)^2 + \cdots + (5-3)^2] = 2.5$，所以标准差为 $s = \dfrac{\sqrt{10}}{2}$.

25. 3.2 解析：平均成绩 $\bar{x} = \dfrac{1}{50}(1\times 5 + 2\times 10 + 3\times 10 + 4\times 20 + 5\times 5) = 3.2$.

26. 50 解析：第五组的频率为 $0.5\times(5.45-5.15) = 0.15$，

第一组所占的频率为 $0.15 \times \dfrac{5}{6} = 0.125$，

则随机抽取 400 名学生视力在 [3.95，4.25] 范围内的学生约有 $400 \times 0.125 = 50$（人）.

27. 18，9 解析：在分层抽样中，按照抽样比计算从小学中抽取的学校数为 $150 \times \dfrac{30}{150+75+25} = 18$，从中学抽取的学校数为 $75 \times \dfrac{30}{150+75+25} = 9$.

28. 20 解析：由系统抽样的特点易知另一学生编号为 $6+(48-34) = 20$.

29. 760 解析：设学校高三有女生 x 人．

因为对高三男女学生共 1 600 名进行健康调查，

用分层抽样法抽取一个容量为 200 的样本，

所以每个个体被抽到的概率是 $\dfrac{200}{1\,600} = \dfrac{1}{8}$，

根据抽样过程中每个个体被抽到的概率相等，

因为女生比男生少抽了 10 人，且共抽 200 人，

所以女生要抽取 95 人，

所以女生共有 $95 \div \dfrac{1}{8} = 760$（人）．

30. 40 解析：因为在被感染的 2 400 人中，O 型血有 800 人，A 型血有 600 人，B 型血有 600 人，AB 型血有 400 人，即 O 型血的人数占 $\dfrac{800}{2\,400} = \dfrac{1}{3}$，

所以应从 O 型血中抽取的人数为 $120 \times \dfrac{1}{3} = 40$.

三、解答题

31. $\dfrac{3}{4}$ 解析：设 $A = \{$二年级代表发言$\}$，$B = \{$三年级代表发言$\}$，$C = \{$二年级或三年级代表发言$\}$，则 $C = A \cup B$，且 A 与 B 互斥，总人数为 $15+20+25 = 60$（人）．

$P(A) = \dfrac{20}{60} = \dfrac{1}{3}$，$P(B) = \dfrac{25}{60} = \dfrac{5}{12}$，$P(C) = \dfrac{1}{3} + \dfrac{5}{12} = \dfrac{3}{4}$.

32. $\dfrac{2}{\pi}$ 解析：该问题属于古典概型．正方形的边长为 1，则对角线长为 $\sqrt{2}$，故外接圆的半径为 $\dfrac{\sqrt{2}}{2}$，所以圆的面积为 $\dfrac{1}{2}\pi$，即 $n = \dfrac{1}{2}\pi$，而正方形面积为 1，即 $m = 1$，可由古

典概型概率公式求解.

33. 解析：(1) $\dfrac{1}{50}$；古典概型 $n=50$，$m=1$. $P(A)=\dfrac{m}{n}=\dfrac{1}{50}$.

(2) $\dfrac{1}{10}$. 前 5 号共 5 张，即 $n=50$，$m=5$. $P(A)=\dfrac{m}{n}=\dfrac{5}{50}=\dfrac{1}{10}$.

34. 解析：(1) $\dfrac{3}{5}$；从 1，2，3，4，5 中任取两个不同的数可组成 $5\times4=20$（个）两位数，分别是 12、13、14、15、21、23、24、25、31、32、34、35、41、42、43、45、51、52、53、54；而大于 30 的两位数有 12 个，故组成的两位数大于 30 的概率为 $P(A)=\dfrac{m}{n}=\dfrac{12}{20}=\dfrac{3}{5}$；

(2) $\dfrac{2}{5}$；两位数是偶数共有 8 个：12、14、24、32、34、42、52、54，即 $m=8$；

(3) $\dfrac{3}{10}$. 能被 3 整除的两位数共有 6 个：12、15、21、24、42、51，即 $m=6$.

35. (8 分) 解：用分层抽样方法抽取. 具体实施抽取如下：

(1) 因为 20∶100＝1∶5，所以 $\dfrac{10}{5}=2$，$\dfrac{70}{5}=14$，$\dfrac{20}{5}=4$，所以从副处级以上干部中抽取 2 人，从一般干部中抽取 14 人，从工人中抽取 4 人.

(2) 副处级以上干部与工人的人数较少，他们分别按 1～10 编号与 1～20 编号，然后采用抽签法分别抽取 2 人和 4 人；对一般干部 70 人采用 00，01，02，…，69 编号，然后用随机数法抽取 14 人.

(3) 将 2 人，4 人，14 人的编号汇合在一起就取得了容量为 20 的样本.

36. (6 分) 解：(1) 分数在 [50，60] 的频率为 $0.008\times10=0.08$.

由茎叶图知，分数在 [50，60] 之间的频数为 2，

所以全班人数为 $\dfrac{2}{0.08}=25$.

(2) 分数在 [80，90] 之间的频数为 $25-2-7-10-2=4$，频率分布直方图中 [80，90] 矩形的高为 $\dfrac{4}{25}\div10=0.016$.

37. (8 分) 解：(1) 这种方法是系统抽样法.

(2) $\bar{x}_甲=\dfrac{1}{7}=(102+101+99+98+103+98+99)=100$；

$\bar{x}_乙=100+\dfrac{1}{7}(10+15-10-15-25+15+10)=100$；

$s^2_甲=\dfrac{1}{7-1}[(102-100)^2+(101-100)^2+\cdots+(99-100)^2]=4$；

$s^2_乙=\dfrac{1}{7-1}[(110-100)^2+(115-100)^2+\cdots+(110-100)^2]\approx233.33$. 因为 $s^2_甲<s^2_乙$，所以甲车间产品较稳定.

103